毛彥文 原著
蔡登山 主編

往事

毛彥文回憶錄

毛彥文著

往事

邵夢蘭敬題

秉三先生遺墨

熊希齡

毛彥文

結婚照

熊希齡與毛彥文結婚週年紀念照

雙清麗影圖

桃源仙侶圖

婚後小照

與熊芷及其兒女合影

與朱曦伉儷合影。左起：朱曦、朱庭祺、朱舜、秉三、彥文

與同文合攝於南京（民國十二年）

與家人合影。民國二十五年六月二十五日秉三生辰攝於朱庭祺伉儷辣斐德路宅中，左二為三妹輔文

三姐妹合攝於南京。中坐者大姐彥文、右立者三妹輔文、左立者五妹同文（民國十年）

一九三一年離開安納堡時同學送行。左三查良鑑，左七曹用先，戴帽者為作者

湖郡女校同學合影。前排左起張維楨、王會悟、陳達人，後排左起張佩英、毛彥文

攝於美國

在西雅圖友人家中與好友張維楨合影（民國六十九年）

與孫女熊軾虞全家合影

與孫男熊軾吳及其子合影

與同文及長庚弟合影（民國七十四年）

與欽翎及其長女合影（民國七十二年）

與同文及其子欽翔伉儷合影

與表弟斌甲（前排右二）及表姪女韶雲（前排左二）全家合影（民國七十年）

與羅志希先生伉儷等友人合影，左二為查良先生

與毛子水先生伉儷合影

與左猶麟女士合影

在內湖寓所宴請同村友人

於香山慈幼院在臺校友會舉辦的慶生會

於香山慈幼院在臺校友會舉辦的慶生會上致詞

北平香山雙清別墅大門

雙清別墅內景

靜宜園。前香山慈幼院大門

香山慈幼院在臺校友回家節餐敘（民國七十七年七月）

北平香山慈幼院桂林分院師生合影（民國二十七年）

熊公秉三之墓

【導讀】

九死癡情原無悔

——吳宓與毛彥文及其他

蔡登山

五四新文化運動是中國現代的啟蒙運動，它以摧枯拉朽之勢，迅速地摧毀了傳統的思想文化及價值體系，直到一九二二年《學衡》雜誌的出版，幾乎沒有出現真正的反對派。《學衡》是東南大學出版的一份同人雜誌，由吳宓主編。它具有鮮明的反新文化運動和文學革命的傾向，由此而形成了所謂的「學衡派」。而其時新文化陣營雖有分化，但長期以來已「紮住了硬寨」。做為反對勢力的「學衡派」似乎產生不了多大的力量，因此很自然的《學衡》對新文化運動的批評[1]，並未獲得認真的討論；又譬如《學衡》對中國文化特質的認識，對中西文化交匯和文化道德理想的關注，亦未引起注意，甚至被冷落了。胡適在一九二二年

[1] 如梅光迪發表了〈評提倡新文化者〉、吳宓有〈論新文化運動〉一文。

說：「《學衡》的議論，大概是反對文學革命的尾聲了。我可以大膽說，文學革命已過了討論時期，反對黨已破產了。」而後來的文學史書，大都沿襲了這種「成王敗寇」的論調，基本上對《學衡》持否定的評價。

然而「學衡派」不同於更早的「國粹派」，「國粹派」是在與世界文化隔膜的狀態下，出於狹隘的「中國文化中心論」而要延續舊制；「學衡派」則是基於新的世界文化態勢，重新反視中國傳統文化對於人類文明有益的精神價值。「學衡派」以新人文主義為理論武器，重新審視中國傳統文化與西方古代文化在人文精神方面的內在溝通，挖掘中國傳統文化中解救當時世界性精神危機的良藥。他們的「昌明國粹」是與「融化新知」聯繫在一起的。而反對者論「學衡派」只強調了它「昌明國粹」的一面，卻忽略了它「融化新知」的一面。在泛功利主義的時代氛圍中，他們的積極面被隱而不彰，他們無力扭轉乾坤，只能「徬徨岐路。預思來日。憂思誰知。彌覺孤淒也已」。吳宓的這種悲嘆正顯示了「學衡派」在困守掙扎之中，嚴重失落的心靈顫動。

吳宓字雨僧，一八九四年八月二十日生於陝西涇陽縣安吳堡。生下半年，母親過世，三歲時過繼給叔父。十三歲起就讀於三原宏道學堂。一九一一年春，考入清華學堂，一九一六年畢業。一九一七年赴美國留學深造，先入維吉尼亞州立大學二年級習文學，翌年轉入哈佛大學比較文學系，師從文學批評家白璧德[2]。三年後從該校本科及研究院先後畢業，獲文學碩士。旋即應已先期返國的梅光迪之約，返國任教於南京東南大學英語系，講授「英國文學史」等課程。一九二二年參與創辦《學衡》雜誌，任總編輯。並於該刊先後發表〈文學研究法〉、〈論新文化運動〉、〈詩學總論〉、〈英詩淺釋〉、〈我之人生觀〉等論文，譯介白璧德等人論人文主義思想資料。

而據《吳宓日記》及《吳宓自編年譜》觀之，其父母對吳宓之婚事，仍守舊規，主張早婚。吳宓說：「十年以來，來為余議親者，不下二三十起。」但吳宓則主晚婚，等美國留學回來再議。然而就在他就讀清華學堂期間，繼母雷孺人決定以陳貞文五表妹為宓之婦。吳宓告之清華校章，學生在校及留學美國期中，不許訂婚、結婚。雷孺人則表示：「此無妨。五妹年僅十七歲。今當接五妹由蘭州來上海，住我家中，入學、讀書。俟汝[3]留美滿五年，一九二一年回國，彼時結婚，亦不為遲也。」而吳宓早就喜歡五妹，於是答應了。但後來因祖母不喜雷孺人而反對此事，父親又以孝心而順之，於是這件婚事終沒有得成。吳宓後來曾感慨道：「倘使五表妹之婚姻得成，則宓後來必無（一）與陳心一之結婚（二）以『為人填

---

2 Irving Babbitt.

3 吳宓。

債』而愛毛彥文之兩大錯誤與痛苦。也矣！」

而「為人填債」乃吳宓詩中「身心作土填冤債」，蓋指朱斌魁[4]實負毛彥文，而吳宓代朱君償其對毛女士之債耳！這要細說從頭，那是吳宓在清華學堂讀書時的同學好友朱斌魁，有天朱斌魁告訴吳宓，他和姑表妹毛彥文的事情：毛彥文當年十九歲，肄業於杭州浙江省立女子師範學校。毛彥文的父親寵愛小老婆，而不喜歡她的母親，曾為求免還財主方耀堂三千圓之債，竟於酒醉終將毛彥文許配給方之子國棟。而方國棟乃為一紈袴子弟，不喜讀書。於是毛彥文暑假、年假都留在杭州，以避婚嫁。但是今年暑假，父親來到杭州，說是母親病重，要接毛彥文回江山縣鄉間。回到家中，但見賓客盈門，家中正準備兩天後為她辦喜事。於是毛彥文的母親與朱斌魁的父親和弟弟密商逃婚的計畫，那是在當天宴賓客之際，毛彥文趁人不備之際，由家中後門逃出，換了鄉間農婦的服裝，坐上由朱家早已預先準備好的小轎，抄田間小路，到江山縣城住到朱斌魁家。方耀堂知不能勉強，願解除婚約，但仍索取舊債三千圓。毛彥文的父親對女兒的不從命，相當生氣，他告訴毛彥文說：「你為爭取婚姻自由，因此三千圓之債，必須代我償還。另外不能嫁給表哥朱斌魁，免得鄰里認為你是先喜歡上表哥才拒絕方氏的。」朱斌魁為替毛彥文解決三千圓之難題，於是在清華同學及北京各校

[4] 君毅。

之浙江省同鄉中募款，而吳宓感其故事，特徵得父親之同意，捐出五十圓[5]，結果共募得一千二三百圓，交給毛父，毛父自添其大半，湊足三千圓之數，償還方耀堂之債。至於毛彥文與朱斌魁的婚事，則一直等到朱斌魁畢業赴美前，即一九一六年七月，才正式訂婚。

而吳宓和陳心一的婚事是起因於一九一八年的冬天，當時在哈佛大學的吳宓，接到清華學弟同期赴美的陳烈勳來函說：其姐「陳憕，字心一，畢業於杭州浙省女師校完全科，現任定海縣小學教員，今年二十四歲，擇婿甚苛。姐在家曾聞談說吾兄，又閱讀《益智雜誌》、《清華周刊》中兄之詩文著作，且觀《清華年刊》中兄之照像，對兄深為仰慕，願終身奉侍吾兄，故敢敬謹介紹為婚，望祈俯允。」為此吳宓在次年春即請朱斌魁函請同在浙省女師校同學數年的毛彥文，代為調查陳心一的情形。得到的結果是「陳女士容貌平正，面尚白，舉止大方，似頗誠厚。總之陳女士在舊家庭中，作一賢慧之兒媳婦，承順翁姑，則有餘。在新家庭中，作一有才能之主婦，兼辦內外事務，獨當一面，則不足。吳先生最好答以『我之婚事，俟回國後方能決定』。有多位知友，屆時當為介紹，供吳先生比較選擇。仍祈吳先生自決。」而到暑假，陳烈勳又來波城及康橋區住多日，再三勸促。他對吳宓說：「自去冬至今，又有來求姊為婚者多起，家中父母悉謝卻之。」這直教生性過於仁厚的吳宓覺得需承擔

5 為募款中捐出最多者。

全部之責任，於是他並沒有聽從毛彥文的調查報告，在十一月下旬，他函覆陳烈勳，答應這件婚事。陳烈勳立即來函表示感謝，並言：君子一言為定，至於訂婚之儀式等，他年併入結婚儀式中辦理可也。

一九二一年吳宓返國，回到家就寫信給在杭州的岳父陳芍卿先生，約好去拜謁的日期。於是八月十日吳宓到陳宅拜見岳父母，及心一的姑母。之後姑母引心一出見，並無多交談，約十五分鐘後，門口忽報「毛彥文來了！」時毛彥文已走入，神采飛揚，態度活潑。她先對庭中眾人說：「我從江山縣家中來，要到北京上學。心想吳先生正回國，不知已到否？故來此處探問一下。誰想到這樣巧？」心一的姑母亦留毛彥文午飯，毛彥文一直盤桓到下午四時才離開，她不時地和吳宓談話，或問朱斌魁在美國的情形，也問到吳宓的情況，有時則談到她自己，似乎有說不完的話。而同年八月二十三日，吳宓與陳心一在上海當時有名的西餐館——一品香旅社結婚。

而就在他們結婚後的當年冬天，陳心一的弟弟陳烈勳在美國得精神病，次年秋天被送回國，居於杭州家中。十月中旬有天，陳心一對吳宓說：兩三年前陳烈勳訂婚於程氏，乃是她一手促成，今因病其如此，要解除婚約，亦須由她回杭辦理。但吳宓以為此事可請介紹人等出面處理，根本不用她去處理，況且當時陳心一才生女兩個月，又有吳宓的友人顧泰來在家中寄宿，豈可拋此不管呢？兩人為此爭吵，陳心一執意甚堅，終於在當晚搭夜車返回杭州，經二十餘天才回。據當時在場之顧泰來表示，當時「我眼見一家庭之分裂矣！」

而在一九二三年四月間，訂婚七年的朱斌魁與毛彥文卻傳出要分手的事。他們兩人在朱斌魁赴美留學前訂婚，後來毛彥文在湖郡女塾讀英文三年，又在北京女高師肄業三年，六年間學費全由朱斌魁提供，六年間兩人通信不絕。一九二二年九月朱斌魁獲博士學位返國，他曾寫信給毛彥文到碼頭迎候。然而毛彥文性好交際，朋友多，不分輕重，臨時為一友邀往茶館飲茶，耽誤些時間，致使朱斌魁不見毛彥文來迎接大感失望，直至登岸良久，始見毛彥文。後來朱斌魁任南京東南大學教育系教授，他要毛彥文從還有兩年就可畢業之北京女高師，轉學到南京金陵女子大學繼續就讀，毛彥文為了能和朱斌魁在一起，即使因轉學而需多念一年，亦欣然接受。而當時朱斌魁又兼任註冊部主任，他曾告訴吳宓說：「吳此職雖微，然在辦公室中，每日必有數十乃至百人來見，並有所請求。其事均由吾決定准行與否。吾所決定者，即是彼等得、失、苦、樂之所由判分。則吾之權力為不小矣！」吳宓此時深感朱斌魁有種淺薄之虛榮心，已不同於往昔之朱斌魁了。而那年冬天，朱斌魁因積勞成疾，病了兩個月之久，住進鼓樓醫院。毛彥文則每日前來探視，有時向學校請假，整日守護在朱斌魁的身旁。又在吳宓家為朱斌魁熬藥，並特別煮些飯粥、肴蔬、羹湯，送到醫院給朱斌魁，晚上則住在吳宓家，可謂費心照料。一九二三年四月間，也就是朱斌魁返國半年後，有天吳宓突然接到毛彥文的手書，要吳宓到成賢學舍一談。吳宓到時，室中尚有朱經農等人，但見朱斌魁沉默不語，而毛彥文則甚為激動。朱斌魁表示他要與毛彥文解除婚約，並不是毛有任何缺點，或任何過失。只是他的思想改變，今昔不同。第一，他現在才知道姑表兄妹結婚，於子女不好。第二，他現在所喜歡的女子，只要她身體肥壯，尤其臀部大而圓，其他如家世、財產、教育、才能，以及品貌，均所不計。而對一般有學識、有文化，在大學畢業或肄業之女生，尤絕對不取。雖經吳宓諸人的勸說，但朱斌魁終不為所動。

而據毛彥文在回憶錄《往事》一書中表示，事後她得知朱斌魁當時是愛上匯文女子中校的某一女生，那女生十七、八歲，是南通人。而當時朱斌魁向她退婚的消息被匯文校長知道後，那女生就被學校給開除了。而毛彥文又表示朱斌魁的同學兼同事孟憲承在出事的第三天，曾對她說：「妳記不記得君毅留美最後兩年，在紐約給妳的信很少？他是否告訴妳他的錢不夠用？其實清華的官費是夠他花的了，他於兩年前變了，他衣袋中有好多年輕女人的照片，常常拿出來給我們看，不是說這個胖的好，就是那個瘦的好。他曾經跟我們討論過，想不顧一切跟妳結婚，婚後徐圖納妾。去年他的一場病，妳拼了命看護他，他良心發現，感到不可那樣做，還是解除婚約，讓妳仍舊有幸福的前途。所以妳對君毅的退婚，應該高興，無須傷心，縱令妳和他結婚，也不會幸福的，與其以後鬧離婚，不如現在解約的好。我覺得妳太善良，所以把實情告訴妳。」

於是一九二四年的夏天，中華教育改進社在南京舉行年會，毛彥文為招代之一。熊希齡的繼配朱其慧女士亦出席該會。毛彥文當年在浙江湖郡女校求學時，就與朱夫人的姪女朱曦同學，而在北京女高師時，又因朱曦而得識其堂妹朱畹、胞妹朱嶷，她們三人因同為女高師，同室共寢，結成莫逆。因此毛彥文常於週末隨朱畹去石駙馬大街的熊府，熊希齡和朱其慧對毛彥文都很親切，關懷照顧備至。因此當朱夫人得知毛彥文的婚變時，她大抱不平，自告奮勇地主持正義。於是在某一星期日下午，由朱夫人邀集一些教育界名流，有張伯苓、陳衡哲、王伯秋、吳宓、陳鶴琴、朱經農等，而金陵女大的校長、教務長及留校的同學也參加，朱斌魁則偕程其保同來，大家推張伯苓為主席。張君說了一大堆他和他夫人的事，其意仍在調解，而陳衡哲則對朱斌魁大加責備，要其說出退婚理由，朱斌魁仍以姑表兄妹為由，舉室為之嘩然。後來毛彥文說：「請各位不要責備朱先生太多，今天的會是討論如何解除婚約，不是向朱先生興問罪之師。」陳衡哲聞言生氣地說：「我們大家退席，到現在毛小姐還維護朱先生。」說完她起立要走，經朱經農等勸阻後才留下。至此推王伯秋起草解除婚約的條文，經誦讀後無異議，由當事人及證人簽名蓋章後成立。據《吳宓自編年譜》中云，雙方議定如下：「（一）朱斌魁付給毛彥文『賠償損失費』四千八百圓整[6]。其交付辦法：自一九二四年七月份起，毅每月以銀一百圓，面交或匯交宓。宓轉交給彥後，須取得彥簽

[6] 或四千六百圓整。

名蓋章之收據，將收據寄交毅彙存。至一九二八年六月[7]，全數付清。然後另締結婚姻。（二）在京、滬各大報，如上海《申報》、《新聞報》，刊登〈朱斌魁、毛彥文協議解除婚約聲明〉。大旨『以雙方性情不合，興趣不同，今願解除婚約。俱出自動。特此敬告親友』云云。可由宓等二三位友人起草，經毅、彥簽字認可後，宓負責送交報館登出。（三）今後毅、彥各不得對公私任何方面、任何人，有詆毀、責評對方之語言文字。」兩人總算解除婚約了。

毛彥文從此終其一生，再沒有和朱斌魁見面，甚至通音訊，直到一九六三年底她得知朱君毅半年前在上海逝世，遠在台北的毛彥文寫下〈悼君毅〉一文，回首前塵，她述及四十年前的婚變，對她的影響，她說：「你給我的教訓太慘痛了，從此我失去對男人的信心，更否決了愛情的存在。……以你我從小相愛，又在一個環境長大，你尚見異思遷，中途變心，偶然認識的人，何能可靠。」

一九二五年吳宓到北京，任清華大學國學研究院主任，聘請王國維、梁啟超、陳寅恪、趙元任四位大師擔任導師，培養兼通中西文化的文史專門人才。而一九二六年起，任清華大學外國語言文學系教授，制訂了培養西方文學和語言的「博雅之士」人才的方案。一九二八

---

[7] 或四月。

年八月吳宓曾作江南之遊，並寫下〈南遊雜詩〉九十六首。一九二九年二月，吳宓再度作江南之旅，躑躅西湖之濱，又寫了二十首〈續南遊雜詩〉。其中「君傷遇合牽情苦，我為文章惹恨多。細話平生雙對酌，人天短夢強婆娑。」「未信有情皆是累，但能無病便為仙，半年勞榎匆匆過，重向湖濱問夙緣。」都是描寫他和毛彥文的交往和真情的流露。再翻看一九二八年八月十一日的《吳宓日記》，就記載他到杭州，毛彥文來站迎候，而同至其宅，然後同遊西湖的情景。而同年十月十四日之日記，更表明他愛毛彥文之心意：「至宓何以傾心於彥如此之甚，不外兩層。（一）彥極聰明而又多情。（二）彥之身世極苦，其於人情世事已觀之透澈，然內心中仍藏有熱情至意，此種相反之情形最難兼之於一身。故宓視彥為極難遇而可愛之人。簡言之，憐其才而憫其遇而已。」

一九二九年七月上旬，吳宓再作第四次南遊。這一回他是專程南下去跟毛彥文道別的。因為毛彥文已獲准進入美國密西根大學深造，八月間就要啟程赴美了。吳宓得到消息便兼程趕到杭州，數日盤桓，離愁別緒，使吳宓傷心欲絕，欲哭無淚。他在歸途中，寫了至為頹廢消沈，甚至於明言他將要「拚將一死消愁盡」的感懷二首：「世上原無難處事，人生確有斷腸時，讀書學道曾何益，黃口白頭一樣癡。拚將一死消愁盡，未許餘生有夢期，宿孽懺除留正果，從今不作寫情詩。」而據他一年後所寫的一闋〈生查子〉，我們得知他這次和毛彥文聚首時，曾經有過不愉快的場面。「此日去年時，眉樣蓬山認。閉戶啜佳羹，逐客聞嚴令。

一載著悲歡，瀛海來芳訊。誰道別離多，轉使心情近。」詞中寫道他們兩人正閉戶啜佳羹，驟然有人前來嚴令逐客。有此一幕，吳宓方始倉卒北返，沒能等到上海的送別。而以毛彥文早與朱君毅解除婚約，不相往來而推之，下逐客令者應是毛彥文的父母尊長。學者沈衛威以為或許正由於毛彥文的尊長盛責毛不該與有婦之夫往還，受了這一次重大的刺激，吳宓方才痛下決心離婚的。

而其實吳宓與陳心一的婚姻早就不協調，在一九二八年九月十六日的日記中，有段話：「宓之允心一婚事，初無愛戀之意，只以不忍拂其請，寧犧牲一己而與為婚，譬猶慈善事業。及後來早有悔心，而又硜硜守信，寧我吃虧，不肯負人。專重道德之義務，不計身心之快樂，愈陷愈深，馴至不可脫卸，追悔無及。近頃復又感懷此事，日夕怫鬱懊喪不釋。心一嫁我固幸，不嫁我亦可得所。既如此，何必犧牲我之一生。此真所謂自作孽不可活也。平心而論，心一固眾人所稱為賢妻良母者，惟其人性格倔強，情感薄弱，故難與宓融洽，雖欲教而進之，俯而就之，終屬無益。嗚呼痛哉！」可見一斑。而此後吳宓曾考慮過離婚的種種情況，並請教諸好友的意見，甚至毛彥文亦得知此心意。此可見一九二八年年底以後之日記。

一九二九年九月十二日，吳宓與陳心一訂定離婚條件（一）吳宓給陳憶[8]生活費五千

---

[8] 心一。

元。目前先付二千元。餘數至遲於三年內付清。未付之款，應按年利一分付息。（二）三孩中，無論幾人，如歸陳憓撫養，應由吳宓按年給費如下表：未入學者，每人每年一百二十元。在小學者，二百四十元。在中學者，三百六十元。在大學者，四百八十元。（三）目前心一居北平撫養三孩。在此期間，[9]暫由吳宓增給陳憓津貼每月三十元。附言議定後，先登《大公報》七天。彼此信件退還仍存友誼。九月十五日《大公報》第二版左上角刊登〈吳宓、陳憓離婚聲明〉謂「我等性情不合，興趣不同，現以雙方同意，正式離婚。謹此通告親友。」兩人正式離婚了。結束了八年的婚姻生活，吳宓百感交集，寫了一首〈九月十五日感事作〉云：「早識沉冥難入俗，終傷乖僻未宜家。分飛已折鴛鴦翼，引謗還同蕙苡車。破鏡成鱗留碎影，澄懷如玉印微瑕。廿年慚愧說真愛，孤夢深悲未有涯。」表達了他自身的感受。而不久他又寫了調寄〈水龍吟〉：「海西何處仙鄉，夢魂夜夜頻來去。憂勞萬種，辛勤半世，寂寥誰語。作計安排，存仁依禮，寸心無負，縱路人譏彈，友朋交謫，還期望，君能喻。七夕雙星待聚，泛歸搓佳期休誤，堪傷往事，情天多缺，知音難遇。夕照低沉，滄波浩渺，彩雲飛逝，早鴛屏繡閣，薰香畫黛，領濃歡趣。」在詞中，吳宓寫出了他離婚後的處境，他表示，他之所以要和陳心一離婚，乃是因為他飽經憂勞，辛辛苦苦了半輩子，「寂

9 至多一年。

寥」時無人可與相語，使他不得不為自己打算，「作計安排」。同時他更強調對陳心一是：「存仁依禮，寸心無負。」的，因此縱使路人對他譏評，朋友給予指責，他都問心無愧的。而他所求的是伊人毛彥文對他的瞭解。

一九三〇年九月，吳宓想藉歐遊之便，把毛彥文從美國接回來，共結連理，達成多年的心願。他每天和毛彥文隔洋用電報談情，據說英倫的電訊局經理對吳宓的癡情，大為感動，特別給予減價優待。結果由於吳宓書呆子習氣太重，在電報中堅決爭取家庭之中誰該支配[10]一字，使毛彥文知道他頑固的個性，只能做朋友，並不能做丈夫。他數年來的追求，毀於一旦。為此吳宓還寫了一首詩自嘲：「吳宓苦愛毛彥文，三洲人士共驚聞。離婚不畏聖賢譏，金錢名譽何足云。作詩三度曾南遊，繞地一轉到歐洲。終古相思不相見，釣得金鰲又脫鉤。賠了夫人又折兵，歸來悲憤欲戕生。美人依舊笑洋洋，新粧艷服金陵城。奉勸世人莫戀愛，此事無利有百害。寸衷擾攘洗濁塵，諸天空漠逃色界。」歐洲回國之後，吳宓宿緣未了，情何以堪，雖曾說過「從今誓要忘伊了」的話，但卻仍然情不自禁，再度六次南遊，寫了〈六南遊雜詩〉有「本為緣多惜此生，悲涼勞倦莫能名，如何又結新緣去，五載江南六度行。」「境從悟後方增戀，夢欲醒時且暫歡。孤注一投吾事了，歸來靜止依枯禪。」八月間吳宓再

10 Dominate.

次南遊，曾經在上海元昌里見到毛彥文，然而據吳宓元昌里即事〈蝶戀花〉所記：「君障面紗吾拂袖，畫地為溝去去休」，兩人之間彷彿小孩子吵架一般，畫地為溝，連聲去去。但第二天吳宓赴上海北站，準備北返時，毛彥文又臨去秋波，趕到北站去送行，使得吳宓恨也不是，愛也不是，於是他又寫道：「已別又何來送我，默默無言，此意心可知。強止終分輪轉火，填胸萬感針氈坐。舊夢迴還連瑣瑣，疑信難參，恩怨難平頗。人事由天安置妥，輕塵飛絮隨顛簸。」

一九三三年吳宓更藉「木馬屠城記」，亦即托洛伊城之海倫故事，一語雙關[11]，古意今情，寫了一篇平生力作長歌〈海倫曲〉。這也就是後人所謂「吳宓述哀百首，打不動玉人芳心」之作。而在該年遽然中輟的吳宓戀曲似乎又有了進展，毛彥文終於表示了態度，她願意與吳宓保持兄妹般的感情，這使得一往情深的詩人，還奢望著今生便以兄妹終局，但願來世再結鴛盟吧。雖是如此，但吳宓終難太上忘情，他仍然在苦苦追求，這從他的詩作中可見一斑。而毛彥文則固守最後防線，一進一退，步步為營。

一九三五年二月初，吳宓正在勉定心神，埋首撰寫他的平生重要作品之一——《空軒詩話》時，突接毛彥文的來函，信上簡簡單單的問他能否即日赴滬一行？而此時吳宓正被書局

[11] 吳宓常稱毛彥文為海倫。

催稿催得氣都喘不過來，於是他拍電致覆，請她稍候數日，等他把稿子趕好如期交了，他自會立即啟程，欣欣然地到上海和伊人會面。詎料，二月九日平津京滬各地大小報，全以巨大篇幅，登出一條驚人的花邊新聞，六十六歲的熊希齡[12]和三十三歲[13]的毛彥文在上海舉行結婚典禮。此事對吳宓而言打擊是相當大，於是他作了懺情詩三十八首，那是他嘔心瀝血之作，亦可謂傑作中的傑作。其中有「事成無補方知悔，情到懺時恨最深」的詩句。

面對吳宓的苦苦追求，而毛彥文卻突然與熊希齡結婚，不知內情者都責毛彥文寡情，半世紀以來，毛彥文可說是備受毒罵與誤解。從毛彥文的回憶錄中，似乎可理出一些端倪來，首先她在〈悼君毅〉一文中說：「其實我自情竇初開，以迄於彼此決裂時，二十餘年來，全部精神與愛都為你一人所佔有，換言之，我二十餘年來只認識一個男人，我的青春是在你佔有期間消逝的！有了這個慘酷經驗，我對於婚事具有極大戒心，以致久延不決。」而對於吳宓，毛彥文有她自己的看法，她說：「吳腦中似有一幻想的女子，這個女子要像他一樣中英文俱佳，又要有很深的文學造詣，能與他唱和詩詞，還要善於辭令，能在他的朋友、同事間周旋，能在他們當中談古說今，這些都不是陳女士所專長，所以他們的婚姻終於破裂，這是

12 熊希齡，一八六七年生，湖南省鳳凰縣人，民國初年曾任國務總理、財政總長，後來絕意仕途，一心致力於教育及慈善事業。

13 實為三十八歲。

雙方的不幸，可是吳應負全責，如果說他們是錯誤的結合，這個錯誤是吳一手造成的。」而不幸的是吳宓離婚後，將這種理想錯放在毛彥文身上，毛彥文認為「想係他往時看過太多海倫少時與朱君毅的信，以致發生憧憬。其實吳並不了解海倫，他們二人的性格完全不同。海倫平凡而有個性，對於中英文學一無根基，且嚐過失戀苦果，對於男人失去信心，縱令吳與海倫勉強結合，也許不會幸福，說不定再鬧仳離，海倫絕不能像陳女士那樣對吳百般順從，故自吳、陳離婚以來，海倫不斷的設法勸兩方復合，因海倫始終認為只有陳心一能容忍吳的任性取鬧，惜終未成功。」再加上「自海倫與朱解除婚約後，他想盡方法，避免與朱有關的事或人接觸，這是心理上一種無法解脫的情緒。吳為朱之摯友，如何能令海倫接受他的追求?尤其令海倫不能忍受的，是吳幾乎每次致海倫信中都要敘述自某年起，從朱處讀到她的信及漸萌幻想等，這不是更令海倫發生反感嗎？」

而學者沈衛威則認為吳宓生性浪漫、感情多變、見異思遷的文人氣質，理想化的「洛神」——毛彥文身影[14]的晃動，使他陷入思想與情感的迷亂之中。尤其是在得不到時，只好癡傻地犧牲自己的幸福生活，為伊人守候。反觀毛彥文的實際思想意識是傾向於胡適及新文化運動主潮的，是一位時代新女性。她思想情感與吳宓完全不是處於一個界域內，也根本沒

---

[14] 幻影。

有把吳宓當作一個愛情獵物。於是這種關係呈現出一個畸形的單戀狀態。於是沈衛威下了個結論是「吳宓與毛彥文的愛情關係不是一個『共同在場』的現代遊戲形態。吳宓始終是『出席』的『在場』，而毛彥文卻是作為一個『缺席』的存在的『在場』。他與毛的情感結構始終是虛設的。這便是吳宓的可悲之處。」不能不說是極有見地的看法。

沈衛威又指出，一九三三年當吳宓追求毛彥文而不得時，曾一度移情別戀於時代新女性盧葆華。而盧葆華如同毛彥文，根本瞧不上他這位離了婚，還養著一母三女的守舊的窮教授[15]，致使吳宓在痛苦中表示自己要「皈依宗教，虔事上帝，不再追求人間浪漫之愛。」為此他在日記上寫下頗為感傷的話語：「宓婚事將成，而磁石引針，橫風斷續，遂又新舊兩空，難行難止，使宓虛懸徘徊，增加痛苦。若我奮力前求，則急遂難成；若收心割愛，則牽纏未斷。欲助甲而甲不受助，願不負乙而又必負之，欲使自己不吃虧而又必吃虧，欲為我身謀福利而無福利。嗚呼，此誠理想家行事之必然結果，浪漫派求愛之天與懲罰，而亦吾愚妄之性行之一定軌轍也。」更可見吳宓的肺腑之言。

而至於毛彥文之所以嫁給年齡幾乎長她一倍的熊希齡，當時人們都不得其解。其實毛、熊之結緣可推至二十年前，毛彥文結識朱夫人的姪女朱曦始，而再五年後，毛彥文考上北京

---

15 且在新文學界聲名不好。

女高師，常去熊府走動，熊氏夫婦以姪女待之。一九二五年夏，毛彥文畢業於南京金陵女子大學，此時熊希齡創辦的香山慈幼院正需教員，熊希齡便囑朱畹寫信邀毛彥文前去教書。毛彥文因計畫出國留學，未允所請。一九三一年毛彥文獲密西根大學教育學碩士，學成歸國。在熊希齡的大女兒熊芷的陪同下，參觀北京香山慈幼院，予以毛彥文深刻的印象，這也是日後熊、毛結合的思想基礎。同年八月熊夫人朱其慧病逝，毛彥文聞訊非常悲痛。此時慈幼院正大肆改革擴充，需才孔急，熊希齡曾親自寫信邀毛彥文前來執教，然因毛彥文已接下上海復旦大學和國立暨南大學的聘書，又未允所請。一九三四年秋，已鰥居五年的熊希齡由京至滬，寄寓於朱曦家。朱曦因憫於對姑丈晚年生活之孤寂及事業無人繼承，而有撮合熊、毛之念頭，遂三番五次至復旦大學去遊說毛彥文。而熊之大女兒熊芷雖在懷孕期間，也兩次由京至滬，為其父助陣。

於是在一九三四年十一月、二月間，熊希齡向毛彥文發出了第一封求愛信：

彥文女士：

久未晤為念，頃有達於左右者，請先恕僕之唐突。溯自與季兒同學時，嘗稱道君之賢淑，為彼第一知交。迨君與某之解除婚約，熊夫人屢屢代抱不平，謂君之溫和而多情，某某之薄倖而負心。種種印象深入於僕之腦筋，未嘗一日忘也。是後僕對於君之境遇，十年以來時時注意，而於危急亂離之世，尤恐君陷於危難之邦，想君尚能記憶也。繼而知君能與境遇奮鬥，以一女子而獨立生活，且犧牲己利以孝親愛妹。其性格之純厚，道德之高尚，尤為僕所敬愛矣，僕亦不自知以何因緣而注意至此也。

僕自熊夫人故後，加以「九一八」之變，國難家難同時並作，僕之觀念消極萬分。此一年來病魔纏繞，尤感覺扶持無助，僕欲得一看護照料病軀而已。乃季兒與香兒堅決反對僕之意見，竟以僕向所敬愛於君之故代向君徵求同意。前日夜報大略，使僕既驚且喜，不啻褐衣而拾珠玉，旱苗而得雨露也。僕以老大之身，經此家國之難，自覺生命將及垂萎。今忽得君之眷顧，振我精神，又不啻僕之新生命新紀元也。僕不僅為個人家庭幸福慶，且為所辦慈幼教育事業無量數之兒童幸福慶。昔宋史歐陽文忠公之父，年齡大於其母二十七歲。歐母賢聲，古今罕有，然只限於歐陽氏之家庭而已。今君助我發展教育，幼幼及人之幼，則更賴歐母之賢而進一步矣。僕以十三年社會事業之經驗，深覺現時代之需要，必得一真正文明家庭以為之倡，僕與君嘗負此重大使命矣。僕無他能，惟此誠摯之心必使君之精神快樂滿足。而立此模範家庭，以為我國無量數之兒童幸福基礎，不獨子其子也。倘蒙同意，請賜覆音，並候面教。

而這信發出後，年逾半百的熊希齡卻如同少男般初戀的心情，不知會被接受亦是拒絕，真乃坐立難安，於是素有「湖南神童」的熊希齡，又提筆填了一首〈臨江仙——春意柬彥文〉，詞曰：「樓外草青春欲到，東風靜待花開，陰晴不定總縈懷。含蕾猶未放，飛蝶又驚猜，可是愛花人已困。思量羯鼓安排，中宵起坐復徘徊。欲將愁遣去，兜的上心來。」過了一段時間，仍不見彥文回書，熊希齡輾轉反側，徹夜難眠，於是他起身提筆，又填了一首〈菩薩蠻〉：「沉沉消息眉峰蹙，燈前試向牙牌卜。起後復重眠，夢多魂未安。取書將欲讀，瞬又心他屬。輾轉似輪馳，思君無斷時。」後來，毛彥文似有所動，她終於給熊希齡回信！然仍稱老伯，不過在老伯二字加以括號，並附註：在關係未確定前仍舊稱。熊希齡得信，又驚又喜，題〈菩薩蠻〉二首：「搖紅影裡燈花笑，望穿倦眼佳音到。猶自舊稱名，開函驚一聲。括弧加解釋，一線生機賜。疑信未分明，終宵眠不成。」「從前悔被虛名誤，回頭忽又聞鸚鵡。似是向人呼，今吾非故吾。故教遲作答，答亦圓而滑。權當藥催眠，明朝期再談。」而幾個月來，各方面的懇切開導，加上熊希齡的執著追求，毛彥文終於應允熊的求婚。熊希齡在興奮之餘，寫了〈賀新郎——定情柬彥文〉一首：「世事嗟回首，覺年來飽經憂患，病容消瘦。我欲尋求新生命，惟有精神奮鬥。漸運轉，春回枯柳，樓外江山如此好，有針神細把鴛鴦繡，黃歇浦，共攜手。求凰樂譜新聲奏，敢誇云老萊北郭。隱耕箕帚，教育生涯同偕老。幼幼及人之幼，更不止家庭濃厚。五百嬰兒勤護念，為搖籃在在需慈母。天作合，得嘉偶。」

一九三五年二月九日，熊、毛締結良緣，白髮紅顏，一時傳為佳話。其中上海《申報》有如下報導：「三時正，來賓齊集禮堂[16]，即由該堂朱葆元牧師證婚。結婚進行曲悠揚起奏後，熊氏及毛女士，即由二少童，及男女儐相朱庭祺夫婦，引導緩步入堂，及講壇前而止，熊氏衣藍袍黑褂，頷下濯濯，望之如五十許人，恂恂然儒者風度；新娘衣妃色禮服及地，披白色婚紗甚長，為年雖已逾卅，然眉目間青春猶在，固一及笄之美麗少女也，謂為二十許人，或可相當。朱牧師即舉行耶教結婚儀式，鄭重迅速，未半小時，即告完成。婚禮進行中，新郎始終未示笑容，新娘亦頗矜持，惟當牧師讀主文至『熊希齡與毛彥文碩士……』時，新娘忽輾然微笑，豈念年窗下，萬里洋所造就者，至今已得有歸宿而喜歟。」

毛彥文之嫁與熊希齡，或有人不解，或謂年齡過於懸殊。然毛彥文卻自有一番說詞，她說她和朱君毅分手後近十年間，雖不乏有人追求，但她一概拒絕。理由是「以你我從小相愛，又在一個環境中長大，你尚見異思遷，中途變心；偶然認識的人，何能可靠。如與年相若者結合，他不會和你一樣嫌我年事大了嗎？你長我四歲，尚振振有詞，要娶十七八歲的少女為配偶。……當時反常心理告訴我，長我幾乎一倍的長者，將永不變心，也不會考慮年

[16] 上海西藏路慕爾堂。

齡，況且熊氏慈祥體貼，托以終身，不致有中途仳離的危險。」除此而外，毛彥文之熱心教育，有遂慈幼教育事業之夙願，而作出此一果斷之選擇。

一九三七年春，熊希齡帶著毛彥文，雙雙出國，赴爪哇出席國際禁販婦孺會議，為保障人權而奔走呼籲。回國後，又在山東省青島市，籌備一所嬰兒園。七七事變，熊希齡愛國不落人後，他偕同毛彥文自青島南下，在「八一三」淞滬戰役爆發後，親自主持戰地救護工作。在一個多月內，他們設立臨時醫院四所、難民收容所八處，共救出傷員六千餘人、難民十五萬餘人。在受傷的軍民中，在難民收容所中，人們經常看到一個文靜的臂纏紅十字章的中年婦女，在鼓勵、再撫慰、在扶助那些戰爭帶給他們不幸的人們，她就是毛彥文。因此他們益為世人所推重，不久上海各慈善團體籌組聯合救災會，熊希齡被推選為副會長。除此而外，他們還率先發起籌辦一所街頭教育社。同時又計畫如何把慈幼院遷到大後方去。一九三七年十二月間，他們風塵僕僕地趕到香港，為籌募救治傷兵和救濟大批難民的經費，詎料因勞累過度，熊希齡心臟病發，於十二月二十五日病逝香江。毛彥文則經慈幼願董事會一致推舉，成為香山慈幼院院長，在國難中獨立支撐，繼續完成熊希齡未竟的事業。

一九三八年春，吳宓經香港、海防輾轉到達西南聯大文法學院蒙自分校，授課一學期。秋，蒙自分校遷回昆明聯大本部，吳宓自此在聯大外文系任教授，直至一九四四年。在熊希齡病逝後，吳宓曾想方法要追得毛彥文，在一九三九年七月十一日的日記中，有如下的記載：「為今之計，宓宜徑即赴滬[17]。先在港製西服，自飾為美觀年少。祕密到滬，出其不意，徑即訪彥。晤面後，旁無從者，即可擁抱，甚至毆打撕鬧，利誘威逼，強彥即刻與宓結婚，同行來滇。出以堅決，必可成功。即至越禮入獄，亦於宓無損。前事可不必提說，惟有此法可成功滿意云云。」然後來他認為此計不成，於是他又想出另一辦法：「（一）在此間造作空氣，使眾皆知宓愛彥至真至苦，必有人以其情形函報彥知。旁觀之言，易使彥感動。或者（二）宓邀友茶會，宣布將出家受戒為僧。更居西山一二星期，以實其事。彥知宓真為出家，必不能無動於中，倘肯親筆致宓一函，則此後事皆易辦。（三）宓於適當之時，赴滬訪彥，面致其情，或有萬一之望，云云。」[18]吳宓曾說：「予平生所遇之女子……愛之最深且久者，則為海倫。」因此，在意亂情迷下，導致有此心理失態的想法。沈衛威指出，吳宓具有敏感、純真、激情、憂鬱，以及神經質的外在表現，喜歡沉湎於自己的純粹感覺和生動的想像力中，以致有時把握不住現實與理想的落差，出現荒誕的行為，使自己陷入情感的迷途，可說是極為中肯的論斷。

17　毛彥文此時已由平輾轉至滬，居於法租界福開森路底餘慶路愛棠新村。
18　見一九四〇年十二月三十日之日記。

而一九四一年太平洋戰爭爆發，毛彥文困居香港[19]，吳宓聞訊為之著急萬分，曾有函電慰問，但如同熊希齡去世吳宓致電慰唁一樣，均沒有得到毛彥文的回音。於是吳宓寫下了一首〈慰未亡人詩〉，中有「讀罷楞嚴未解情」之句，坦承他雖然鑽研佛經多年，卻依舊一往情深，戀戀不已，根本無法獲得解脫。其後他還一再的在課堂上說：別無他願，惟求此生能夠再晤毛彥文一次。而一九四九年毛彥文到了臺灣，她除了是「國民大會」代表外，她先後執教於桃園復旦中學及台北實踐學院十餘年，直到八十高齡才自動退休。一九九九年十月三日，她逝世於台北內湖國泰醫院，享年一百零三歲。而吳宓則身陷大陸，飽受迫害與折磨，於一九七八年病逝，享年八十四歲，兩人終其一生，並沒有再見過面。

據張紫葛《心香淚酒祭吳宓》一書云，一九四九年九月，重慶大學中文系系主任艾蕪，因慕吳宓之名，請他擔任兼任教授。吳宓在第一次上課後，就收到女生鄒蘭芳小姐[20]的一封長信，具道夙昔仰慕吳宓，今有幸親聆教誨，深感夫子學識淵博，字字璣珠。誓當頂禮門牆，虔領教導，求其登堂入室云云。吳宓接信後置未作覆。爾後每授課一次，必得鄒生一函，越寫越長，漸道家世情志，並表示愛慕之情。吳宓均以鄒生一時虛幻，而未在意。一九

---

19 她於十一月底赴港，寓許地山夫人家，十二月八日戰爭爆發，十八天後香港淪陷，成為難民，一個月後輾轉脫離陷境。

20 鄒為四川萬源人，後畢業於重慶大學法律系。

五一年，鄒蘭芳的兩個曾當將官的哥哥遭到鎮壓後，留下八個幼小的子女要她照顧，她於是哭求吳宓的幫助，吳宓秉存仁者之心，從此每個月從自己工資抽出大部分，幫助她撫養孩子。幫助這種成分的人，在當時是非常危險的，但吳宓卻覺得義不容辭。而就在此時西南師範學院圖書館的一位女職員頗有姿色，她的丈夫是三青團的，因為到了臺灣，所以她被認定是隔離對象，她看中了吳宓。她想吳宓是該校的頭面人物，做了他的夫人，可得統戰之蔭蔽；吳宓又是高級教授，工資高，物質生活也可以大大改善；老教授為人善良，不講無產階級政治要求，且有紅學專家之稱，待妻子必然溫良體貼，而且這種學究易於誘導定情。於是她死命地向吳宓靠攏，為迫使吳宓與她結婚，她還胡謅和吳宓私通等等。而實際上與她私通的是吳宓的頂頭上司方敬[21]的好友張東曉，並且當場被抓個正著。但迫於政治壓力和無奈，吳宓只得答應和鄒蘭芳結婚，才算平息一場「桃色風波」。但吳宓卻自咎其責地說：「我負擔了小鄒一家九口生活，就娶她為妻，成什麼話？買她嗎？前此一諾千金之仗義行為，竟成狼子野心矣！……」。於是兩人在一九五三年結婚，這樣鄒蘭芳才有了工作。兩人生有一女，但未足歲便夭折了。其後鄒蘭芳長期患病，吳宓朝夕照顧，接便洗髒，必自躬親而不假手他人。但因鄒患的是肺結核，到一九五六年，便香消玉殞了。

[21] 詩人何其芳的妹夫。

在臨終前，鄒蘭芳才坦承其實她在一九四九年七月已得知患了肺結核，她給吳宓寫第一封情書，其實是要在有限的生命裡找個蔭蔽之所。她說：「我欺騙了吳雨僧，利用了他的正直善良，利用他的同情心，來套著他，捕獲他，在他的有生之年，為我這個不值半文的女人，為我的侄兒姪女們，做牛做馬，……我，是他的罪人！」而當吳宓得之事情的原委時，他說：「哦！她——立意得遠，用心良苦。我們竟然盡在鼓中矣！然亦不必惱恨也，倘以悲天憫人之心觀之，則伊——情可憫！良可憫也！」鄒蘭芳在最後迴光返照時，淚眼汪汪地對吳宓說：「我害了你，累贅了你。沒有半點報答。對你的大恩大德，來生圖報！」吳宓俯身對她說：「……別這麼說，你，半點不曾累贅我。你給了我機會，讓我真正盡一盡丈夫的義務。我永遠銘記你，感謝你。——放心，我一定把你的侄兒、姪女撫養成人……」。而吳宓也始終信守著他的承諾，除此而外，他室內的擺設一如鄒蘭芳生前，吳宓還在家中為她設有靈位[22]，每餐必多設一副碗筷，每看電影，必多購一張票，虛席以待。足見恭行君子之風。

文化大革命爆發後，吳宓即遭殘酷迫害，大量的日記、文稿、藏書被洗劫一空。曾是他晚年執教的學生周錫光談到在文革初期他回西南師範學院探望吳宓的經過，他說：「一九六

22 後在「文革」中成為罪狀，為紅衛兵所砸。

七年二月，我決計赴渝探望吳先生。當我到了西師，只見學校辦公樓、教學樓已是一派破敗景象，處處牆上殘留著大標語、大字報，據說各『造反派』大軍都已出去[23]，學校空空如也。只在三教學樓不遠菜地裡有十幾個衣著破爛的老師[24]蹣跚地挖地『勞改』。我不願讓他們發現，便立在老遠探看，沒有他。於是我走向教學樓，沒有他，正躊躇間，忽發現拐彎樓梯處有一個老人正吃力地躬腰掃地，是他，果然是他！我趕過去正要喊他[25]，忽見他急急地揮揮掃帚[26]，又急側轉身答應一聲：『有！』，向樓裡走去[27]。我十分激動，看到了他，他還活著！晚上，我再次到文化村宿舍去看望吳先生，當靠近宿舍時，黑處有一個低聲音叫住我，是吳先生。大概他已估計到我將再來，便站在這兒等一陣子。我說明：『是專程趕來看望。』可話音沒完，吳先生說：『你能趕來看我，我很感激，……其實我下午已看見你，你也看見我了，這就夠了。現在你無須逗留，趕快離開西師，不要受我的牽連。錫光，聽我的話，趕快離開！』於是我向吳先生深深鞠躬後，便離開了西師……」

23　武鬥開場，好些人借「串連」逃之夭夭。
24　牛鬼蛇神。
25　吳先生已看見我。
26　意教我馬上離開。
27　有人叫他。

而從吳宓一九七二年七月十二日給友人姚文清的信中，我們可以得知，他備償折磨，左腿殘廢，雙目幾乎失明的苦況：「一九六九年五月九日[28]，在『鬥爭宓之大會』上派兩名學生拉宓[29]入場[30]，中途在平鋪磚地之『食堂』中，猛被向前推倒[31]，結果左腿扭折[32]。現今必須右手拄杖，否則不能站立，更不能走步。經過不斷醫療，現今可支杖走路，左三關節已不再痛。但左腿仍不能彎曲，不能起甚高[33]，而骨髖[34]一關節猶時時作痛，宓右目在一九七一年六月忽全盲，現惟靠左目代兩眼之用[35]。」一九七七年一月吳宓的妹妹吳須曼從西安來重慶，把他接回老家涇陽。此時吳宓幾乎雙目全盲，左腿也已殘廢。一九七八年一月十四日病危，送醫搶救，十七日凌晨三時辭世，終年八十四歲。

---

28 宓等十人，第一次貶來梁平。

29 罪犯。

30 跑極快。

31 宓向左前方跌倒地上。

32 又被組長虐待；不許吃飯，每日強迫「練習走路」。

33 故上台階、上樓梯十分困難。

34 左胯。

35 醫云：目中「白內障」，到大城市大醫院不難治好。

也是吳宓的弟子，現為西南師範大學教授的孫法理在文章對吳宓有這樣的評論：「吳宓的學生錢鍾書曾說吳宓是亞里士多德定義下的悲劇人物。這大約指的是他的理想與時代的脫節。那是早期的吳宓。晚期吳宓的悲劇是時代的悲劇，但他那孤獨頑強的執著卻給它增添了幾分悲壯。吳宓總是生活在他所說的The World of Truth[36]裡，而他周圍卻有不少人是他所說的Vanity Fair[37]裡的弄潮兒。這一事實也對吳宓悲劇的形成起了推波助瀾的作用。他是個孤獨的行道者，踽踽獨行，走完了他的淒涼的路。」可說是道盡了吳宓一生的行事，甚至感情之旅。

36 真的世界。
37 浮華市場。

前言

人是有惰性的，而我的惰性或許較任何人也厲害。遠在二十多年前，便想寫點往事，作為此生鴻爪雪印的紀念，把歷年來經過的事對我有影響的寫下來。之所以遲遲未寫，一則想寫的都是平生經歷的事跡，是否值得留下？寫出來給誰看？誰關心我的平生？二則雜務蝟集，忙於謀生。但是耳際常響起二十餘年前胡適之先生的聲音，有一天他對我說：「彥文，你應該寫自傳了。」我說：「我的自傳寫給誰看？」「給我看。」胡先生這樣回答。他認為任何人都應寫自傳，寫下在世上走一趟的記錄。因之我決定寫自己認為值得留下的已往事跡，命名《往事》。

我於民國七十四年[38]二月十二日開始執筆，乃寫了二頁便擱置。嗣後雖陸陸續續寫點，

[38] 一九八五。

總是一曝十寒。集會頻繁、家事瑣屑、及人來人往都令我靜不下來寫。七十四年匆匆過去，《往事》還沒有寫成四分之一。翌年數度有遠客來訪，且相繼寄寓家中，我因忙於招待及導遊，幾乎一字未寫，直到七十六年初始克繼續，但仍時斷時續，未能一氣呵成。只覺精神日就煥散，注意力難以集中，目力益差，寫字困難。同時社會轉型，國事維艱，社會失安寧，令我憂心忡忡，不忍再寫，遂於是年八月間擱筆。

我是一個平凡的人，所寫的都是平凡的事，雖其中有幾件突出的記載；乃事過境遷，也成為平凡的了。《往事》前半部是按事情發生的次序寫的，到了我定居臺北後，便寫點有紀念價值的事。這似乎是一本流水帳，談不上格局，也沒有文采的，故本書將僅贈少數親友作為紀念。

毛彥文

中華民國七十六年八月二十日

目次

第一章 家庭狀況及受教育經過

一、家庭狀況

我於光緒二十四年陰曆十一月初一出生於浙江省江山縣城。毛家是個大家庭，上有祖父母[1]，下有兩叔父、兩叔母及兩姑母。父親名華東，字樂山，居長，二叔華芳，三叔華春。父親與二叔均為秀才。父親原本有志於功名，不幸祖父去世，他是長子，須負起家計的責任。祖父生前經營之「裕昌布店」由父親繼續經營，從此不能專心科舉，但父親沒有經商經驗，所有店務均交帳房管理。彼時年輕氣盛，既不能遂其追求功名志願，便擬在商業上有所表現，於是相繼開業「道生仁布莊」及「慶福醬園」，一時聲名大噪，親友都以毛家大少爺

1 祖父於我出世後三個月去世。

大有作為，定能成富翁了。乃好景不常，這些店務都假手於人，不數年次第倒閉，各店帳房都發了小財。父親因之抑鬱終身，賚志以沒！

我的母親出生於江山縣長臺鄉朱姓家，名瓊佩，係外祖父母的幼女，也是掌上珠。她上有四兄一姊。朱家在長臺鄉係鄉紳大族，母親自幼受良好家教，對三從四德深信不疑，從兄長處也學會背誦不少唐詩。她聰敏娟秀，賢慧大方，年輕時有江山美人之稱，以善於刺繡及剪各種紙花，揚名鄉里。

母親二十歲來歸毛家，父親長她三歲，郎才女貌，伉儷情深。她孝順公婆，和睦妯娌，勤於家務，謹守婦道，非特為一好媳婦，亦為一賢妻。二十二歲生一男孩，取名「乾」，二十五歲生我，在此期間為她婚後黃金時代。不幸乾五歲時夭折，遂令母親陷入悲痛深淵。自我以下她連生五個女兒，四、六兩女夭折，留下我及二妹宗文、三妹輔文、五妹同文四個女兒。在那個時代，家中沒有兒子是莫大的缺點，往往鬧出家庭不和問題，我家也不能例外。在母親生下輔文時，父親便有納妾企圖。迨同文出世，母親已生了五個女兒，自知沒有生男把握，自動為父親物色側室，終於找到一鄉間姑娘名金鳳，娶來家中，她便是長庚弟的生母。父親並不滿意金鳳，在外另行賃屋藏嬌，因之夫妻感情破裂，實行分居。父親搬出去三、四年後，有一天與他同居的女子乘父親外出，竟收拾細軟，捲逃無踪。至此父親覺悟，究竟髮妻可靠，幾經要求，仍遷回老家，但夫妻已破裂的感情，無法彌補，雖同居一屋，猶如賓客。

母親既受夫妻失和的痛苦，復備受婆婆的虐待。祖母是典型宗法社會的婆婆，又沒有受過教育。她視兒媳如奴婢，頤指氣使，任意謾罵，如對兒子有不滿意之處，所有兒子的不是，都要媳婦承擔。她喜怒無常，母親卻溫順有禮，逆來順受，祖母認為可欺，時加壓迫。同樣一件事，祖母對母親可以謾罵，對三叔母便不敢，因為三叔母會針鋒相對的頂嘴，並不以為她是婆婆而容忍，祖母對她反而退讓幾分。祖母每次破口大罵母親時，總以她沒有生兒子為不可恕的罪過，常說二房、三房都有子嗣，只有長房絕後[2]。所有母親生的女兒都不會成器。有一次母親哀求祖母，不要罵她連帶咒罵我們姐妹四人，母親說：「我的女兒還年幼，您怎麼料到她們長大不成器？做長輩的不可以這樣咒罵小輩。」同時母親指著我的臉說：「月仙[3]記住，你們姐妹長大了要為我爭氣，好好做有用的人！」她說時聲淚俱下，我也飲泣不已，這個印象永刻心版！為了祖母不喜歡孫女，所以我幼時常被送至外家，由外祖母撫養。

---

2 那時長庚尚未出世。

3 毛彥文的小名。

二、受教育經過

（一）家塾

江山縣屬衢州府，地當浙、閩、贛三省之交，縣境內有仙霞嶺，萬山環列，一望無際。須江發源於縣之石鼓，流經鹿溪，與常山縣同江匯於錢塘，東流入海，以上二者為本縣最突出的名勝。至於全縣境內山明水秀，風景甚佳，尤以仙霞嶺為著名險要、浙東屏幛。只是在清末民初之時，本縣仍因交通不便，與外界幾乎隔絕，風氣未開，教育落後，對女子教育，更不注重，故我幼時無機會受當時的新式學校教育。

我七歲時父親請了一位徐老先生來家教蒙館，這是我初次啟蒙，教讀三字經，學描寫「上大人，孔乙己」紅字，同時父親邀來附近小女孩共讀。蔡一諤夫人李馥梅女士便是那時蒙館同學，至今還有書信往來[4]。大約在一年後的夏天，有一次我背不出書，老師用竹片做的板子打我的背，致背上有兩條紅印，我向祖母哭訴，她大怒說：「女孩子不能考狀元，讀什麼書？」命父親辭退徐老師，停辦家塾，於是我失學了。

---

4 蔡全家移居美國。

（二）西河女校

辛亥年革命軍起，推翻滿清，創建民國，當時全國學校停課。江山有少數在杭州、北京等地求學的男學生紛紛回鄉，如：毛常[5]、毛準[6]、毛咸[7]、毛應麟、朱斌魁[8]、胡維鵬、胡之德等。這些青年從各大都市得了不少新知識，眼看本縣尚無女校，女孩無處求學，故商議辦一女校。乃經費無著，校舍及設備無從籌辦，束手無策。幸江山縣城內，西河毛氏宗祠是一個有錢的機構，且有餘屋。這批青年以毛咸為首，向宗祠主事者磋商借用空屋，開辦女校，得其應允並協助，便因陋就簡，居然辦成，命名「西河女校」。那些發起的青年都是教師，公推毛咸為校長，當時僅有二十幾個女生，我是其中之一。民國二年初，全國各校復課，我們的青年教師各回原校求學，西河女校由朱葉氏[9]接辦。

這個女校既非完全小學，也非正規中學，沒有學制，只靠教師能教的便教，課程中有國

5 夷庚。
6 毛子水。
7 毛子正。
8 朱君毅，毛彥文的中表兄。
9 毛彥文的舅母，她的名字好像是葉德桔。

文、算學、地理、歷史、體操、唱歌、女紅等。女生多半在家學過方塊字，或讀過《三字經》、《千家詩》，多多少少有點國文根底，故校方對國文特別重視，有《論語》、《孟子》、《詩經》及選讀《古文觀止》內的文章，並背誦《詩經》等功課。

（三）杭州女子師範學校

滿清推翻，民國肇始，但百廢待舉，尤以教育未普及，民智未開為大問題。各縣急於添辦小學，無奈小學教員奇缺，因之各省教育廳共謀補救辦法。浙江省教育廳令杭州女子師範學校加辦講習科二班，二年畢業，由各縣縣政府在縣內女校中選擇一名女生保送入學，完全免費，以年齡二十歲至三十五歲為合格，畢業後回各縣做小學教員。我倖而被選上，可是虛歲十六，冒填二十歲。

我被選上是有原因的：一是我能勉強寫點通順的文字。二是民國二年春全縣發起天足運動，定期在城隍廟開大會。事先徐光國先生[10]寫了一篇演說稿，要我背熟，上臺演說。我費好幾天工夫把它背得滾瓜爛熟，光國先生及我自己都以為沒有問題了。不料那天城隍廟擠滿了人，姚應泰縣知事和地方仕紳一排坐在臺上，我一進廟門就被嚇倒！等到上臺演講時，講

---

10 朱君毅的舅父。

詞完全忘了，只向臺後、臺前一鞠躬，說：「今天是開天足會，」以下便說不下去了，忽然想起捐一枚銀元做天足會基金是事先預備好的。急忙從衣袋取出銀元一枚，放在臺上，說：「我先捐一元。」便鞠躬下臺了。此時姚知事問旁邊的人：「這女孩是誰家的女兒？她背不出講詞而沒有哭，知道怎樣下臺，真是聰敏。」因之姚知事[11]對我有了好印象。所以選拔女生保送去杭州女師，我便被選中了。

我被保送去杭女師，在那時是一件大事。衢州府沒有女生入選，該府認為失面子，有些縣分也沒有女生可選，趕不上江山。衢州周石華女士於半年後自費赴杭求學，各縣風起雲湧爭將女兒送往杭州受教育，本縣女生亦相繼前往，這對於女子教育是好現象。

那時我虛歲十六歲，報名二十歲，身體還沒十分發育，矮矮小小的，看上去像是一個小女孩。從未離開過家，滿口江山方言，驟然離鄉背井，投入一個陌生的環境，教我怎樣適應呢？我一向男裝，髮多而長，拖了一條長及膝的辮子。入校第二天早晨便要把髮向前面梳成一個大圓餅的樣子頂在頭上，我愈梳愈梳不起來，於是哭了。在旁邊的蔡任玉[12]同學看見了[13]，幫我把長髮剪短並剪少，方才梳成。以後好久都是她幫我梳的，我們成了好友，出了

[11] 姚前後做了兩任江山縣知事，在他第二任時又幫了毛彥文大忙，以後詳述。
[12] 叔慎。
[13] 女師的盥洗室是大家在一起共同用的。

校門交往也未終斷。後來她與蔣志澄先生結婚，伉儷情深，有一子。抗戰勝利的第二年，共黨作亂，蔡任玉偕兒子媳婦在上海搭機赴港，因飛機出事，三人喪生。蔣志澄先生在上海服毒自殺，真是慘絕人寰！

在校約一星期，有一天學監沈兆芝女士叫我去問話，她問：「毛彥文，你今年幾歲？」等了好久，我答不出，反而流下淚來，勉強說：「二十歲。」沈說：「二十歲就二十歲，為什麼要哭？」這叫做賊心虛，自己知道是虛報說謊。

經過測驗，這新開辦的講習科分甲、乙兩班。乙班因程度太差，改為三年畢業，甲班二年畢業。我被分在甲班。這班有三十餘人，我年紀最小，同班同學叫我「小姥」。最年長者為孫朗玉，已三十多歲，杭州人。次之應品仙，永康人，及謝鎬，她們已二十五、六歲。我們四人因常名列前茅，很快便成為好友。第一個月，月考成績發表：應品仙第一名，謝鎬第二名，我第三名，孫朗玉第四名。孫大起恐慌，私下跟我商量，把第三名讓給她，因我年輕，名次低點不要緊，她不能落在「小姥」後面。我答應她的要求，好幾門功課代她做槍手。可是到了畢業發榜時[14]，孫還是第四名，我依然第三。

這個講習科是專門為栽培小學教員而設的，所有功課都要配合這個目標。學生畢業後只

---

14 榜是貼在學校大門外的。

能做小學教員，如果想投考大學，程度是不夠的。我的志願是想升大學，因之畢業後並沒有回江山做小學教員，反而去永康縣縣立女子講習所教了一年書。第二年才去湖州吳興湖郡女校肄業。

（四）求學期間被迫出嫁，反抗逃婚

父親在生意場中認識了衢州府開布店的方耀堂，漸成好友。有一次方來江山我家拜會，見到我，十分喜歡。那時我大約八、九歲。方有兩子較我稍長，他便起意向父親提親，初則父親以女兒年齡太小，稍長再談。但經不起方耀堂一再懇切請求，被其說動，在方家兩子中選了方國棟。此事母親反對，理由是：衢州太遠，而且不深知方家底細，又沒有看見方子本人。夫妻大吵一場，父親擺出一家之主態度，母親終於屈服。於是擇日文定，我的婚事算是成定局了！那時我不懂訂婚對自己有切身關係，以為這是父母的事，與我無關。

迨去西河女校上學，經幾位青年教師灌輸許多新知識，對於父母代定婚姻不能承認一事也是其中之一。有一天放午飯時，校長毛咸對毛復敏[15]及我說：「你們兩人留下，我和君毅有話跟你們說。」然後他問：「你們兩人都訂婚了，知道嗎？」我和復敏點點頭。毛咸說：

[15] 毛咸的堂妹。

「訂婚是什麼意思？那就是將來你們要嫁給一個不認識的男子為妻。」我們都哭起來了！同時君毅也流下淚來。校長又說：「不要哭，你們還沒到結婚年齡，等到那時，再向父母表示反對，要求解除婚約。這是家庭革命，我會幫助復敏，君毅幫助彥文。」於是與君毅回家午飯時，一路上他叮囑我現在不要向父母表示意見，以後再說。他說：「我不會讓方家把你搶走的，我們要永遠在一起。」經過這一場談話，我好像忽然長大不少。腦中時有「家庭革命」、「解除婚約」、「與君毅永遠在一起」等問題煩惱我。

君毅家在長臺鄉，離城四十里，他在西河女校教書，無法住在長臺，故寄住我家。我們日間去學校，進出相偕。晚間他幫我溫習功課，並講莎氏比亞戲劇的故事及他在北京的所見所聞給我聽。我對予這位知識豐富、見聞廣濶的「五哥」[16]敬愛有加，認為他是世上最有學問、唯一可靠的人，因之對他事事依賴，步步相隨，如果有半天不見，便心煩意亂，莫知所從，大約這就是所謂初戀的開始吧！

朱君毅原名斌魁，字君毅，他是母親胞兄朱筱村舅父的長子，三歲喪母，由他的祖母撫養成人，從小便和祖母同起居，祖母愛他如幼子。我家大姑母常携子女住娘家，我的祖母偏愛姑母一家。姑母的一女兩子與我年相若，在一起玩時，我常受欺侮，母親雖心痛，但不敢

---

16 照朱家大排行，朱君毅行五，同輩弟妹都叫他五哥。

形之於言語，只有一辦法，他們一來，母親便把我送去長臺外家。外祖母身邊已有一孫，又加一個外孫女，兩小孩均由她照顧。我們兩人，朝夕相處，十分親愛。君毅長我四歲，儼然以長兄自居，愛護備至，倘有其他表兄弟或表姊妹對我不友善的時候，他會出面干涉。我幼小心靈上便深深的印上他是我最好的「五哥」，我將他的一言一語，奉為聖旨。無意中種下一棵苦果，令我一生嚐盡苦汁，不僅喪失家庭幸福，且造就灰暗一生，壯志消沈，庸碌終身！

朱君毅於宣統三年[17]，以幼童資格考取以美國庚子賠款在北京設立的清華學堂[18]。他在該校六年，民國五年夏赴美，在哥倫比亞大學教育學院專攻教育統計，六年後回國任教南京東南大學。

前面曾提及我被保送去杭州女子師範學校增設的講習科肄業。在第二年第一學期將結束時，父親特由江山去杭州接我回家。在清末民初時，江山對外交通還是靠水路，坐帆船或曰民船。所謂帆船很小、很簡陋，乘客最多不超過十人，沒有舖位，用布簾間隔。由江山去杭州叫「下流」[19]，遇順風掛上風帆，順流而下，四、五天可到達。倘向上游行船又遇上逆風

17 民國前一年。
18 留美預備學校，後改為國立清華大學。
19 指水向下游流之意。

水淺，便不知何時到了。因為船的行走全靠三、五船伕輪班沿岸拉縴，這等於船由人工拉著走，不是靠水流動。那年適逢天旱，又是暑天，父親與我在杭州拱辰橋上船，十五天才到衢州。父親決定棄船坐轎，於是我們住進客棧。住定後，父親匆匆外出，很久偕二人回來，竊竊私語，好像商議很重要的事似的，不要我在場，我也沒有興趣參加。翌晨，父女兩人各坐一頂轎回江山，傍晚到家。

一進門母親就哭了。原來方家知道我去杭州求學不放心，要提早把我娶過去。婚期定於暑假某日，家中瞞了我。父親專程接我回家，不巧碰上天旱，船行太慢，婚期已過。故父親要在衢州上岸改乘轎子，乘機與方家商議改婚期事。父親軟硬兼施，逼我答應。他說：「方耀堂[20]剛去世，我們便要賴婚，這在道義上說不過去的，我會被人責罵，你非嫁過去不可……」母親只是哭，鬧得家中上下不安。過幾天迎娶的日子到了，那天家中擺了喜宴，賀客盈門。方家花轎於上午十時左右到了城門口，母親早派人在該處等候，跟迎親隊伍說：「花轎暫時停在城門邊，毛家要選好時辰，通知你們後，才可抬進毛宅。」

那時我年少，意氣用事，對家中的喜宴及一切舉動，視若無睹，尚且悠然自得，預備跟父親鬥到底，打一個自以為家庭革命的勝仗。喜宴畢，父親習慣要午睡一下。母親乘此時把

[20] 方國棟的父親。

我、四舅[21]、和斌全表兄[22]叫到她房裡，關上房門，對四舅及斌全說：「我怕今天會出人命！華東要硬幹，月仙要拼命，怎麼辦？」說完就哭起來了。四舅、斌全都無主意。母親又說：「我看最好叫月仙避到附近鄉下去，趕快叫斌甲[23]陪她出城。」四舅和斌全都說好主意。於是母親給我十二銀元，我便與斌甲溜出家門。

我走了不久，父親睡醒找我，發現我不在家，大為憤怒；母親則大哭大鬧，責備父親把我逼死了。父親立即著人去見姚知事，請他派警察把各城門口封鎖，阻攔出城。新娘出走消息，被候在城門邊的方家迎親隊知道了，他們不顧一切的把花轎抬進我家。父親派人在城內到處尋找，毫無影踪，大家亂作一團。新娘逃走的消息傳播遐邇，這在民國初年是破天荒的新聞！

斌甲和西河女校同學王亦民陪我去離城約十里路的鄉下[24]一農家寄住。斌甲回城，亦民留下陪我。這一夜不能闔眼，一聽狗叫，便以為追我的人來了。第二天早晨，斌甲乘一頂轎來，要我坐這轎去南鄉清漾村毛子水先生家中暫避，他家人對我十分優待。子水先生其時在

21 朱君毅的父親。
22 我們叫四哥。
23 斌全的弟弟，毛彥文的表弟。
24 忘其名。

北京大學，不在家，他也是贊成我逃婚的人之一。旬日後四舅母[25]派人來接我到長臺外家，住了一個多月。

前文曾提及民國二年江山縣舉行天足會，我上臺演講因怯場背不出講詞，卻能從容下臺，當時姚應泰知事頗為欣賞，這回姚知事又幫上忙了。事先本縣紳士毛常[26]，早已與姚知事談過他與幾個青年協助我反抗不自由的婚姻，請他相機幫助。所以姚知事根本沒有接納父親的要求封鎖城門，事後父親去見他時，他反而勸父親不如由他和毛常出面與方家解除婚約。至此，父親只好接受姚的建議。方家提出的條件是：（一）賠償所有為迎娶用去的費用，包括方家喜宴酒席費在內及退還訂婚飾物；（二）女方送去妝奩沒收。於是正式寫解除婚約的文件。此事至此遂完全解決。

婚約是解除了，但當時江山一般人士對此事視為惡例。謠言蠭起，多謂女孩子不應去洋學堂唸書[27]，並揑造君毅與我曖昧私情。我一出去便有人在背後指指點點，甚為難堪。漸漸這個婚變消息傳遍全省，曾有人寫了小說，名為《毛女逃婚記》，內容十之八九是虛構的。暑期將結束，我應去杭女師繼續上學，但我不敢見父親，怕他看到我大發雷霆。幸四舅願

25 朱君毅的繼母。
26 曾考取拔貢的。
27 新式學堂，普通都叫洋學堂。

陪我回家。一進門，我叫聲「爸爸」，他不理我，但也沒有責罵我，反而母親流淚說：「月仙，你把我們面子丟盡了。」就這樣，我這不幸的婚事算是完全解決了。一切雨過天晴，父母跟以前一樣的愛護我，關切我，證明骨肉之愛，永不變質，我乃順利回校。這是我在女師肄業的第二年，也是最後一年。

（五）與朱君毅訂婚之由來

在二個多月反抗父母作主的舊式婚姻期間，我受了許多壓力與冤屈，聽了許多不堪入耳的謠言。我忿怒，我恨所有無端造謠的人，同時我也長大了不少，雖只十七歲，我的思想、見解似乎已近成熟。一回到學校，君毅即來信，我不覆。因我覺得他自私，想盡方法破壞方家婚事，但當我與父親正面衝突時，他卻躲在北京，不敢露面，只寫信與斌甲，囑他盡力協助，自己消遙自在的等候好消息。大約有二個多月，他不斷來信，我都置之不理。最後經不起他苦口解釋，又開始與他通信。他要求訂婚，我覆信反對，理由是：（一）為了方家事，江山人都認為我們二人有不可告人的私情，如果訂婚，不正落實這項謠言；（二）近親結婚，對於遺傳有害；（三）我的學歷太低，不如他將為留學生，前途無量。此信去後，立接來信反駁：第一條，就是因為我們相愛，才向方家毀約。人言何足畏哉；第二條，有愛情，遺傳不會壞；第三條，我較他年輕，將來成就未可限量。同時他誓言：我們的愛情猶如郎山[28]須水[29]，亙古不變。又說，他已去信他父親，請他向我父母提親。兩方父母經過了逃婚的風浪，也深知兒女的意向，自然樂於促成此事。於是兩家家長便舉行訂婚儀式。

（六）浙江吳興湖郡女校

民國四年夏，我在杭州女子師範學校講習科畢業，秋間應永縣女子講習所之聘，教了一年書。杭女師主辦的二年講習科是專為訓練小學教員而設，不是為升學。我志在讀大學，故非另擇校肄業不可。是年夏，君毅在清華學堂畢業，秋間赴美留學。暑假回家，我們有五年不見了。他住在我家，彼此有說不完的話，最重要的是選學校，[30]最後選了浙江吳興的湖郡女校。這是一所教會學校，選此校是為了想多讀點英文。君毅將於七月放洋，我們於六月中旬由江山乘帆船去杭州轉上海。君毅與一批同學在上海候輪出發，湖郡於七月初先開學，他送我去由上海開往吳興縣的船碼頭，當兩人握別時，我幾乎放聲大哭，君毅則黯然呆立岸上，頻頻揮手。這一別便是六年！

---

28 江郎山。

29 江山有名河流。

30 當時兩方家長都主張先結婚，然後朱君毅赴美，毛彥文去升學。二人均不同意，因為時間太匆促，在新婚期間便賦驪歌，對二人的心理上、精神上都不好，寧願忍痛久別。

湖郡女校在海島[31]，為吳興縣有名學校，當地人稱它為貴族學校，規模不大，風景甚佳。有男女兩校，中間隔一禮拜堂，校長是一位美國女傳教士。這是中學[32]及小學混合的學校，沒有向我政府立案，課程由學校自由編排，與立案的中、小學課程不一樣。學生約一百五十人左右，中學生住宿。我從未接觸過教會式教育，對於聖經一無所知，做禮拜更為茫然。剛聽講道及唱讚美詩，前者以為是天方夜譚，後者好像一群人在哭喊，非常不習慣。同學多半是教徒，她們稱我為「外教人」。幸而一個月後朱曦[33]來了，她也是「外教人」，對於教會一切也一無所知。我們年相若，教育背景相似，很快便成知已。二年後張維楨[34]、張佩英[35]也來湖郡，又多了兩個「外教人」，我們都成好友。

當時禮拜堂的牧師是江長川先生[36]，我入學約一星期，他邀我晤談，問我懂不懂「道理」，我說不懂，他便講上帝如何如何的愛世人，信上帝的人將來會上天堂等等，要我多聽

31 地名。
32 四年。
33 後為朱庭祺夫人，她係熊秉三先生的夫人朱其慧女士的內姪女，民二十年朱夫人逝世，二十四年毛彥文與熊秉三先生締姻，完全是朱曦促成的。
34 後為羅家倫夫人。
35 後為邵雨湘夫人。
36 後成名牧師，據說是為先總統　蔣公介石施洗禮的人。

道，多讀聖經。從此隔些時就就要我去他辦公室，考問懂了多少道理，讀了多少聖經，漸漸的他要我領洗禮，我總以讓我多讀點聖經，多聽點講道再說。直到最後一學年，有一天江牧師又要我去見他，他一開口便說：「毛彥文，你到底領不領洗？如果不領洗，你上不了天堂，將來會下地獄……」，我衝口而出：「我還年輕不想死，不要上天堂。」江氣極了，說：「你這女孩子真調皮，你的靈魂不會得救的！」[37]

（七）五四運動

我在湖郡第三年，適逢「五四運動」，全國無論大、中、小學生都為此運動所衝擊。湖州學生會響應此運動，發起罷課、遊行、及街頭演講，鬧得全縣亂哄哄。湖郡係教會學校，校方不許學生加入，故仍照常上課，若無其事。有一天，一群中學生在校門口大叫，「你們這些洋奴滾出來！國家危殆到這個地步，你們還讀什麼書？」我們聽了非常憤怒，也很慚愧，群情譁然，立即與校長交涉，非參加學生會與他們採取一致行動不可。校長拒絕要求，並說：「如果你們要加入學生會，統統給我滾出去！」於是我們罷課，選舉代表與學生會取得聯絡，代表是：張維楨、朱曦、張佩英、陳達人、王憶春、毛彥文六人。學生會派代表協

[37] 因為江牧師這句話，毛彥文終身沒有入教。

助我們搬出學校，暫住在某會館內，我們一群中學生離校後處處感到不方便，尤其飲食成問題。大約離校一星期光景，校長覺得無處世經驗的年輕女孩，如果在外出了差錯，她得負很大責任，故派人來與我們商量，要我們搬回學校，照常上課，倘學生會通知遊行、演講等事，允許我們參加。校長已讓步，我們在外不舒適，樂得答應回校。於是我們忙著寫標語、演講、遊行，還辦了一份吳興婦女週刊，由我編輯，這些活動對於功課當然有妨礙。

校長在我們搬出學校時，去信通知我們六個代表的家長，要他們把我們接回家。去信後只有朱曦的姑母熊夫人朱其慧女士採取行動，[38]立即來電報，說她的三姑母病危，要她速回北京、朱曦信以為真，匆匆北上，到家才知道被騙，但家人已不許她回湖郡，因此她改進天津中西女校。彼此友情，並不因分離而中斷，我們仍不斷的書信往返。

(八) 北京女子高等師範學校

我於民國九年夏在湖郡女校畢業，是年秋季南京高等師範學校開始招收女生[39]，我很興奮，有此機會，即去報名。但不數日報名證件[40]退回，理由是：湖郡女校係教會學校，未向

38 朱曦父母雙亡，由姑父母照顧。
39 也許是國內第一所男女兼收的高等學校。
40 文憑等。

政府立案，沒有資格參加國立學校入學考試。我非常失望，正在一籌莫展時，北京女子高等師範學校招生，並且每省考生中有免費名額，即去報名。考試是在杭州省教育會舉行，考試結果，我是浙江省第一名錄取。這使我想起同是國立高等師範學校，為什麼南京的高師，我連參加考試資格的也沒有，而北女高師竟錄取我第一名？當時南高師的教務長是陶知行[41]，我氣憤不平，寫封公開信登在上海《時事新報》學燈欄，質問他為何南、北高等師範有如此不同的標準？此信一發表，引起好多同情者，年輕學生[42]紛紛投稿責問。陶寄一私人信，略謂他是限於法令，不是有意拒絕我，如果我嚮往南高師，可先去北女高師讀一學期，然後以北女高師學生資格申請轉學，他一定歡迎我。我認為既被拒絕入學考試於前，決不願申請轉學於後，於是北上入學。

因去北京太早，學校尚未開學，故暫寄住表妹朱豪夫家，即葉華伯先生家中[43]。我初到北京，對它非常陌生，加之語言[44]有些隔閡，大有漂零異鄉的感覺，於是寫信與在天津中西女校肄業的朱曦，告訴她我已來北京，她接信後即來看我，真有他鄉遇故知的欣悅。朱曦帶

---

41 後改為陶行知。

42 男的居多。

43 葉家於我到北京一個月後即遷回南方。

44 純北京話。

我去她姑丈家，並把我介紹給她的姑丈熊希齡先生、姑母朱其慧夫人，承他們以長輩態度招待，這是我初次認識熊氏伉儷。同時朱曦又介紹她的胞妹朱嶷[45]及堂姊朱畹[46]，她們兩人都在女高師肄業，這樣我不寂寞了，進校後她們便是同學兼朋友。尤其朱嶷照顧周到，她代我買了一小本子。刻了一顆父親名字的圖章，每逢週末，她和我拿了小本子去教務處，打上家長的圖章，便去熊府度週末了。[47]

朱其慧夫人的兄弟輩都英年逝世，遺下孤兒、孤女都由姑母教養成人，他們全住在熊家，故我有機會認識朱家的姊妹兄弟。

我在北女高師進的是英文系，系主任吳貽芳，名教授如：毛子水、陳鐘凡、李大釗、劉廷芳、張耀翔、徐亦蓁等都是本系的教授。北女高師造就不少人才，現在在臺灣知名度較高的有江學珠、蘇雪林，前者為教育家，後者為文學家，她們都與我同時[48]。當年在北洋軍閥時代，教育經費不充裕，教育部常發不出薪水，國立大學、高等師範等學校欠薪數月是常有的事，所以教授不得已，曾一度全體罷教。

---

45 後為董時進夫人。
46 朱經農胞妹，後為饒毓泰夫人。
47 朱家的子侄輩在北京沒有家，以熊家為家。
48 蘇與毛彥文同學一年即畢業，江同學兩年。

記得在校第二學年的第一學期，教授罷教，我在十分無奈的情形下，去學校對面教會辦的培華女校補習英文。有一天早晨剛走到會客室門口，[49]有一人站起來行一鞠躬禮，等我走到他面前，阻我前進，要我坐下談談。我說不認識他，他說不要緊，既然見到蘇梅女士[50]，就是朋友了。我很生氣，一衝而出校門，兩小時課上完後回校時，逕去質問蘇梅為什麼有這樣魯莽的男友，在旁的同學哄然大笑說：「原來你冒充蘇梅！」事情是這樣的，有一謝姓男生登報說將出版白話詩[51]，可以預約購買，蘇梅預約了一本，迨書出版寄來後，蘇梅看完寫了一篇批評文章登在《晨報》上，於是筆戰開始，謝寫了辯駁文登在《京報》上，連日你來我往，熱鬧非常。有一男高師學生讀了蘇梅文章，為之著迷，迭次去信蘇梅，要求面談，她置之不理，此人因之有些精神恍惚起來，親來女高師求見，不巧碰錯了人。當時我離開會客室，這位仁兄也離去，在路邊攤上喝了汽水，因付不出錢，跟擺攤的人衝突起來，摔倒受傷，送進醫院，一時傳為趣談。後來此男生登報向某女士，即本人，道歉。同時蘇與謝的筆戰越來越兇，加入筆戰的人也越來越多。一天《京報》忽然登出一篇標題為「嗚呼蘇梅」的文章，內容不堪入目，不是論詩，而是謾罵。至此胡適之先生出來說話了，要兩

---

49 女高師的會客室設在學校大門前中間，出入必須經過。

50 蘇雪林在女高師時是用蘇梅為學名，後改用今名。

51 那時白話詩是很時髦的。

方停止筆戰，此事方告結束。這在當時是哄動學界的新聞，也是我在女高師經歷的一段小插曲。

（九）南京金陵女子大學

我在女高師肄業兩年，民國十一年夏朱君毅由美回國，我去上海接船，一別六年，見面時都驚覺兩人不僅外表有變化，交談間似乎見解也不同。他臉色黝黑而蒼老，如果他不說「月仙，你真的長大了。」我幾疑接錯了人。君毅要我轉學南京東南大學，因為他被聘為該校教育系教授。我以為他為教授，我為學生，不很適當。幾經商討，決定轉學金陵女子大學，擬俟君毅的職位穩定後再談結婚。[52]

民國十一年秋季，我轉學到南京金陵女子大學。[53]因為轉學，我在女高師兩年選修的功課當中，有幾門功課的學分金女大不承認，所以我成為在一年級與二年級之間的未分班學生，有些功課分在一年級上，有些分在二年級上，讀完一年後才正式為三年級學生。

52 此時朱君毅非常拮据，且在美舉債，返國前來信要毛彥文帶二百元去上海接船。

53 那時稱大學，在教育部立案後改稱金陵女子文理學院。

（甲）欺侮新生陋習

英文課我被分在二年級，第二次上課即碰上每月一次的English Club Meeting，那是上課時用英語學習開會程序，臨時選一位主席。忽聽有人提名「毛彥文」，立刻有人附議，而且全體通過。提名的人是章玨[54]，國學大師章太炎的女兒，附議的是劉蓉士。我當時幾乎哭出來，這種用英語進行的開會方式，我從來沒有經驗過，當然不肯上講臺做主席，當時英文老師Miss Union[55]很慈祥的說：「你上去，我會告訴你怎樣做。」我含淚被迫上講臺，糊糊塗塗的過了一小時。可是心中非常憤怒！這是老生欺侮新生的陋習，非報復不可。於是跑到章玨寢室門口[56]大叫，要她出來論理，彼此爭吵一番，出出氣。我們中國人有句老話：「不打不相識」，我這舉動引起章玨的好奇心，認為這個新生有膽量，從此我們成為好朋友。

金女大係教會學校，校規很嚴，一星期中只有星期六下午一至六時，可以外出。星期日也須留校中，上午列隊點名去禮拜堂做禮拜。我與朱君毅晤面也只能在每星期六下午。他住在成賢街東南大學教授宿舍，同住教授有梅光迪、孟憲承等四人。每次我去，他們都會來閒

54 即「展」字古寫。

55 也許不是這個字，記不起怎樣拼的了。

56 金女大校規，不能進入他人寢室。

談一番，很為熱鬧。他們散去，我與君毅出遊附近名勝，下午六時前他送我回校，如此約近一年。

（乙）解除婚約

翌年[57]五月底某日，朱君毅忽命工友送來一封退婚書，真如晴天霹靂，令我如墜入五里霧中！事後探知朱已移情別戀，愛上匯文女子中學某女生，事情鬧開之後，匯文把該女生開除了。幾經波折，我們終於民十三年夏正式解除婚約。[58]經過此次大打擊後，我猶如在大海浮沈，隨時有沈沒可能！朱君毅與我從小相愛，有二十多年之久，我一向認為我們會廝守終身，不謂一紙解約書，便把二十多年的感情一筆勾銷，如何令我相信？但這卻是事實。

57 民十二年。
58 附錄一內詳述與君毅交往及解約經過。

第二章 浮沉人海

一、教書及初為公務員

民國十四年，我在金陵女大畢業之後，便受聘於南京江蘇第一中學，為初中部教員兼女生指導。[1]在該校兩年，北伐軍興，十六年春南京被圍，學校停課。我偕三妹輔文[2]和五妹同文[3]，冒險逃到杭州。原擬回江山家中，乃道路不通，只得暫在杭州住下。先擬住女青年會，有人說女青年會係帝國主義，在被打倒之列，不能住，乃改住城站旅館。三人擠在一間房內，正一籌莫展時，有一晚我已就寢，忽有人敲門說要看毛彥文，同文請他明天來，那在

1 是年該校初次收女生，男女同校。

2 在東南大學肄業。

3 在金女大附中肄業。

門外的人說：「我是毛彥文的老師，叫她起來。」相見之下，始知他是前杭州女子師範學校教教育課的張葆靈先生。他看見我們狼狽情形，便說：「明天你們去省政府司法科[4]看我，我會安排你們的工作。」張老師那時任省政府委員兼司法科主管，經他安排，我在司法科當科員，輔文、同文則在省政府圖書館工作。如此有一個月，有一天省政府被包圍，自上午八時起至下午五時止，禁止員工進出，我被困在辦公室內一天。傍晚解圍後出來，才知道是逮捕共產黨員，此時的省政府原來在共產黨手中，我們事先一無所知，險些誤入歧途。省政府主席宣中華被押去上海槍決。共產黨員被中央政府肅清後，省政府改組，我們姊妹三人依然留下蟬聯。同文年幼，不願繼續在圖書館工作，回江山家中，我與輔文留下。

中央肅清浙江省政府共產黨後，內部大幅改組，約半個月後各廳才正式成立，開始辦公。省黨部之改組先行完成。我與輔文因省府改組，暫停辦公，是否留職，不得而知，十分焦急。適此時同鄉姜紹謨先生隨國軍由江西到達杭州，接收省黨部，需人孔急，他要我去黨部婦女部為秘書，部長是葛武棨[5]。我告訴姜，我不是國民黨員，他說沒關係，於是我便做起婦女部秘書來了。不久葛武棨他調，杭州名律師沈爾喬接任部長，他特去女青年會看我，

4 後改為司法廳。
5 婦女部由男人做部長，足見當時婦女人才之短缺。

面邀繼續秘書職，不知何故，沒有多時沈又離職了，許寶駒到任，仍留我為秘書，我成了三朝元老。那時省黨部對外活動頻繁，經常開這個會那個會，婦女部便由我代表出席這些集會，每次都要講話，所謂部長，其實是掛名的。因之好多人對我的印象很深，這也說明女界人才不多。

不久省政府各廳正式成立，發表職員名單中我為司法廳科員。但我已任職省黨部婦女部，能否兼職成問題，於是去見司法廳廳長阮荀伯先生，這位長官非常慈祥，懇切的告訴我，他早知道我在婦女部，所以仍要我為科員，是想栽培一位懂法律的女性。他把兩處辦公時間替我分配了一下：上午八時至十時及下午二時至三時在司法廳，餘時去婦女部。我又告訴他，不懂「等因奉此」的公文程式，他立刻請章綬謙科長來，隨時教我擬稿並代為修改。這樣像慈父和老師的長官，令我感服莫名。我在司法廳約有半年，有一天阮廳長要我去見他，他說：「昨天民政廳馬廳長[6]來說，查你的履歷，在金女大主修教育，副修社會學，不適宜在司法廳，應調去民政廳。」我聽了非常驚惶，好容易把公文程式學得有點頭緒，忽然又要他調，衝口而出說不願去民政廳。阮廳長說，他也不願我調廳，但我是女的，馬廳長既

6 馬敘倫。

然指名要調，他不便強留，好在兩廳都在一幢房屋內[7]，倘我有疑問，仍舊可以請章科長幫忙解決。

事後才知道，馬敘倫廳長調我去民政廳係抵制當時杭州名女人王某某。王指責馬不夠開明，他廳內連一個女職員也沒有，故毛遂自薦，要馬任用她。馬把我調過去，表示民政廳有女職員了，王便無話可說。

初進省政府時，主席是張靜江，當時政局動盪不穩，五日京兆，時時調動。後來蔣某為省府主席[8]，有一次總理紀念週，臺上坐了全體省府委員，臺下站著各廳職員。蔣主席忽然指名「毛彥文同志上臺演講」事先並未通知，聽了諤然！不肯上去，蔣連叫三次，同事勸我趕快上去，不然主席太沒面子了。我深感這是對女職員的一種戲弄，非常生氣，勉強上臺說：「承蒙主席抬舉，命令說話，想係臨時考試彥文是否合格作省府職員，希望及格，謝謝主席。」鞠躬下臺。回到辦公廳，剛坐下，有一工友來說：「馬寅初委員請。」這是初次認識馬委員，他說：「你剛才表現得很得體，這個地方不適合你工作，為什麼不出國深造？有什麼事我可以幫忙的嗎？」我告訴他已向美國密歇根大學申請獎學金，明春才知道是否得

7 那時各廳都在一處。
8 也許代理。

著，謝謝他的獎勵與關懷。

二、留學美國

民國十八年秋，我因得到美國安娜堡的密歇根大學[9]的Barbour Scholarship赴美。這個獎學金係由美人Levi Lewis Barbour設立。一九一二年，他偕夫人週遊世界各國，到了遠東的中國、日本、高麗、印度等國家，發現女子教育落後，而且醫藥情形更差，回國後撥出一筆現金在密歇根大學設立獎學金，專為遠東女生而設。該大學設一獎學金委員會管理之，名「Barbour Scholarship Committee」。最初要學醫的女生方可申請，後放寬標準，只要該女生在本國大學畢業平均分數八十分以上，有兩位教授的介紹信，經該獎學金委員會審查合格便給予。在二十年代這是很優厚的獎學金，每月八十美元，學雜費由委員會繳付，有些節省的女生，每月還有餘錢。半世紀以前，我國女子高等教育已較任何東南亞國家為進步，所以被選中的女生較多。與我同時得獎學金的，有郭美德[10]、劉菊淡[11]、張肖松[12]、

9 University of Michigan, Ann Arbor.
10 滬江大學。
11 南開大學。
12 金女大。

吳鼎[13]。稍早幾年去的而仍與我同在密大的，還有朱澂、包自立。當時各國得獎學金的女生共有二十二人，我國即佔七人。最早的有丁懋英和吳貽芳，丁學醫回國後在天津開婦科醫院，吳回國後為金女大校長。這個獎學金在東南亞各國造就不少女界人才，它的委員會經營捐款得法，一九二〇年除普通獎學金外，又加Fellowship，每名每年二千美元，得此種獎學金的人，須在本國學術界已有成就，由該國學術團體或大學推薦，我國丁懋英、高君珊、葛成慧於一九二九年得到，與我同時在密大，彼此過從甚密，成為好友。

我於民國十八年七月乘美國的克利夫蘭總統號郵輪[14]赴美。船上有一百五十餘名男女學生，幾乎全是清華畢業的官費留學生，約二十餘名來自其他學校，女生不到十名。那時郵輪規定學生須坐頭等艙，頭等有二種，第一種是真頭等，每人一房；第二種係頭等中的二等，二人一房。我們全體學生都是二人一房，我與王粲芝[15]共一房。上船第一晚上有Captain Dinner[16]，很是隆重，乘客須穿禮服，王粲芝上身穿短圓角衣，下身穿長裙，一出現便引起男生哄然大笑，因為那種衣服已過時，旗袍為當令衣著。自從那晚以後，王即不出房門，每

13 由日本去美，其母為日本人。
14 S. S. President Cleveland.
15 秋瑾的女兒。
16 船長請宴。

餐都由僕役送至房中。我因同船有金女大同學，日間便與她們混在一起，晚上才回房中，王粲芝常跟我閒談，說了好多當時的掌故，很為有趣，舉一例：她問我認識張默君及邵元冲嗎？我說認識前者，不認識後者。她告訴我她因找邵元冲擔保二千美元保證金[17]，連去他家三次，門房都說邵先生不在家，最後一次她火了，說要坐在邵家等邵回來才走，門房這才偷偷告訴她，應說拜訪邵先生及夫人，不能只說要見邵先生一人，依言通報進去，邵氏夫妻果然接見了。

船行二十多天到了西雅圖，梅貽琦先生那時為清華留學生監督來接船，第二天大家便各奔前程。我到校已遲，女生宿舍沒有空位，租了一間校外住處，不能舉炊，三餐都要在外覓食，很不慣。安娜堡冷得非常早，九月初便飄雪。初次下雪時，我打電話給朱激，告訴她不出去赴約共進晚餐了，朱堅持要我去她處，我打了傘去，她見狀大笑，說這兒沒人下雪打傘的，要我趕快把傘收起來。雪自九月下到第二年三、四月間，地上全是冰，一不小心就滑倒，樹上結的冰柱，十分美觀，用「冰天雪地」來形容此大學城，最為恰當。第二學期搬進女生宿舍Helen Newberry，一人一房，非常舒適。每天除三餐外，下午還有茶點，晚上九時後有點心，每月付膳宿費三十元。安娜堡是一個以學校為重心的小鎮，幾乎所有商店都為學

17　當時美移民局要留學生付二千元保證金。

生而營業。

當時我國男女學生在密大的約有四、五十人，有學生會之組織，每學期開會一次，餐敘、跳舞、聊天，大家盡情歡樂，但也僅此而已，平常各忙所忙，很少往來。與我交往較密切的同學有朱潋、郭美德、包自立、曹用先（查良鑑的元配夫人）等。曹與查去密校時係未婚夫妻，一九三〇年夏他們在安娜堡結婚，這是我國同學在密大的大事，大家都喜氣洋洋，多方協助，令婚禮盡善盡美。曹用先是一位學識豐富、待人誠摯的人，朋友中我最欣賞她，不幸她來臺不久便病逝，至今仍有失去知己之痛！

初上課有困難，教授的話不能完全懂，筆記寫不完全，只有拼命的上圖書館，經過一段時間適應，一切困難都克服了。我主修中等教育行政，副修社會學。所以選中等教育行政，因有一個願望，希望回國能辦一所夠水準的中學校。我認為中等教育最為重要，如果一個學生在中學時代打下各科的良好基礎，同時學好道德規範，到了大學將為優秀的大學生，對於功課則事半功倍，對於做人處事將成為一個正直無私的標準好公民。可惜這個願望，始終未能實現，徒有幻想而已！

第二年拿到碩士學位後，原擬繼續攻讀，不料此時母親病重，父親迭函催促回國。只好於六月間離校，好友曹用先等送行，短短二年，匆匆過去，所學雖稍有所得，終有不夠深入之憾。密大良好的教育、宏偉的校園、可愛的小鎮、同學誠摯的友誼，都令我依依不忍離去！

三、回國途中

一九三一年夏，同學高君珊、葛成慧及我三人同偕回國，取道歐洲旅遊。第一站由紐約乘船去英國。英國是一個古色古香的國家，她的英語與美國變調的英語不同，初聽很不容易懂。我們住的旅館房間內有三個燈；一個在天花板上，一個在床頭，另一個在梳妝臺上三燈，不能同時全亮，床頭的亮，其餘二燈便不亮了。我們以為電線有毛病，叫來女侍，她說：「你如要梳妝，用梳妝臺燈，其餘二燈便不必亮了，因為你不能同時做幾樣事。」在美國房內所有的燈都可同時打開，這證明英國節儉多了。我們在倫敦勾留了兩星期，參觀了不少名勝，如大英博物館、西敏寺、聖保羅大教堂、溫莎古堡、泰晤士河，及看白金漢宮衛隊換班等。第二站去巴黎，巴黎給我印象最深的是沿街咖啡座，皆由五顏六色的傘支撐著，一個人可以在此消遣整天，看書、閱報、寫情書、與朋友或情侶聊天。這種浪漫氣氛是別國少有的。至於古蹟，當然很多，最出名的羅浮宮、凡爾賽宮等處，我們也走馬看花的參觀一下。又去瑞士、比利時等處與法國附近的國家遊覽，終站是德國的柏林。因我們要在柏林乘俄國的西伯利亞火車，經過俄國，須她的過境簽證，癡癡的等了一個月，簽證才發下。這期間我們住一私人住宅，房主是兩個年過半百的未婚姊妹，很和善且勤儉。柏林給我的印象是到處整潔、民風厚樸。那一個月內，我們遊覽附近名勝，以及看電影、逛百貨公司、逛街，有時也學著喝點啤酒，藉以消磨時間。

西伯利亞火車分兩等：一是硬座，須旅客自備臥具，一間房內上下舖各兩個，容四人，男女不分；一是軟座，兩個舖位，供臥具。前者較便宜，我們三人買了硬座，好不容易找到另一女客，湊足四人。車上沒有茶水，不賣膳食，須旅客自己預備乾糧帶上車。至於茶水，則火車到每一站便停下，旅客自己下車取水。車行甚速，好像都在沙漠中奔馳。車進入俄國境界時，看見俄人大排長龍，等候買黑麵包，那副窮苦景象，令人心酸。在車上過了約一星期天，終於到哈爾濱下車。一進國門，猶如回到了家，那份喜悅，難以形容。同坐火車的還有三位本國男士，我們去市上飽餐一頓，道地北方菜，其味無窮。勾留一天，隨即乘火車去天津，我在天津下車，高君珊和葛成慧逕赴上海。

在天津，我先找到一家旅館，略事休息後，即去拜訪南開大學校長張伯苓先生，他堅留我住在該校女生宿舍，令宿舍管理員顧如女士招待，盛情可感。由顧女士處得知，熊夫人朱其慧女士新近去世。她在世時曾以侄輩相待，尤以民國十二年夏，她在南京金陵女子大學主持我與朱君毅解除婚約一事，那分愛護的情義，令我深銘五中，故特赴平弔唁。到了熊府晉見秉三先生，他那時悼亡情深，形容悲戚，略慰唁幾語，即去晤多年不見的舊同學朱曦。好友重逢，欣快莫名，她留我住在她家敘舊，三天後南下赴南京，住同文家。第二天報紙第一版頭條新聞登載驚人消息，瀋陽失守，日本軍閥已開始武裝侵略！這就是民國二十年的「九一八」事變。旬日前我曾經過哈爾濱、瀋陽那些地方，不料轉瞬間便成淪陷區！沈雲龍先生在他〈抗戰十四年，勝利四十年〉[18]一文內說：「一般所習稱的『八年抗戰』係指起自民國二十六年『七七』盧溝橋事變，以迄民國三十四年『九九』南京受降而言。然按諸抗戰史實，殊有未諦。溯民國二十年『九一八』瀋陽事變！突發之初，日軍首襲北大營，我守軍第六二〇團團長王鐵漢即予還擊，此時抗戰實已開始。」從此日本軍閥蠶食華北，漸侵全國，我舉國奮起抗戰，不計犧牲，不辭艱苦，終於得到勝利。但好景不常，大好河山，不幸又被中共竊據，我們大陸同胞仍在水深火熱之中。思之愴然！

四、在滬執教

未回國前，即致函前女高師及金女大教授陳鐘凡先生[19]，懇他代找一教職，那時陳在上海任國立暨南大學文學院院長，校長為鄭洪年先生。很順利的得他覆信，謂已在暨南大學教育系為我謀到一個教授職位，不久即寄來聘書，並要我九月前到上海見鄭校長。陳先生與鄭校長約好八月底某日，由他陪我去鄭公館。我們二人進入客廳時，鄭坐在沙發上閱報，並

18 登載《傳記文學》雜誌第四十七卷第三期，民國七十四年九月號。

19 在這兩校，毛彥文都選他的課，他對毛彥文很獎勵。

未因有客人放下報紙。陳鐘凡先生說：「校長，我帶毛彥文先生[20]來拜見您。」鄭說：「請坐。」仍舊閱報，並沒看我們一眼。約有一刻鐘光景。鄭放下報紙，朝我觀看一下說：「毛先生，你是專任教授，月薪二百元，每星期教六小時課，校中需要女生指導，所以請你擔任此職，住在女生宿舍，你必需嚴厲管理女生，有什麼問題和我磋商。」

我在上海無住處，做女生指導可住在校內，很為滿意。可是隔了幾天，陳鐘凡先生寄來快信，要我立刻去見他。見面後他告訴我，鄭校長說，我年紀太輕，女生指導恐不能勝任，已另聘他人，加六小時課，每週十二小時，仍為專任。當時又氣又失望！於是去看在復旦大學任教的同學郭美德女士，向她訴苦。美德說：「復旦正在物色女生指導，我陪你去見李登輝校長，也許他會請你。」李校長係華僑出身，毫無官僚氣派，爽直誠懇，係一恂恂儒者。一見面便肯定請我做女生指導。可是他說只做女生指導，怕女生輕視，還須教幾點鐘課，於是馬上找來教育系主管安排科目與鐘點，每週教五小時。李校長又用英語對我說：Don't push girls too hard. You work slowly but steadily. 這真是「塞翁失馬，安知非福」，我同時得了兩所大學的職位，復旦大學在江灣，暨南大學在真茹，每週一、三、五三天在暨南，餘時在復旦。

[20] 在大陸稱老師為先生。

開學不久，在暨南校園內，忽然遇到以前女高師同班同學胡淑光，問她為何來此，她說：「在南京很悶，出來找點事做散散心，鄭校長請我在大學部做女生指導，在中學部教六小時課。」於是恍然大悟，鄭洪年校長把女生指導改聘胡淑光，是為應酬，因為當年胡的丈夫是教育部高等教育司的司長，亦即暨南大學的頂頭上司。大約隔了一個多月，有一天我在暨大下課後去找胡淑光，她已離去，女生宿舍內到處貼著「打倒潑婦胡淑光」的標語。我找到胡，問她原因，她憤怒的說：「鄭校長要我嚴厲管理女生，我照辦，引起女生反抗，去找他，他說：『你不要做女生指導，專教中學部的書好了。』」聽了心悸不已，如果鄭沒有改聘胡，我也許會跟胡遭受同樣的打擊！

我每週往返於兩大學之間，一切順利，與復旦女生相處融洽，亦師亦友。幾年下來，相安無事。至今在臺灣尚有女生邵夢蘭、姚兆如、施祖佩等與我時相往來，尤其邵夢蘭校友非常多禮，這是她以身作則的美德。至於在兩大學授課，也很順利，師生感情融洽，直到民國二十三年寒假辭去兩校教職，大家還依依不捨。當時復旦李校長不允許我辭職，理由是聘約要翌年六月才到期。經秉三先生親去校磋商及校長秘書長金通尹先生關說，才得諒解。

第三章 與熊氏締姻

一、熊氏關切

前文曾提及民國九年，我考取北京高等女子師範學校，在該校肄業二年，在此期間得識熊秉三先生，轉學南京金陵女子大學後，便無交往。但有二事令我永不忘懷熊氏的是：（一）民國十六年北伐軍興，南京正危急時，忽接熊氏電報，囑立即北上，如無路費，即匯來。當時我姐妹三人都在南京，我在江蘇第一中學教書；三妹輔文在南京東南大學肄業；五妹同文就讀金陵女子大學附屬中學。我不能一人北上，只好覆電道謝。（二）民國二十一年滬戰爆發，我在上海，當戰事危急時，又接熊氏電報，要我北上就香山慈幼院教職，再度未允所請。惟兩次我置身危險環境中，熊氏均馳電囑速離險境，其關懷之切，可以想見。除他外，沒有任何人對我表示這樣關切，而我之於熊氏，僅僅是他內姪女的一個同學而已。他能於兩次時局危急時，憶及遠在南方的一個小輩，可見他是一位仁慈與博愛的長者，能不令人萬分敬仰與感銘。這也許在冥冥中播下日後我們兩人婚姻的種子。

二、朱曦權作紅娘

民國二十三年十月某日下午四時後，我從暨南大學回到復旦大學宿舍，驟然看見昔日湖郡女校同學朱曦[1]在房內，不勝詫異。她於前年與當時上海鹽務稽核所總辦朱庭祺[2]先生結婚，住在上海法租界，從未來看過我，突然造訪，令人不解。朱曦說：「好久不見，很想念。」同時告訴我，她姑丈秉三先生於前日由北平來滬，住在她家，邀我星期日去她家午餐，是日熊氏亦在座。第二天下午朱曦又來了，與我海濶天空的閒聊。接連幾天，她都來復旦，談話內容逐漸縮小，專談她的姑丈，最後才說出目的所在。原來係代姑丈求婚，驟聞之下，驚惶失措！乃率直拒絕，說：「你的姑丈是我長輩，怎麼可以？」她說：「有什麼不可以？你們又沒有血統關係。」以後數日她仍來纏擾不已。

1 朱霖的胞妹。可參見附錄三。
2 體仁。

三、熊氏精誠追求

繼之熊氏親自來復旦大學拜訪，且每日來信[3]，內附詩詞，情意濃厚，措詞懇切。同時發動數位熱心親友勸說。熊芷適在懷孕時期，大腹便便，曾兩度由北平專程來滬為父親做說客。經過數月，受各方親友懇切勸導及熊氏真情感召，終於應允。[4]

熊氏為我戴上鑽戒一枚，表示正式訂婚。婚期定於民國二十四年二月九日舉行。正要將喜帖發出，忽接江山家中電報，驚悉母親於一月二十三日病故，悲痛萬分！母親久病四年，忽於我將結婚時仙逝，這是否不祥之兆？我堅決要奔喪，匆匆回家親視含殮。熊氏電商父親，婚事要否延期？父親覆電主張從權，照原定計畫進行，惟須封鎖消息。因之有一上海報館記者跑暨南大學、復旦大學[5]、及朱庭祺家訪問均撲空，乃寫文罵我，說係「自高身價」，其實我在家鄉，並不在上海。

---

[3] 第一封原信遺失，只好抄錄內容，第二封信及詩詞等均為熊氏親筆所書，一併放在附錄四。

[4] 熊秉三與毛彥文行將結婚消息傳出後，各報紛紛登載，謂毛彥文提出若干條件，其中一條是要熊秉三剃去多年留蓄的美鬚，其實毛彥文任何條件也沒有提，一切均屬虛構。

[5] 毛彥文住女生宿舍。

四、在滬結婚

民國二十四年二月九日下午三時，熊秉三先生與我在上海西藏路慕爾堂舉行婚禮，採用基督教儀式，牧師朱葆元，送親的是堂弟毛仿梅，男儐相朱庭祺，女嬪相朱曦。來賓約五百餘人，加上二、三百隻花籃，把慕爾堂擠得水洩不通。[6]婚禮後我們二人去外灘惠中旅館休息，新房雖設在辣斐德路的花旗公寓，為避免親友鬧新房，是夜即寄宿惠中。六時在北四川路新亞酒樓舉行喜宴，約有三十餘桌，熱鬧異常。席間有人提議要新郎、新娘報告戀愛經過及新郎剃鬚動機。茲錄當時《益世報》記者所寫：

熊說：「聽了朱先生[7]一大篇說話，總括所說，無非說吾已老。但是殊不知吾近數年來，非但不覺得老，反而感覺一年輕一年，至於老字，實在不成問題。至於朱先生為吾剃去冉冉長鬚而可惜，但是吾認為無所謂可惜。蓋一個人僅此鬍髮而不能犧牲，則何能為社會為國家做事？所以我毅然肯犧牲此隨吾數十年之長鬚而與毛女士結婚。」

6 有不少暨南、復旦兩大學的學生也擠在內。

7 作者按：不知當時所指那一位朱先生。

熊說畢坐下，而眾賓客尚堅請繼續報告戀愛經過。熊說：「自朱夫人於四年前逝世後，深感內助無人，近一年來養病青島及上海，事務多難料理，始有續絃之意。因吾內姪女朱曦之介紹，遂與毛女士締交。毛女士曾留學美國，學識、經驗俱豐富，尤其摯愛兒童，可協助吾辦香山慈幼院。她與吾內姪女等同學，從來為一家人，此次經內姪女說合，毛女士以理想、職業相同乃允婚。」

另有一則新聞云：

熊氏雖躋身顯要，可是廉潔自矢，清風兩袖。晚年退隱，更做吃力不賺錢的慈善事業。近來幹慈幼院尤起勁。香山慈幼院成績卓著，彰彰在人耳目。現毛女士委身事之，恰為小鳥投懷，諒熊老先生必能移愛幼精誠於閨房。白髮紅顏，情趣不減少年……

我們結婚消息一經傳出，全國報章競相登載。原因是當時我們年齡相差很多，社會上少有此例，為了好奇心起見，作種種揣測。尤其結婚消息尚未正式宣布時，天津《大公報》捷足先登，提前發表，並說：「新郎六十六歲，新娘三十三歲。」上海其他各報記者，覺得沒有面子，為了扳回陣地，更多方刺探，添油加醋，消息源源不絕。是項登載陸陸續續有數月之久才停止。茲錄其中一則上海《申報》所寫較為可靠者於〈【附錄五】慕爾堂中熊希齡續譜求凰曲〉中。

又朱慶瀾、袁同禮、陳立三、胡適之、任鴻雋、陳衡哲等賀電中，有一電云：

聞公與毛女士結婚，我是特別興奮，且極端贊成先生的思想，始終是站在時代的前面。一切封建殘餘的觀念，與一般流俗不光明的見解，是不值得我們顧忌的。我真佩服先生勇氣，誠不愧為現代典型人物。

這電文詞意新穎且很恰當，特為錄下。

第四章

婚後生活

一、暫住上海

剛結婚時，我不知如何稱呼丈夫，嚴格的說，我們並不是先戀愛而後結合。我只認熊氏正人君子，可託終身，至於是否能彼此真心相愛，猶如少年夫妻的熱情，便不得而知了。當時我猶有幾分矜持，不好意思直呼其名。他嬉說：我叫他「秉愛」，他叫我「彥愛」，我叫不出口，改稱「秉」，也覺得他年長很多，忽然叫起名字來也不合適。初婚幾天，跟他的外孫叫「爺爺」，他不高興。我試叫「秉」，很不自然，因為我對他仍舊很尊敬。可是這道障礙沒有多久便給他的摯愛拆除了，使我內心感到他是我最親愛的丈夫，我倆真正成為一體，他不再是長者，因之叫「秉」便很順口而親切，故以後行文要以「秉」代替「熊氏」或「熊先生」了。

婚後我們先住在法租界辣斐德路花旗公寓二個月。結婚滿月那天秉繪一幅〈蓮湖雙鷺圖〉並題詞贈我。其詞曰：

縞衣搖曳綠波中，不染些兒泥垢。玉立亭亭飄白羽，同佔人間未有。兩小無猜，雙飛不倦，好是忘年友。粉靨香腮，天然生就佳偶。但覺萬種柔情，一般純潔，艷福容消受。輕語嬌顰沈醉裡，甜蜜光陰何驟？縱與長期，年年如此，也若時非久，一生花下朝朝暮暮相守。

雙愚居士熊希齡

從秉的詞中看出，新婚一月中，他的喜悅與滿足及對我的深情熱愛。此幅〈蓮湖雙鷺圖〉遺在上海家中，不知落在誰手？思之萬分可惜！

二個月後，租呂班路巴黎新村十九號的一棟二層樓房屋暫住。這是新建的空屋，一切家具，應用什物都須從頭購置，費了大力，布置就緒，僅住二個月。其間曾偕秉歸寧，參加母親逝世「三七」紀念，住一星期。秉對我家長輩執禮甚恭，對所有親友親切接待。一時江山城中，無論老幼，莫不以一睹新姑爺為快，對秉的謙恭有禮，交相讚譽。此行秉有一詩紀實：

〈奇緣〉

癡情直堪稱情聖，相見猶嫌恨晚年。

同挽鹿車歸故里，市人爭看說奇緣。

二、回北平老家

北平石駙馬大街二十二號是秉的老家，倒是一切現成，只是陳舊不堪，大有破落戶的景象。四年前朱其慧夫人逝世後，家中所有上好的銀器、磁器、陳設及地毯等，都被其家人拿走了。朱夫人的首飾由熊芷與熊鼎平分，我到熊家，外傳我得朱夫人的首飾，其實我連銅片也沒看見。朱夫人喪事辦完後，秉著手整理家產。他把動產，如現款、公債、股票等分與兩女[1]。不動產如石駙馬大街住宅，及其他房地產，悉數捐與他設立的「熊朱義助兒童福利基金社」[2]，設立一董事會管理之，但在本宅未出售前，熊氏家人仍可繼續居住。當時董事長為金城銀行周作民，副董事長陳漢弟，還有十幾位董事。至此秉自己已一無所有，每月由董事會給二百元生活費。我們回平不久，董事會在本宅西客廳開會，會議進行下一半，陳漢

1 兒子熊泉因有殘疾，沒有分與。

2 熊，是秉自己，朱，是指朱夫人。

弟副董事長忽到內進來看我們，他說：「秉三，你暫時避開，我要跟熊太太說幾句話。」於是陳對我說：「我是代表董事會來的，秉三把所有產業捐出辦幼稚教育，那時因為他沒有家了，現在他重行組織家庭，董事會同仁擬把他捐出的產業，歸還你們一半，作為新家庭的開支。你的意思如何？」我說：「我是學生出身，不是闊小姐，秉三先生能過的日子，我也能過，不要把已經捐出去的產業，因為我的緣故而有所改變，董事會諸公的建議，我心領好意，但不敢贊同。」陳一離開，秉急急問我陳對我說些什麼，告以實情，他非常高興的說：「我沒有看錯人，你沒有給我丟臉！」於是董事會議決，每月給我們八百元生活費。

再回頭來說石駙馬大街二十二號熊宅，這個宅第係前清克勤郡王府，為石駙馬所有，故街名叫石駙馬大街，共分三部分，一部分是馬車房，一部分花園，一部分住宅。滿人落魄時把王府出售了。前兩部分成為師範大學，住宅部分為熊家買下，共五進，佔地十七畝。這是一幢宏偉的宅第，其第三進係一雕樑畫棟的楠木大廳，為此宅第最精華的部分。除五進正屋外，還有許多附屬房屋，我與秉住在第四進，其餘的由熊芷、熊鼎兩家及親戚、傭工居住。

三、舉行酒會

五月間，秉在本宅舉行兩天酒會。第一天下午三時至六時，招待國際友人、外交使節及各報記者。第二天下午三時至六時，招待所有平津親友。這兩個酒會是為了把我介紹給平津人士的，秉之重視我們結合，於此可見。他興緻勃勃，酒會前幾天，特把他追求我時寫的信及詩詞，親筆書屏條十六幅裱好贈我，並把這些屏條懸掛在楠木廳上，讓來賓觀看。一時石駙馬大街車水馬龍，熙熙攘攘，熱鬧非常，又成北平市的大新聞。兩天酒會下來，我倆都很疲勞，去雙清別墅休息了幾天，便去香山慈幼院視事。

四、北平香山慈幼院

(一) 創辦人熊院長的宏圖

秉係一極聰敏的人，幼時有神童之稱。中年時在政治舞臺上叱咤風雲，民國初建，早期在政府內建樹甚多。乃生不逢辰，北洋軍閥翻雲覆雨，政治混亂，使他滿腹經綸，無從發展，因之對宦途灰心，急流勇退，從事教育。秉認為教育為建國之本，而幼稚教育又為教育之基礎，故創辦香山慈幼院，從救助孤兒開始，用他半生心血，從事此一事業。四、五十年前，在中國大陸「北平香山慈幼院」這個名字，是很引人注意而受重視的。因為這是當年國內唯一最完善，也是最早設立的慈幼教育機構，是秉用遠大眼光和豐富的學識，擷取先進國家國民教育的理論與方法來辦理的。初僅限於幼稚教育，嗣後逐漸發展而有初中、高中、職業訓練班及各種實習工場等，最後並計畫創辦大學。建校基地預定清華大學附近，建築事項亦在籌備中。盧溝橋戰爭爆發，這個計畫遂無從實現。但在抗戰前後二十幾年裡，北平香山慈幼院對國家教育和文化所表現的功績，非僅值得院方同仁、同學懷念，且值得研究我國教育文化史人士的重視參考。

至於香山慈幼院的詳細辦理情形，係屬該院院史的範圍，在此不及細述。我只看見秉在院內常與各部門主管座談，讓他們充分自由發展教學，又常巡視各部兒童作業，與他們親切交談與指導。秉很愛兒童，常說：「孩子是真心愛我，把我當他們父母，我也把他們當我的兒女，成立這個大家庭，這便是我終身的志願了。」秉要續絃，多半為慈幼院找繼承人，他認為我有協助他辦理此事業的能力、熱情與愛心，故追求不捨，終達願望。他既為此屬望於我，我便不得不對慈幼院辦理情形及有關全院福利加以注意。所以無論秉處理大小院務，我都細心學習，他常對我獎勵有加。

（二）香山慈幼院首次舉行「回家節」

我們還沒有去慈幼院以前，院方師生即籌備盛大歡迎會。俟秉與我到了學校大門口時，爆竹聲不絕於耳，師生列隊歡迎，並高唱歡迎歌，全院上下都喜氣洋洋。在歡迎席上，秉講了很長一段話，繼之我也說幾句，從此我成為慈幼院一份子！秉為了要把我介紹給本院畢業生認識，發起「回家節」。第一次定於二十四年七月七日舉行，取牛郎織女相會典故。旋即著手籌備回家節一切事宜，如興建「思親舍」，以為回院同學臨時住所，及邀請平津國劇名角與票友來院演劇等。「回家節」那天，各地回院畢業生接踵而來，有的携眷參加，連同全院師生不下千人，興高采烈，盛況空前。不幸這「回家節」在香山本院只舉行三次，而二十六年的七月七日盧溝橋中日戰爭爆發，即是在北平舉行「回家節」的最後一次！[3]

五、重返上海

（一）初享家庭樂趣

是年秋秉又與我回到上海，原因是朱霖[4]被政府任命去意大利考察航空工業及接洽在國內設廠事宜，將携眷同行。他們把北平的五個兒女及三個保姆、傭工等悉數遷滬，租屋與我們同住，以便照顧。五個小孩，最大的十歲，最小的五個月。我們租了辣斐德路與朱庭祺伉

3 毛彥文於民國五十年八月由美回臺定居，翌年七月七日初次參加在臺灣舉行的「回家節」。當時聽了「回家節」三字，幾乎掉下淚來！大陸變色，家在何處？原來香山慈幼院的畢業生隨政府播遷來的現尚有百餘人。他們都各有成就，有的在政府部門任職，有的從事教育工作。這百餘位同學，每年七月七日舉行「回家節」，追念母校！這是不忘本的表現，也是本院教育精神長存的實證。

4 秉的女婿，熊芷丈夫。

儷貼鄰的一幢四層樓房屋居住，把兩宅園子的圍牆打通，便於彼此往還。秉寫下斗大的「雙愚堂」三字橫匾[5]一方懸掛客廳壁上，殊為壯觀。「雙愚堂」三字旁邊還有幾行小字，大意是取愚夫愚婦之意[6]，他自命為「雙愚居士」，這方匾使得客廳氣象萬千，令人見之，仰慕不置。

在這期間，秉常携我出遊，蘇州名勝、無錫梅園、杭州西湖、莫干山、廬山及其他風景區都留下了我倆的足跡，他興緻勃勃，毫無倦容。回家有五孫圍繞膝下，得享家庭樂趣。這是我們婚後數月最安定而平靜的時期。整天厮守在一起，秉要是沒有看見我，便要呼喚，非要我在他身傍不可，終日纏綣不膩，彼此有說不完的話，此種濃情蜜意少年夫妻想亦不過如此。我深切體會到秉是真心愛我的理想丈夫，同時也是知己，彼對我亦夫亦友的深情，令我陶醉，令我慶幸。是年冬我們就在滬寓度過這段恩愛的歲月。

舊曆十一月初一係我婚後第一個生日，秉請了好多親友前來慶賀。他自己繪了一幅菊花長捲，並題〈壽菊圖〉詞贈我。茲錄〈壽菊圖〉詞於下：

---

5 此匾後來移至遷居後的愛棠路愛棠新村住宅，大陸變色後，不知落在何處？

6 惜背不出原文。

〈壽菊圖〉

甜蜜光陰速，正長安眾芳看遍，又開黃菊。暮暮朝朝形共影，忘卻半生勞碌，更不管韶華三六。回憶呱呱墜地，似遲遲待鸞膠續，兩相愛，萬般足。

感君伴我幽獨，對西風捲簾人瘦，好詞同讀。但覺百花開盡了，惟有此花超俗，可與友歲寒松竹。空谷幽居高士宅，是竹籬茅舍，非金屋，願長久享清福。

乙亥冬十一月朔日為

彥愛悅辰寫此壽菊圖，並賦〈金縷曲〉詞壽之。

雙愚居士秉三熊希齡（印）

細讀秉前後贈我兩首詞中，在〈蓮湖雙鷺圖〉有：「甜蜜光陰何驟，縱與長期，年年如此，也若時非久」，在〈壽菊圖〉有「甜蜜光陰速」、「願長久享清福」，已於不知不覺中流露我們婚姻將似曇花一現，不能久長，豈冥冥之中顯示不祥之兆歟？但秉與我恩愛的結合卻是剎那即永恒！他永遠活在我的腦海中。

（二）遷居及赴青島避暑

二十五年初夏，朱霖伉儷回國，他被政府任命為航空工業局局長，該局設在南昌，故全家遷往，辣斐德路房屋退租。秉與我另賃愛麥虞限路四十六號一幢較小二層樓房屋居住。新居布置就緒後，即回北平香山慈幼院處理院務。夏間中華慈幼協會在青島舉行年會，我倆由平前往參加，備受青島市長沈鴻烈先生的熱情招待，因之年會結束後即留下避暑。七月初由青島返平參加慈幼院第二屆「回家節」，師生相敘一堂，備極歡欣。九月中旬由平乘平漢路火車至漢口，轉南昌，探視熊芷全家。我在她們家五天即回江山省親，臨行與秉約定。三天後他回程過江山時，我在車站迎候，相偕回滬。乃我抵江山第二天早晨，秉即來電報，謂將於是日下午來江山。此說明縱在極短時間內，他也不願離開我。這一晝夜是我們結縭後第一次小別。回滬不久，我因病住大華醫院七天，秉上、下午及晚間每天三次來院探視，來了便將當天所遇所做之事，備述無遺，特別護士引以為美談，這是我們第二次小別。

六、參加在爪哇舉行的遠東禁販婦孺會議

二十六年一月初，秉偕我赴爪哇[7]出席國聯召集的遠東禁販婦孺會議。同行有陳鶴琴、宋發祥、關瑞梧、顏雅卿等。我們被招待往在萬隆一幢西式豪華旅館。此處風景極美，西式旅館蝟集，歐美氣氛洋溢。二月三日正式開會，會期一週，遠東各國都有代表參加，可謂盛

---

7 現名印尼。

會。各國代表所討論者，均為如何有效制止國際販賣婦孺及各國國內販賣婦孺等議題，討論熱烈，議決多種制止方法。休會期間，爪哇政府招待我們參觀多處名勝，如芝沙露亞瀑布、大規模畜牧場、英國人辦的機械化茶葉廠、及中華會館所辦的學校等。但另一方面，爪哇本地人民，有些未受過教育或受教育不多者，喜嚼檳榔，滿口黑牙，赤腳，用手抓食，這與受過教育的人的生活，成一強烈對照，殊不調和。

會未開完，適二月九日為秉與我結婚二週年紀念，是日原擬赴某湖遊覽，因我患重傷風未果。秉那天沒有出席會議，在旅館陪我，倍覺纏綿。他又賦〈雙雙燕〉詞一首作為紀念，茲錄如下：

一雙燕子，又海國飛來，結巢新住，商量舊約，準備湖山同去，並入百花深處，且嚐遍甜霜蜜露，逍遙蓬島長春，忘卻天涯羈旅。

回顧佳期試數，正去歲今朝，雙棲黃浦，光陰又過七十二旬寒暑，好共朝朝暮暮，說不盡纏綿愛護，縱然病裡良辰，不減那時風度。

三月初返滬，兼旬後又北上，仍為處理慈幼院院務。

七、再赴青島籌辦嬰兒園及籌建嶗山別墅

同年四月底，秉應青島市長沈鴻烈的邀請，由平赴青島，籌商青島市與香山慈幼院合辦的嬰兒園事宜。秉擬長住青島，故選賃住宅。此時適孔祥榕先生亦在青島，他在嶗山有一石造別墅，邀我們去參觀。此別墅涼爽舒適，四週風景尤佳，誠理想避暑處所。孔君勸秉也照樣建造一幢，一切由他負責代辦，不勞我們操心。秉同意，即著手租地[8]、造圖、採購建材等工作。未及完工，「盧溝橋事變」爆發，一切付諸流水！

八、回滬開會及遷居青島

籌備青島住宅，方布置就緒，我們又匆匆回滬寓，預備遷居。同時秉要出席全國各界組織的中國華洋救護婦孺協會成立會。那天秉為主席，大會通過以下幾條議決案：（一）救護與禁販婦孺；（二）設法救濟娼妓；（三）解決貧窮婦女生活等，並與國聯取得密切聯絡，俾進行救護遠東各地不幸之婦孺。又議決聘請蔣宋美齡、孔宋靄齡兩夫人為名譽理事長、朱子橋夫人、王一亭夫人、及張岳軍夫人等為名譽副理事長，並推定熊希齡為理事長，趙晉

8 嶗山的地不能買，只能租。

卿為副理事長。理事有屈文六、陸伯鴻、關炯之、愛皮利女士等十四人，團體出席有二十餘個，真是極一時之盛。

六月初秉與我携菊妹[9]、欽翼[10]、眉春[11]、兩小孩及傭工等遷居青島，致力辦嬰兒園，賃福山支路十二號住宅，該宅面臨東海、藍天碧水、紅瓦綠樹，為居家之勝地。

9 周素梅。
10 同文長女。
11 輔文女兒。

第五章
盧溝橋戰事爆發

一、匆匆返滬

在青島秉忙於籌辦嬰兒園，我則忙著布置新居，前者開辦有期，後者部署方竣，正擬回平參加七月七日的第三次「回家節」，乃霹靂一聲，中日戰爭在盧溝橋揭開序幕！風聲鶴唳，不可終日！沈鴻烈市長再三勸秉從速携眷返滬，謂青島有旦夕發生戰爭之可能。秉不願離去，我強之始行。抵滬數日，中日又在上海打起來了！這就是有名的「八一三」滬戰。我方苦戰三個月，終於敗北，當時四行倉庫有八百名士兵堅守到最後一分鐘始壯烈撤退。

二、滬戰三月

在滬戰三個月中，秉率領世界紅卍字會會員從事救護工作，當時設傷兵醫院四所，難民收容所八處，搶救傷兵六千餘名，收容難民二萬餘。秉整天奔走於傷兵醫院及難民收容所之間，稍有餘暇，即撰文向當局建議種種救亡意見。同時我家客廳，變成工廠，秉招集一批女工來縫製絲棉背心送前線士兵禦寒，又製「光餅」[1]，為士兵充饑。那時秉忘了自身安危，日機掠頭而過，炸彈爆炸之聲，不絕於耳，他還是外出奔波，令我提心吊膽。一天傍晚，他又冒險出去，我等他走後，去鄰家躲起來，俟他夜間回來不見我，問傭人：「太太在那兒？」答：「不知道。」這可使他著慌了，立即向各親友處查詢，最後始知我在鄰家，備加責怪，說我不應冒險外出。我說：「你每次在槍林彈雨中進出，你知道我是如何的焦急與驚懼？今夜也讓你嚐嚐這個滋味。」

三、倉皇去港

秉關心國事，勝於自己生命，迨大場失守，南京淪陷，痛哭失聲！當時認國家瀕危，挽救無方。南京是民國二十六年十二月十三日失守，秉於第二天即要去香港轉長沙，主持香山慈幼院分院事宜。他怕冷，那時天氣已很冷，我勸他俟天氣較暖時再走，他堅不允。於是十六日我們二人帶了簡單行李，黯然登上一艘法國郵輪去香港。在頭等艙上遇到的多半是政府

[1] 用麵粉做成，烘乾，圓形，猶如饅頭大小，當中有小孔，可用線串起來，掛在頸上。

高級官員，所談的都是戰事。大家莫不既憤慨，又悲觀，都覺得前途茫茫，國亡無日！秉曾擔任過政府最高職位[2]，心情沉重，自不待言。

當時港九各大旅館皆人滿為患。事先與熊家有親戚關係的許地山君費了大力為我們在九龍Arlington Hotel訂下了一臥房，帶浴室一間。連日造訪客人不絕，均為政府要員，大家都抱了悲痛心情談國事。秉是非常愛國的人，這場變局對他的刺激實在太大了！因旅館只有一間房太侷促，有人介紹香港鳳輝臺有一房屋出租，可租下暫住。二十四日下午，我們兩人去看過後很滿意，當即租下，預備第二天遷往，不料當夜秉即出事，此屋竟成治喪處所！

四、瞬息慘變巨星隕落

十二月二十四日係聖誕夜，晚間香港方面有位陳伯年先生請我倆去他家晚宴，共度聖誕夜。我因有些不適不願去，所以秉也沒去。兩人在旅館吃陳樹階[3]君家送來菜餚作為晚餐。餐畢，秉出去散步，看見附近有馬戲團，將於翌日上演，可預售入場券，即回寓邀我去買四張入場券，預備送許地山小孩。後回寓看報，寫信。他寫了四封信，一與長沙朱經農，為慈

2 國務總理。

3 廣東人，他的伯父與秉同科進士，對秉執晚輩禮，熱心紅卍字會會務。

幼院分院院址事；一與重慶熊芷；一與上海紅卍字會，為傷兵醫院事；一與上海家中，至此已深夜十二時。

秉多年來有就寢前打一小時坐的習慣。打坐時將燈熄滅，不要人在身旁。但此時的旅館只有一臥室。他打坐時我只好退至浴室，每次他打完坐會叫我出來。二十四日夜我等了好久沒有叫，我打開浴室門一看，秉睡在床上，我有些不高興說：「為什麼不叫我出來？我等得不耐煩。」他說：「我頭痛。」剛說完就嘔吐，不到五分鐘又吐了！嚇得我手足無所措。這時他勉強用僵硬的聲音說：「中……風……」，雖說不清楚，但聽得懂。我立即按電鈴叫旅館服務生，沒有人來，我想應該打電話告訴朱庭祺[4]，但不敢離開秉，於是瘋狂的向鄰室敲門求助。幸尚有一英國婦人出來，我求她在秉床前站一站，我去打電話。正在叫天不應，呼地不靈的時刻，旅館的老闆娘Mrs. Gardner來了，我求她趕快代請醫生。醫生來了，看一看秉的瞳孔及嘔吐物，便與Mrs. Gardner竊竊私語，不久救護車來了，要把秉抬上擔架送進醫院，我不肯搬動病人，我要等朱庭祺來，醫生推我一把說：「Are you crazy? You think he can wait any more?」至此我才知道病情的嚴重。病人送上救護車，醫生不肯跟去，說是聖誕夜，我拉牢他定要他一起去，並告訴他病人是誰，醫生說他到過北平，知道熊某某，願意同去。到了

[4] 中日戰事初期，鹽務稽核所有一辦事處設在「香港大飯店」，朱為總辦，在此辦公。

九龍醫院，秉又吐一次。送入病房，頭上放了冰袋，他好像熟睡一樣大打其呼。此時朱庭祺、許地山、陳樹階都已趕到。他們勸我不要過分焦急，朱說要去打電報給熊芷等，許要去另請醫生會診，[5]留下只有陳樹階和我兩人。我忽然想起下午在輪渡上，遇到慈幼院畢業生朱福海在香港某旅館，他留下電話號碼，當即叫他來。[6]朱來不久，秉忽停止打呼，我立刻要特別護士找醫生。醫生一到即命令護士用氧氣，可是病人已沒有呼吸，我急著要醫生打強心針，醫生不理，大家都僵在那兒，一忽兒醫生輕聲說：「He's gone!」於是我瘋狂似的呼天搶地，不能自持，好像這就是世界末日！醫生看我如此哀傷痛哭，也兩眼潮濕，拍拍我肩膀勸慰說：「It's God's will.」晴天霹靂，巨星隕落，秉竟於民國二十六年十二月二十五日清晨六時撒手塵寰了！享年六十有八。[7]

平日秉的健康良好，精神充沛，喜愛遊山玩水，探訪名勝，待人接物，謙和親切，不易發脾氣。我們結縭三載，未曾有過片言隻語的爭執。以秉的豁達心境慈愛胸懷，似應享耄耋之年，乃因初期抗戰失利，在港時一群政府官員的悲觀論調，致他受刺激太深，精神負擔過重，驟然喪生！那時我如痴如狂，不知身在何處，只覺這是一個噩夢，無法相信秉已棄我而

5 其實他們已知病人無救，都去預備後事了，只是不肯告我實情。

6 秉半生為香山慈幼院辛勞，此時尚有一學生送終，是否也是上蒼的安排？

7 詳見附錄六。

去了！人的生命會如此脆弱？我有生之年，這是第一次看見幾小時以前還是活跳跳的人，幾小時以後便人天殊途！能相信嗎？但殘酷的事實擺在眼前，不由人不相信這個噩夢是真的。我還須堅強起來主持喪事。

香港是英國屬地，人地生疏，只有陳樹階、許地山二君，對本地情形，較為熟悉，喪葬事宜全賴他們協助。由國內來參加治喪者，僅有上海紅卍字會代表張冠善、外甥田學曾、堂弟毛仿梅、內姪女朱曦、張雪門先生（由長沙趕來）、及秉的次女熊鼎於舉殯前夕到達，如此而已。

五、暫葬秉於香港

那時戰事激烈，交通不便，究竟何處應為秉長眠之地，殊難選擇。在北平香山北辛村有頗具規模的熊氏墓園，熊太夫人[8]和朱夫人均葬於此[9]，秉築有生壙，似應歸葬自己墓園。上海紅卍字會張冠善先生，建議葬在上海。熊芷來電請火葬後將骨灰運渝安葬。湖南省政府派員前來迎櫬，將予公葬。諸說紛紜，莫衷一是。我不忍燒毀屍體，主張土葬，最後我決定

8 秉的母親。
9 後秉的兒子熊泉亦葬於此。

把秉暫葬在香港的香港仔華人永遠墳地，量字號地段，民國二十七年一月十日安葬。原擬俟戰事結束後，遷葬北平香山墓園，不料勝利不久，大陸變色！至今秉仍長眠香港仔華人永遠墳地。為了春秋兩季掃墓，我自己不能每季親自為之，歷年來費盡心思，多方託人代勞。香港紅卍字會，因秉係該會的創辦人之一，故有時也派人祭掃。半世紀以來，未成孤墳，該會與有功焉，極為可感。

喪事完畢，我孤零零一人回滬寓，一進門便痛哭失聲！家中一草一木皆令我傷心。這個家庭是秉與我二人共同建設起來的，在這兒有甜蜜的回憶，無盡的相思。一個月前雙雙攜手離家，一個月後我變成畸零人！此景此情，將何以堪？終日恍恍惚惚沉淪於哀痛深淵，無以自拔。幾次想追隨秉於地下，藉以解脫。適此時香山慈幼院董事會在滬舉行臨時會議，議決院長一席聘我繼任。聘書送到時，繞室徬徨，不知如何決定。倘接受聘書，當時正在水深火熱中，自己能否活下去，尚不得而知，那有心情為慈幼院效勞？倘不接受聘書，似有違當年秉與我結婚時的願望[10]。幾經考慮，為了秉的事業，為了數百名需要扶養的兒童，終於接下這副重擔，勉強振作，竭盡所能。

10 即秉要找一位能代他繼續辦理慈幼院的妻子。

第六章

接辦北平香山慈幼院及設立桂林、柳州、芷江分院

一、去長沙及漢口

為了繼秉辦理香山慈幼院，不能久羈上海，二十七年六月我帶了破碎的心，重上征途。先赴香港，抵港後迭接朱經農[1]函電催促去長沙，因湖南省政府有公葬秉委員會之設立，邀我前往勘地，乃由港飛長沙。秉在世時，屢次擬偕我回湘觀光，終未如願，今則隻身前往，傷感何如！至則寓經農家。經農及另一位省府委員、一地理先生陪我去南嶽勘地。在山上購

[1] 時任湘省教育廳長。

地一方，面積很廣，為他日歸葬秉之場所，我亦痴想，物化後附葬秉旁，以免孤魂無依。同時還可設立香山慈幼院分院，俾秉的慈澤廣被鄉梓。

我在長沙旬日後熊芷由南昌來晤，兩人見面時，相持痛哭，悲哀莫名！為了財政部補助香山慈幼院經費事[2]，我與熊芷專程去漢口[3]謁見當時財政部長孔祥熙先生，告以北平已淪陷，本人無力維持香山慈幼院，擬予解散。孔氏不以為然，力主維持下去。關於財政部的補助費，允按月以七折發付，即每月一萬四千元，自二十六年七月份至二十七年七月份補發，嗣後仍按月以七折發放。孔氏如此表示，我頗感激，當即要求把這筆款分為兩份，一份匯北平本院，另一份匯桂林作為分院開辦費。慈幼院補助費確定後，我和熊芷回長沙。

此次在長沙完成三件事：一、秉的葬地確定；二、秉的遺稿編輯事：（一）北平方面請李藻深編目錄；（二）天津方面請周策光編目錄；（三）上海方面由我負責；（四）趙曰生在長沙總其成[4]。三、秉在故鄉芷江所辦雙陵小學改為香山慈幼院芷江分院。

---

2 香山慈幼院前身係慈幼局。民國六年九月間直隸、京兆兩省大水災，秉那時在辦京畿水災河工善後事，先後救出一千名兒童，臨時設立慈幼局，經費由財政部支付，民九年擴大為慈幼院，財政部每月補助兩萬元，便成慣例。

3 那時政府已遷至漢口。

4 此一計畫未付諸實行，迄今在上海遺稿，不知落於誰手，思之痛惜！

二、桂林香山慈幼院分院

事畢逕赴桂林。久聞桂林山水甲天下，今始得親蒞其地，只見奇峯突起，殊為壯觀，但未有連綿山谷的襯托，缺幽深之致。它的山是平地而起，多半有洞，戰時作為防空洞，對人民諸多便利。

在桂林備蒙桂當局優待，長住省政府招待所「樂群社」。我去桂林的目的係辦慈幼院分院，當戰事初起時，秉即預料此次中日戰爭，不是短期內可結束，北平早晚會淪陷，他無法再回北平主持半生辛勞創辦的慈幼院，於是電召本院第三校幼稚師範主任張雪門先生來滬商議去長沙設分院事宜，雪門去後認一人難以推展工作。秉又電二校小學部主任劉夢蘭，請他遴選二位教員前往協助，張子招、周仰岐兩君應召去湘。但這時長沙正處於風聲鶴唳中，大有不可終日之勢，想找一適當院址，談何容易！正在進退維谷時，廣西省教育廳廳長邱昌渭先生忽電雪門，歡迎我們去桂林設分院，此即我去桂林的任務。我們與桂教育廳協商辦理分院的結果如下：

一、廣西全省九十九縣一市，逐年由省政府指定各縣考送學生若干名，經香山慈幼院分院幼稚師範學校甄別錄取後，在校肄業一年，仍回各該縣服務。

二、課程及教師由學校負責擬定及任用。

三、學生膳宿、川資、書籍及玩具製造等費用，概係公費，由各該縣市負擔。

四、經常費用由學校負擔，並免繳學、宿、雜等費。

五、校舍及設備由省府籌措或修建。

二十七年二月，桂林分院幼稚師範得廣西省教育廳的贊助，在桂林東華門大街成立，四月第一次招生，投考資格是初中畢業或具同等學歷，並在小學服務一年以上者。八月又增同等程度的一班。除原有專任教師外，又增教育廳職員，及省立醫院醫生一、二人擔任科任。在本院北平幼稚師範畢業的李蟾桂、池寶華兩位校友，也來分院服務，負責中心幼稚園。至此分院幼稚師範及附設幼稚園教師陣容，就更加完善了。

二十八年，桂林附近戰事轉趨激烈，廣西省教育廳下令本分院疏散至三江縣古宜鄉。此處與湖南接壤，交通險阻，早晨有瘴氣瀰漫，略帶臭味，惡性瘧疾又復流行，醫療條件極差。本分院放棄古宜，遷至丹州。丹州是三江縣的舊城，對岸板江商業較為繁盛，交通也較便利。三十一年一月遷回桂林，因彼時日軍氣燄已稍戢，轟炸次數沒有以前密集。本分院幼稚師範在廣西度過四年，前後招過六次生，結業三班，對廣西學齡前師資培育，已完成百分之七十。第六班結業，完全可以達到當年定下的標準。抗戰勝利後，此校交與廣西省教育廳辦理。

三、柳州分校小學部

那時柳州小學缺少，由北平本院調桂的張子招、周仰岐兩教師，自告奮勇，願去柳州辦分院小學，經過種種困難，有不能克服之勢，適巧當年柳州縣政府舉辦一次學生學業比賽，全縣四十餘學校代表參加，我們小學分院也派了五、六年級各五名代表前往，比賽結果，我們小學名列優等，一時震驚了教育界。此時蕭勁華縣長才發現原來香山慈幼院小學部分院竟設在一座山野破廟裡，於是透過蕭縣長協助，我們小學搬進柳州環境最佳的柳公園。因本校管理完善，師資優良，學生急增，原本僅收留孤兒及來黔桂邊區少數民族的貧窮子女，現在有好多學生家長願自費送子女入校。

小學部校長張子招先生有魄力，有眼光，主張另建校舍，容納較多學生。他積極向地方政府爭取經費，獲得地方人士支持，在柳南立魚峰與獅子山之間的柳宜公路旁建校舍，佔地約五公頃。至此我們小學分院已成為柳州所有小學的翹楚。乃好景不常，三十三年秋，湘桂戰事吃緊，日寇大舉南進，學校停課，張子招校長病卒於黔桂流亡途中，這位立志作育幼苗，畢生獻給教育的優良教師，竟在戰火中喪生！他一手建立起的慈幼分校也毀於日寇瘋狂轟炸中！那時我常駐桂林，協助雪門先生辦理幼稚師範及幼稚園，柳州小學分院委託子招先生全權辦理，我雖曾去柳州幾次，僅居於贊助地位。他竟為辦理小學分院，過度辛勞而喪生，使我哀悼萬分。

四、芷江分院

芷江原是沅州的一縣，秉八歲時，其父雲卿公在沅州任協鎮，故舉家由鳳凰遷至芷江。秉曾在沅州水經學堂讀書。在創辦北平香山慈幼院以前，他早在芷江辦過一個女子織布工場和一所雙陵小學。因湘西風氣未開，女子織布工場辦得不理想，後來就停辦了。抗戰開始不久，我令香山慈幼院師範第三班畢業生雷動[5]用秉私宅「進士第」辦香山女子中學，作為香山慈幼院的分院，並委任雷動為校長。香山女中是湘西唯一的女校，它共有三個年級、六個班，有三百多學生。學校的經費是靠熊家在芷江的私產收入，及有限的一點學田，加上學生所繳的學雜費，居然維持下去，實不容易。大陸變色後，此校命運如何，便無從得知了。

[5] 芷江人。

第七章

熊泉病逝天津及抗戰期中的北平香山慈幼院等

一、去天津治理熊泉喪事

在我把各分院事務處理告一段落後，忽接滬寓轉來天津信，驚悉熊泉於二十七年七月十一日病逝小孟莊津寓，要我去天津主持喪事。熊泉係秉唯一兒子，為朱其慧夫人所出。當前清戊戌政變湖南六君子未羅大辟前，秉亦奉命赴長沙省城，因在途次患病，中途退出，得保性命。惟秉亦因此獲得「奉旨革職，永不敘用，交地方官嚴加管束」的處分。當時處境險惡，秉偕夫人及甫三歲的兒子熊泉，避居偏僻的鄉下，暫避風聲。不幸泉兒忽患高燒，該處無醫藥治療，因之小孩抽筋，手足變形。事後雖多方延名醫醫治，卻無法醫癒，終成殘廢，此事秉及朱夫人均抱憾終生，但熊泉居然活到四十二歲，也是奇蹟。我於十一月間由桂林轉天津為泉兒治理喪事，熊家在北平香山北辛村有規模很大的墓園，前面曾提及熊太夫人及朱夫人均葬該園，故我將泉葬在其母墓旁。

二、北平香山慈幼院在抗戰時期辦理的情形

熊泉喪事料理完畢，我電邀在北平的香山慈幼院代理院長胡恩光先生來津商談院務[1]。胡為代理院長的經過是這樣的：當盧溝橋戰事爆發，秉與我在青島，後由青島回滬寓。秉已預料這場戰爭會很快擴大，北平環境複雜，而且在日軍勢力包圍之下，他不能再回北平主持院務，所以親筆函商當時在北平紅卍字會幾位會長中之一的胡恩光會長為代理院長。胡係軍人出身，又有宗教信仰，在那個環境下代理院務較為合適，而胡也欣然接受。至今胡已代理院長有一年之久，我請胡來，告訴他戰事日益擴大，政府財政更形困難，財政部每月補助費，恐不可靠，我無法支持下去，如他有辦法繼續辦理本院，即請他擔任院長，全權處理院務，聘書當請董事會寄去。胡君慨允。

1　此時北平已淪陷，我不便前往天津，本宅係在英租界。

北平淪陷之後，抗戰期間胡君與全院師生合作無間，可說有興廢繼絕之功。抗戰八年，教保院、蒙養園及二校小學仍在香山。惟三校幼稚師範停頓，各工場停辦。那時全院師生尚有七百餘人，院務雖無發展，幸教師尚有書可教，學生尚有書可讀，大家尚能溫飽，仍株守香山。當地偽政府按月給予食物配給，全校師生未受飢餓，此皆胡院長應付有方、全院師生合力苦撐的成果。

但戰事到最後一年，日軍已呈敗象，必須堅守西山，於是有部分軍隊開進香山本院。本院並未遷移，尚能勉強維持現狀，直到勝利。可是有些房屋被日軍佔住，多半被毀壞。

三、出席浙江省臨時參議會會議及回江山省親

民二十七年十二月，浙江省主席黃紹雄輾轉飭人送信來滬寓，謂浙江黨政聯席會議議決推選我為浙江省臨時參議會參議員。此時我尚在悼亡悲痛的時候，去書辭謝，繼之又有人奉黃主席命勸說。二十八年三月十四日，國府在重慶正式公布浙江省臨時參議會參議員名單三十九人（？），我名亦在內。名單內有不少浙江名人，如張元濟、徐青甫、陳屺懷、余紹宋、徐恩培等。指定徐青甫為議長，陳屺懷為副議長。四月間在永康方岩開第一次大會[2]，

[2] 浙江省政府因戰事遷至永康。

因日軍到處轟炸，方岩較為偏僻，故在該處舉行一個多月的會議。會議閉幕後，我回江山省親，父親此時已很蒼老、瘦弱，看了心酸。家中只有年輕弟媳姜培英及其兩幼女，長庚弟去江西某地受訓了，老父全靠媳婦照顧，我大不放心。在家勾留旬日，又不能不回滬轉往桂林主持慈幼院分院事，只好忍痛辭別老父。臨行父女依依不捨，掩泣不已！父親再三叮囑保重身體，得便再回家團敘，不謂此次一別，竟成永訣！父親於二十八年冬去世，享年七十有一歲。

四、遷居上海福開森路底餘慶路愛棠新村

熊家在滬原有一幢大宅院，朱夫人逝世後出售，為她償還經營公債[3]虧損款項，所以我們在滬是租屋居住的。由於愛麥虞限路房東不肯續租，只好於二十八年秋遷至法租界福開森路底餘慶路愛棠新村一三四弄二號一幢新建的三層樓房屋居住，這也是租賃的。我家現在只有輔文及其幼女眉春、菊妹、欽翎[4]、傭工蔣媽，全是女眷。餘慶路近徐家匯底，那時較為

[3] 或股票。
[4] 也是小孩。

僻靜，我有些膽怯，故邀外甥[5]田學曾[6]夫妻和他們兩個男孩田紀熊[7]、田紀倫[8]來住三樓，較為熱鬧而有照顧。學曾在鹽務機構工作多年，忠厚勤奮，在公為好公務員，在家為好家長，他的太太是沈從文的胞姊，為一典型的賢妻良母，兩個男孩聰敏活潑，又知道用功課業，這是一個美滿家庭。在這段我們同住時期，學曾幫我處理好多事務，親如一家人，直到三十八年春我離滬來臺方分別。

5 秉胞姊的兒子。
6 真逸。
7 小名石安。
8 小名陶安。

第八章 抗戰勝利香山慈幼院復員北平香山原址及其他

一、復員後的香山慈幼院

三十四年八月，戰事結束，因交通工具困難，回鄉人潮擁擠不堪，我一時買不到飛機票，延至是年十月初才到北平。戰後的北平，滿目淒涼，遍地垃圾，回想曩時，感傷無已。本院香山院址，曾一度被日軍佔住一部分，破壞甚多，面目全非，令人心酸！當時院中同仁見我歸來，分外親熱。

第一校的嬰兒教保院、蒙養園及第二校完全小學均存在，蒙養園仍由范淑懿老師主管。完全小學主任為劉夢蘭，此校辦理完善，師生也較多。第三校幼稚師範學校停頓。原址帝王廟已改為市立女子三中，一時難以收復。第四校僅養蜂場、家畜場還繼續作業，其餘均停頓。第五校為鐵工場、慈平製革工場、慈雲地毯工場、和印刷工場等處，工具、房屋仍保存完整，只是已無人工作，倘要復員，尚需長時間整頓。

抗戰前，本院副院長係查良釗先生，抗戰期間，查君在昆明擔任西南聯合大學教務長等職，勝利後未回北平。此時本院急須一副院長協助復員工作。三十五年一月，張雪門先生回到北平，我請其出任副院長。惟張君仍欲致全力復員幼稚師範，奈校舍一時難以收回，頗為灰心。適此時臺灣省民政處邀請他去臺灣創辦兒童保育院，他遂決意離平，於三十五年七月向我辭副院長職，雖經極力挽留，但辭意甚堅。不得已改聘雷動為副院長，展開復員工作。首要是修理香山本院被日軍破壞及多年失修的房屋，這項工作需要一筆大款項，本院此時無政府補助費，昔日生產的工場早已停頓，財源從何而來？所幸當時聯合國有善後救濟總署（United Nations Relief and Rehabilitation Administration）的設立，援助各國戰後善後工作，贈予我國龐大的救濟物資。我政府在南京設有行政院聯合國善後救濟總署，蔣廷黻為署長，浦薛鳳為副署長，各省市設有分署，協助修理或重建戰時遭破壞的學校、工廠及公共設施等機構，這些機構取得物資後即著手修理或重建。本院也是社會事業之一，有資格申請救濟，我幾乎每天跑救濟分署，爭取修理房屋材料及實物配給[9]，但當分署分配物資時，本院常落

[9] 麵粉、奶粉、罐頭及衣著等。

後，甚至落空，雖然我多次等候，想見當時分署某署長，他卻避不見面。眼見北京大學、清華大學、及燕京大學等處都次第修理完畢，煥然一新，而本院仍舊屋漏牆傾，到處留下日軍的馬糞及垃圾。有一天報載行政院救濟總署副署長浦薛鳳先生北上視察分署作業情形，我大為興奮，即擬就本院所需物資清單一份，親去北京飯店求見浦氏。浦氏和靄熱忱，他說：「只要分署有貴院所需的物資，將照來單發付。」於是本院很快的得到修理房舍材料、教職員及兒童的衣著、毛毯及食品等，各校教學亦漸上軌道。

關於經常費之籌措，一方面向財政部申請恢復每月補助費；一方面由董事會發起募捐，同時恢復本院各生產工場。在此期間，我奔走於各金融機關及當地要人之間，等於沿門托缽，推送捐簿，幹得十分起勁。正以為從此本院不僅能恢復舊觀，且將隨時代的前進而更發揚光大，假以時日，仍將為國內惟一規模宏大、辦理最完善的慈幼教育機構時，不料好景不常，三十七年春，北平城被中共軍隊包圍，傅作義投共，毛澤東住進熊家在香山的私人「雙清別墅」，他的軍隊開進本院，所有師生倉皇離散！秉費了半生心血慘澹經營的北平香山慈幼院，便不復存在了！

二、結婚十週年紀念

三十四年二月九日係秉與我結婚十週年紀念日，恩愛夫妻，早已天人殊途。是日只有對照片流淚，暗自傷心，往事歷歷，猶如昨日。但慘酷的事實告訴我早已成為未亡人，何來結婚紀念之可言！仍情不自禁。寫下〈十年流水帳〉一文，向秉泣訴十年經過，藉以紀念並舒哀思，原文太長，移至附錄八。

三、當選北平市參議員

我在北平，多半時間在香山為慈幼院院務忙。三十六年秋，有一天自本院高中畢業而在北平市民政局任職的韓寶恆校友來看我，說是他的局長馬漢三要我競選北平市參議員，索取照片代為報名。我並沒有從事競選活動，只是在香山區域投票所投了一票，結果居然當選。

同年十一月一日，北平市參議會在懷仁堂舉行開幕典禮，有九十八名參議員出席[10]。何思源市長、李宗仁行轅主任、馬漢三民政局長等政要均參加。典禮隆重簡單。禮畢，何思源市長在北京飯店請宴。下午三時選正、副議長，空氣十分緊張。結果許惠東當選為正議長，唐嗣堯為副議長。於是逐日在市議會開會。開了一個多月閉幕，這是第一次會議。三十七年開第二次會議，便沒有第一次的順利了，因為當時中共已在北平展開顛覆政府活動。所謂東

[10] 有小部分參議員還沒有報到。

北流亡學生在北平市到處搗亂，佔住人民大宅第[11]。他們的口號是：「反飢餓」、「反壓迫」，市議會房屋也遭搗毀了！其實號稱東北流亡學生的十之八、九是冒牌，這批左傾青年或共產黨徒多半住在北平市區或鄰近地區。北平市參議會只開過二次會，北平便陷共了！

當時北平市報界寫了不少參議員花絮，茲摘錄有關我個人的數則，聊作雪泥鴻爪看。北平《華北日報》有一則報導云：「女參議員中以毛彥文最夠派頭。她在質詢時，語句和態度都很令人感動。所提三項質詢，條條是道，雖然在她面前沒有麥克風，可是溫文爾雅的語氣，一個一個字都灌進旁聽者耳鼓。」《世界日報》有一則云：「女參議員中，要以毛彥文最認真，每天準時到會，準時離去，雖然昨天下午，一度她曾手托腦門假睡片刻，但是討論有關民食一案時，她卻振作精神，靜聆熱辯。」《華北日報》還有一則云：「今天參議會閉幕典禮，女參議員只有毛彥文出席。」以上數則新聞抄自夾在日記的剪報，錄下藉示懷念北平的一種心情，非敢自炫也。

四、本宅楠木廳被燒毀與吳國楨五分鐘談話

民三十四年八月抗戰勝利後，因內地交通工具缺乏，避難異地的普通人想要還鄉困難重

[11] 本宅石駙馬大街二十二號便被佔住了一個多月。

重，故我於是年十月初方飛回北平，一到石駙馬大街家門，看見宅第前面已經改觀。門前兩個大石獅子依然存在，只是大門沒有了，改裝了一排櫃臺。上面有「華北日報社」字樣，驟看之下，幾疑不是我的家。原來北平淪陷時，日本人把我家前面兩進房子改成「新民日報社」，在第一進與第二進之間的大天井，蓋上鐵蓬，作為印報的機器房，第二進楠木廳，這是本宅最精華的部分，作辦公及屯積報紙處所。日本投降後，中央黨部宣傳部接收「新民日報社」改為「華北日報社」，為了此事我特去拜訪當時北平市長熊斌先生，問他為什麼《華北日報》不搬走？熊市長說：「《華北日報》係中央黨部宣傳部所辦，應向宣傳部交涉。」

大約十二月中旬，有一天早晨五時左右，家中女傭在我臥房門前大叫：「《華北日報》火燒了！」我立即衝出去，看見大門已冒出黑色濃煙，報社職員多人提了大包小包往外跑，我攔了一職員問他：「你們的社長張明煒在那裡？」答：「不知道。」我當即打電話給當時北平市社會局長溫崇信先生[12]，請他通知消防隊來救火。消防隊來了，先向門房要麻花、煙捲，然後救火，水是在大門外向宅內潑的，可是火勢已延至楠木廳，我著急向消防人員請求，拿一個水龍頭進宅內澆注，他們提出先付多少現款[13]再說，正在交涉中，有一軍官衝進

12 他是在抗戰前上海復旦大學的同事。
13 忘其數。

來對我說：「熊太太，你怎麼這樣糊塗，你的楠木廳馬上要燒掉了，為什麼不叫一部分消防人員往裡面救火？」告以正在交涉付款事，他大發雷霆，立刻指揮救火人員進來，可惜已太遲了！因為這裡面堆了好多報紙，一著火便不可收拾。我眼睜睜看著楠木廳倒塌！

火災後的本宅，慘不忍睹，門房燒掉了，門戶洞開。幸熊市長夜間派警衛看守，我到處找《華北日報》社社長張明煒，避不見面，無法找到。於是打電報去南京中央黨部宣傳部向吳國楨部長報告災情，沒有反應，不得已親自去南京見吳部長。記得有一天上午十時左右，熊芷[14]陪我去宣傳部，約等候一小時，吳部長出來了，一開口便對熊芷說：「Nora[15]，這位是你的繼母熊太太，是不是？」於是就對我說：「熊太太，你來是為了《華北日報》把你的房子燒了，可惜我很忙，只能跟你談五分鐘就要出席記者會議了。你如果要控告我們，你定會勝訴，只是冤枉花了一筆律師費，我們一分錢也不能賠的。五分鐘到了，再見。」這便是吳國楨的五分鐘談話，當時我楞住了，究竟這位所謂宣傳部長受的是什麼教育？無論中國式的或歐美式的，也不會對初次見面的女士，又是舊同學的親屬，如此失態！況我八年抗戰中，流離失所，好容易才回故居，便遭火災浩劫，他不但不予同情，反而氣焰逼人，人性何在？

14 與吳在美是同學。
15 熊芷英文名。

不久吳國楨調去上海為上海市市長，彭學沛先生繼任宣傳部部長，他的作風便令人心平氣服。我去看他，他很客氣的說：「很抱歉，《華北日報》把你的房子燒掉了，要重建楠木廳，那是不可能的，但我們應該給你收拾火場。」

抗戰末期日軍佔住香山分院，損壞很重，勝利復員，經費困難萬分。忽有一天孔祥熙先生由上海來電報，囑我速赴滬，因有一位美國人名Clark者，有筆款專為援助孤兒教育用的，可向他申請。

孔先生在他上海西愛咸斯路宅內的花園舉行一園遊會，時間是下午十四時至六時，Clark先生是主客，有不少上海各界要人赴會。我到不久，吳國楨偕其夫人也到了，孔先生向我介紹說：「熊夫人，你認識吳市長、吳夫人嗎？」我說：「我認識吳部長，不認識吳市長。」那時人很多，彼此就走開了。孔先生很機警，聽出話中有話，將散會時，他要我慢點離開。客人散後，他問我與吳國楨有何過節，我便告訴他五分鐘談話事，他很生氣，說：「怎麼一個人Gentleman可以對一個Lady如此無禮？而且他身為部長，其所屬報館闖禍，不圖補救，反而逃避責任，這種態度不可思議。」

吳國楨與政府翻臉後初去美國的時期，我也在美國，讀了不少他在報章雜誌上發表的文章，有時還聽到了他的演講，無非盡量詆毀政府及有損國家形象的論調，這與五分鐘談話盛氣凌人、狂妄自大的作風是一貫的。

五、當選國民大會代表

三十六年國民政府決心實行憲政，還政於民，成立國會，其中包括國民大會、立法院及監察院三機構。於是國內外展開競選活動，非常激烈。競選熱潮，彌漫全國，久久未退。此時北平市黨部主任委員吳鑄人及北平中學校長姜紹祖兩位忽來香山看我，勸我競選北區教育團體的國民大會代表，我以院務太忙，不擬參加辭謝。經再三勸邀，始允參加。十一月二十一日開始國民大會代表選舉。全市懸掛國旗，鳴放汽笛，景象隆重而熱鬧。過些時報上發表當選名單，我的名字也在內，我未花錢競選，以無黨無派當選了。事後得知競選激烈而且參選者花費不貲，我順利當選，可謂僥倖。究其原因，教育會範圍較小，容易當選，更大原因，我以香山慈幼院院長資格加入北平市教育會，才有參加競選的資格。飲水思源，如果秉没有創辦香山慈幼院，我那裡會有院長名義？這是餘蔭，能不感念？

六、秉三公逝世十週年紀念

三十六年十二月二十五日為秉逝世十週年紀念日。是日北平《華北日報》、天津《大公報》、《益世報》等報都出紀念特刊。胡適之、葉景葵、林宰平、朱經農、沈從文、成舍我諸先生及其他親友都寫有紀念文章，我也有一篇沉痛紀念文。這些文章皆有歷史價值，惜均遺失在大陸，紀念會是在本宅秉的紀念堂舉行。是日出席紀念會者有數百人，熊宅又一次的車水馬龍，熱鬧一時。

寫至此，擬附帶說明我沒有為秉在香山慈幼院設立紀念堂的原因。我認為慈幼院係社會事業，除熊院長外，以後繼續下去的有不少院長，似不應有某某院長私人紀念堂之設立。為了這個原則，當時開罪了一位名人夫人。事情是這樣的：有位黨國元老抗戰勝利後在南京去世，政府明令國葬。他是華北籍，歸葬北平。他的夫人相信風水，多方找尋風水好的地方，幾經選擇，在香山看中風水很好的一塊地，可惜面積較小，不夠氣派。剛巧這塊地坐落香山慈幼院經營的香山飯店後面，某夫人請人向我說情，要把香山飯店改為墓地。如成事實，則慈幼院經費來源，立成問題[16]。況且慈幼院院址係前清皇室所捐贈，劃有界線，係私產，我這院長係由董事會所聘請，無權將院產送人，竊想此例一開，演變所至，慈幼院將成公墓矣，因之未允所請。但當時北平市市長劉瑤章、市議會議長許惠東及其他要人相繼來訪，施以壓力，甚至威脅，如不答應，將請國府命令徵用，情勢逼人，我乃召開董事會，將此事經過及我的原則提會討論。胡適之先生係本院董事之一。對我主張深為贊許。於是提議在香山飯店內留一大房間，掛上某元老照片，為他家屬春秋祭奠休息之所，議決通過，糾紛得以平息。

---

[16] 香山飯店以經營盈餘所得補助香山慈幼院的開支。

七、國民大會在南京召開第一次會議選舉總統及副總統

三十五年政府延攬學者、專家、各黨各派及社會賢達為制憲國大代表，制定一部合乎國情的中華民國憲法，準備實行憲政。於三十六年展開全國國民大會代表、立法院委員、監察委員選舉，次第完成。同時政府在南京市國府路，建造一棟國民大會堂，美倫美奐，氣象萬千，有現代化的圖案，及最新式的設備，可容納五、六千人敘會。三十七年三月二十九日，國民大會舉行第一次開幕典禮，儀式隆重，氣氛和諧。國民政府主席蔣中正先生為大會主席並致詞。禮成後吳敬恆先生領導三千八百餘代表，宣誓就職。繼之選舉大會秘書長，洪蘭友當選。嗣後數日有一部分代表競選大會主席團主席，到處拉票，熱鬧而紛亂。繼之便是正式會議，討論提案，當時有少數代表提議修改憲法，為多數代表反對。理由是：方開始行憲，就要修改憲法，視國家根本大計如兒戲，故堅決反對。經協調的結果，憲法不修改，另訂《動員戡亂臨時條款》，予總統較大權力，並在會議規則內增列第五條：「國民大會開會時，得聽取政府施政報告，檢討國是，並得提出質詢與建議。」在這種折衷的情況下，該案順利過關。

在大會進行過程中，最重要的是四月十九日選舉總統與副總統。總統候選人：蔣中正、居正。副總統候選人：孫科、于右任、李宗仁、莫德惠、徐傅霖、程潛。副總統競選非常激

烈，拉票方式五花八門，各顯神通，或邀國大代表飲宴，或登門拜訪，接踵而來，競選費用，更難計算。此時代表身價十倍，舉足輕重。選舉結果，蔣中正以二千四百三十票當選總統，李宗仁以一千四百三十八票當選副總統。國民大會於四月二十九日閉幕。在這一個月中通過提案幾百件，皆待政府採納施行。當時三千餘代表敘在一堂，共商國是，懿歟盛哉。人人憧憬未來國運昌隆，人民安樂，國家從此步上康莊大道，全民參政，成為亞洲第一個民主憲政國家。不料中共乘中日戰事方結束、百廢待舉、政府忙於應付時，全面作亂，奪取政權，大陸終於三十九年變色！從此四億同胞墜入苦海，部分國人隨政府播遷來臺，我也其中的一人。

第九章

大陸變色開始流亡

一、由滬來臺

我平生最愛家，那怕只有茅草屋一間，只要是家，我也愛之勝如宮殿。此時中共軍隊節節勝利，橫渡長江乃旦夕間事，上海為最大目標，隨時會被吞噬，置身其間，自甚危險。但我不想離開心愛的家而作流亡計，熊芷、同文迭次函電催促赴臺灣，不為所動。三十八年四月二十七日上午八時，在招商局任職的表姨甥[1]徐緡璜由招商局來電話說：「表姨，今日下午有船往臺灣，也許這是最後一班，希望你立刻下決心搭此輪去臺灣。如果決定，我於十一時來接你並取行李。」我慌張得說不出話來，只說：「十時給你電話。」於是打電話向幾位

[1] 表姊的兒子。

父執請教，有一位說：「你暫時去去也好，當做旅行，反正這種局面幾個月便過去了，平定後可以回來。」我信以為真，這是對中共認識不清。因之打電話給縉璜，請他代買船票及來接我，同行有甥女欽翎及弟長庚。慌亂的帶些衣著，及手中有限的現款，其餘什麼也沒帶，事實上也來不及清理，嚴格的說我是空手離開上海的，把秉的一部分有紀念性的文物、三十六小紅木箱善本書及他自己的字和畫均遺留在家中。中共佔領上海後，住在我家的田學曾一家、輔文及她女兒眉春都不知去向，那些東西不知落在誰手？我沒有事先把足以紀念的文物及有價值的書籍運出，實愧對逝者，言之痛心！下午二時當離家臨行時，輔文、眉春及田家的人都相抱痛哭，尤其眉春抱牢我不放，此情此景，十分悲慘，至今思之，更為悽然！

我們三人匆匆上船，沒有舖位，係住在茶房讓出來的一個又小又黑又髒的房間，十二銀元一個人，三人共花三十六銀元[2]，夜間刮大風雨，船搖幌不定，我們都暈船了。二十九日上午十時船抵基隆，同文和妹夫芝園去接船。經過重重檢查，下午二時始到北投同文家中。我好像做夢似的，心中只想為什麼要來臺灣，是否必須逃難？逃到何時為止？

臺灣光復初期，物質條件極差，人民生活艱困，我初來很難適應。且臺灣也在風雨飄搖之中，中共氣焰萬丈，不可一世，大有乘勝攻打臺灣企圖。而我由上海帶出來有限現款，不

[2] 那時因金元券貶值，幣值很亂，只有銀元值錢。

能長久維持生活。於是熊芷勸我去美國謀生。我於民國二十年由美留學回國，迄今已有十八年之久，去則仍為陌生地方。幸尚與我舊時在密歇根大學的指導教授Dr. George E. Carrathers偶通音訊，因之去信告訴他我的處境，他寫信鼓勵我去美，應允代為謀職。同時毛振翔神父在美替我取得某中學的聘書，就用這證件申請護照及向美使館簽證，所有出國手續順利完成，真的要流亡美國了！

二、偕姨甥何欽翔赴美

何欽翔係同文的第二兒子。剛得到美國奧林匹亞城[3]的聖馬丁學院[4]的入學許可，將赴美求學。他僅十七歲，初次出國，須人指導，適我亦將赴美，於是同行。聖馬丁學院近西雅圖，那時朱經農、朱文長父子均在西城，我們決定先去該處，有熟人照顧。三十九年[5]四月十四日晚上偕欽翔搭美國克利夫蘭總統號郵輪三等艙去美。十八年前我赴美留學搭的也是這艘船，那時和清華大學畢業生及少數自費留學生一百多人坐的是頭等艙[6]，兩人一房，

3 Olympia.

4 St. Martin's Collge.

5 一九五〇，在美國用西曆較便，以後凡敘述發生在國外的事均用西曆。

6 頭等內的二等。

很為舒暢。今則坐的是三等，同房八人，有兩母親各帶一兒子，人多行李多，擠滿一房間，有些像難民，頗有不勝今昔之感。船行二十天，於四月三日上午八時抵舊金山，王翼廷伉儷、周連墀神父、及周一西君均在碼頭迎接，翌日上午乘火車赴西雅圖，下午四時到達，經農、文長去接，相見歡欣異常。他們已為我們找到住處，我不滿意，第二天搬去5010 21st N. E Kenoyer家住。數日後送欽翔進校，殊惑依依不捨。

在西雅圖認識在華盛頓大學中國教授蕭公權、李方桂、施友忠、湯彥頤四家，還有胡敦復伉儷等，他們對我都熱情招待。同時有好多在華大求學的青年學生也常來找我，減少許多寂寞。因欽翔叫我「阿姨」，所以此間中國學生都稱我「阿姨」，在西雅圖「阿姨」成為我的代號。

第二年欽翔轉學紐約，因為他的哥哥欽羽、大姊欽翼都在紐約上學。我則去華大旁聽有關教育科目，也很忙。西雅圖中國人很團結，人情味又濃厚，彼此往來頻繁，一有敘會，總被邀請，令我減少飄零之感。但在此一年中遇到幾件意外事故，增加精神上感傷苦痛，略述如下：

（一）接三妹輔文由上海來信謂堂房表兄朱雲光於一月間因食道癌去世。他是我幼時玩伴之一，我們叫他「雲光哥」，親如長兄。雲光哥為人正直，嫉惡如仇，很風趣又有正義感，乃貪杯中物，常飲過度。聞中共進上海時曾受迫害，以至喪生，不勝痛悼！

（二）又輔文由上海來信，告訴我四舅父朱筱村先生於一月十八日作古。十四日我忽心血來潮給四舅去信，不謂此信到時即他病危時，豈冥冥中真有感應乎？四舅昔日對我的親情，又在腦中浮起。往事如煙，已經消逝，接此信又復清晰顯現如昨日事，飲泣不已！三妹信中又說：朱君毅在杭州之江大學教書，父死，沒有回江山奔喪，如此孝子，夫復何言！我寫了一封信慰唁四舅母，其中有一段云：「吾母之同胞手足，自四舅棄世後，即無生存者，是則甥母系之有血統長親，已盡凋謝，益感此身孑然。今遠離祖國，執紼無從，遺愛猶存，慈顏永逝，翹首雲天，痛泣不已！」

（三）一九五一年三月九日，經農在他任教的美國學校[7]因心臟病驟發，突然去世。次晨他的長子文長來電話說：「婆婆，我父親於昨夜去世了！」繼之痛哭——我初則不語，繼則如在夢中，淚如雨下。十天前還接經農信，旬日後，一代學者，遽作古人，生命之迷，將何解答？只有悼惜而已。

7 忘其名。

（四）又由大陸傳來消息，夷庚[8]業師於二月二十一日病逝故鄉。他教我中文，逃婚時又大力協助，感情厚誼，已無從報答，他的道德學問將永為鄉人典範。

（五）接溫崇信君由臺灣來信，驚悉曹用先[9]於四月間因腰子病在臺去世！我平生好友不多，用先是其中之一，她的逝世予我精神上莫大打擊。我們交往甚密切，無話不談，別後魚雁往還不絕，今則想通信談心的人也沒有了，感傷何如？用先很有才華，中英文均有根底，我們在美密歇根大學同學並成好友。她得碩士學位後回國，曾在大夏大學任教多年，家庭美滿，今則中年喪生，壯志未酬，痛惜痛惜！

三、赴紐約就醫

我在西雅圖時，雖有上述各事，令我傷感，但對美國式生活很能適應，中國友人又很友善，因之想在此常住。前密歇根大學教授Dr. Carrathers來信要我去安娜堡工作，我也不願去，該處太冷，九月便開始下雪，直到第二年三、四月方停止。無奈十餘年前左肩鎖骨內長一小塊肉瘤，初則不痛不癢，毫無感覺，但它逐漸長大，目前左手常痲痺，舉手為難，非澈

8 毛常。
9 查良鑑君元配。

底醫治不可。在國內雖曾數度就醫，有的認係癌症，應動手術，但那時還在兵慌馬亂時期，勝利後又忙於慈幼院院務，以至一再遷延，現在方決心醫治。在何處醫治？是一個問題。在西雅圖只有初交朋友，倘動手術，出了差錯，拖累友人，似不合理。在紐約有甥男甥女及朱曦一家，都是親戚，自以去紐約較為理想。一九五一年五月二十九日下午三時搭火車去紐約，朱文長、周國奎送行。文長與我都依依不捨，我對西雅圖也發生感情，臨行不勝悵然！六月一日上午八時車抵紐約賓夕法尼亞車站，朱曦偕她的女兒葆園來接。先去朱家，晚上去欽翼友人Annette家做客。其間曾參加欽翼大學畢業及欽翠中學畢業典禮，又去美京華盛頓遊覽，參觀了久已聞名的白宮、華盛頓及林肯紀念堂等處。回紐約後於六月九日住進欽翼向某教授租下的住宅，這位教授全家外出度假期三個月。房子很寬大，所以住進一批青年，有欽羽、欽翼、欽翔、欽翠、查孟華、周素潤、熊軾虞等，熱鬧非常，我權充家長。天氣太熱，未即就醫。三個月租屋滿期，同住學生都各自回校。我與欽羽、欽翼在長島Forest Hills租了一層公寓，為期一年，於九月二十九日遷入，費了一番心思與時間布置就緒，生活安定下來，於是計畫醫病了。胡適之先生勸我速就醫，有性命寶貴、不可兒戲等語，並代介紹哥倫比亞大學Presbyterian Hospital, Medical Center的外科主任Dr. George H. Humphrey與我。

Dr. Humphrey診病十分小心，經過種種試驗才決定動手術。一九五二年四月四日，我住進醫院，翌晨七時半護士來作必要的開刀手續並打一針，即迷迷糊糊想睡，後覺有人把我抬到一房間，放一物於我鼻上[10]，即完全失去知覺。迨神志尚未十分清醒時，覺得冷，還會用英語說：「I'm Cold.」連說兩次，沒人理我，大約聲音太低，又用大力說：「I'm Cold！」這次有人聽見了，立刻有一條毯蓋上，這時也許在恢復室。等完全清醒時已在病房，看見欽羽、欽翼等都在床邊，我知道已開過刀了，沒有死。這是下午，但什麼時候不知道。開刀處不痛，只是左手完全癱瘓，而且很重，舉不起來，不能翻身。Dr. Humphrey來看我，問他會不會殘廢，他說慢慢會恢復的。開出的瘤有鴨蛋大，白色，名叫neurilemmoma，是良性的。

連日各方親友來探病的很多，花藍擺滿病房，熱情友愛，欣感不已！十一日拆線，每日須做物理治療，十五日出院後，仍須繼續，直到左手能舉起為止。半年以後左手才逐漸恢復原狀。與欽羽、欽翼合租的公寓到期之後，我不願續租，羽翼另租公寓。我於九月二十八日搬去曼哈頓一三五東街五十二號女青年會居住，此會沒有飯廳，也不許住客自炊，三餐都須外出覓食，很不方便。住客中只有楊錫珍和我是中國人，錫珍是前上海中西女校的校長，現在中美協進會工作。我們每晚在房間閒聊，互相慰藉，發生深厚友誼。惜她不幸患了癌症，我離紐約後不久便去世。

存款所餘無幾，急於找工作，曾向好幾處申請都無把握。適賴璉、陳立夫、潘公展諸先

10 麻醉劑。

生在紐約辦的《華美日報》需添人手，我去報館試談成功。九月二十九日正式上班。工作時間每日下午一至六時，一星期六天。工作範圍是編第三、四版，有關文化與社會消息。資料是剪自香港《工商日報》等報，加以整理與編排，便成本報消息，此外還要管理報館信件。地點是在中國城某街[11]的一棟舊房子二樓，很為簡陋，木頭樓梯走起路來會搖擺，真怕它會倒塌。這個工作只做一個月，我就去舊金山了。

四、去舊金山《少年中國報》當編輯

一九五一年，北韓突然攻打南韓，後者不支，美國駐聯合國代表向安全理事會提緊急提案，建議全體會員國出兵援助南韓，懲罰北韓侵略，提案通過，美國總統杜魯門立即宣布武裝援助南韓，並保衛東南亞各國，臺灣在被保衛之列，局勢轉危為安。中共亦於此時協助北韓參加戰爭。這時在美的中國留學生，多半來自中國大陸，因戰爭經濟來源斷絕，美政府為救助這批學生起見，在某些大學，凡中國學生都按月發給若干救濟金。舊金山《少年中國報》[12]向自由亞洲協會申請補助，俾該報免費贈閱所有中國留學生及中國教授，蒙允所請，

11 忘其名。
12 此報原始發起人為孫中山先生。

於是該報增加「文化教育動態」及「晨光」[13]兩欄。這兩欄由中國學生投稿，讓他們有些微收入，其實也是防止他們左傾，在不知不覺中灌輸正確思想。既增兩欄，就得有專人負責編輯，吳思琦君為《少年中國報》總編輯，他託董時進君代為物色人選，董君介紹我，此所以我去舊金山《少年中國報》當編輯之由來。

一九五二年十一月十一日，我正式去報館就職。報館規模很小，房屋老舊，辦公室還大，不過有些雜亂無章。編輯部有八人，「文化教育動態」及「晨光」兩欄。稿源是學生投稿，須修改及作標題，有時還要寫側寫，代擬社論，及覆學生的通信等。同事十之八、九是臺山人，語言不通，只有吳思琦[14]一人可與交談。辦公時間是星期一至五，上午十二時至晚八時，星期日也要工作，兩餐都在報館吃，廣東菜，很可口。就是飯太硬。編輯、職員、工人同坐一桌，十分民主。幸住在女青年會，可以自己燒飯，較為方便。初來一個人也不認識，每晚回去，想找一個人談談也沒有，感到非常寂寞。我用「熊悅先」筆名寫文章或與學生通信。有一次收到一篇題為〈懷念北平香山慈幼院〉的文章，署名王彼得。文內詳述香山慈幼院的一切，信內又問我是否為先院長本家，院長夫人在何處等，看了非常感動。乃覆信

13 文藝版。
14 湖南人。

問他是「正生」還是「附生」？香山慈幼院最後幾年，因有不少家長喜歡香山環境好，慈幼院教育認真，願自費把子女送去入學，這種學生名為「附生」，是有父母的，須收費。「正生」則係孤兒，一切免費。這兩個名詞只有院內的人知道，外人不懂的。王彼得看了我的覆信，立刻來信稱我「院長大人」。此是我編「文化教育動態」的一個插曲，但亦證明香山慈幼院的學生不會忘本的。

五、為加州大學女生宿舍指導

一九五三年七月二十七日韓戰結束，自由亞洲協會津貼《少年中國報》的款項停付，我編的兩欄取銷。五月底我辭《少年中國報》職，搬去柏克萊住。不久在加州大學的一個姊妹會辦的女生宿舍做女生指導。這個宿舍受大學的Dean of Women管理，有好多管理的規則。宿舍不大，三層樓房只住了二十幾個女生，有一女黑人廚子管廚房，晚餐是正式的，女生都回宿舍，其餘兩餐很隨便。女生是土生土長的廣東華裔，中國話既不會說也聽不懂，週末就忙於出外跳舞及會男友，完全是美國女生的模式，和我很合作，相處融洽。我乘空閒時間去加州大學選課，充實自己。在此時迭接在臺北的國民大會秘書處來信，通告將召開國民大會第二次會議，召請在國外的代表回臺，我決定出席，向加州大學Dean of Women請假二個月，蒙批准。

六、回臺出席國民大會第二次會議

一九五四年[15]二月十日晨，我搭菲律賓航空公司飛機飛臺北，途次愉快，天氣晴朗，飛在太平洋上，可以看見水平如鏡，其穩定較坐汽車還要舒適。翌日晨五時到馬尼拉，非常炎熱，換乘CAT飛機，機上僅四人，一切設備還不如菲航飛機。夜十時抵達松山機場，有親友、國民大會職員及記者三十餘人在機場歡迎，大家相見既高興又親熱，辦完手續後即隨同文等去她家。同文家在北投銀光巷，有鄉村風味，很安靜，是住家好地方。

連日親友訪問及招宴，相當忙碌，其中有一敘會，印象甚深，那是北平香山慈幼院在臺校友設宴歡迎崔德新及我。在舊日記中有一小塊《中央日報》剪報，茲錄如下：「北平香山慈幼院校友歡迎崔德新毛彥文：北平香山慈幼院在臺校友以該校校友崔德新，代表韓國來臺訪問，商談亞洲聯盟問題，該院院長毛彥文女士，由美回臺出席國民大會，特於十七日下午六時假北投新生飯店開會歡迎二氏。」我是第一次見到崔氏，他向我敘述他的身世及如何進香山慈幼院的經過。崔氏是高麗人，父親因抗日被殺，母親帶他逃到北平，那時他九歲，他母親到處找傭工工作，因帶一男孩，無人僱用。母子流浪街頭，一籌莫展，幸遇一善心人，

15 民國四十三年。

告訴他們去香山找熊院長，於是他們去香山，熊院長收留了這母子兩人。崔在慈幼院高小畢業後，去廣州投考黃埔軍官學校，他說：「蔣總統也是我的校長。」崔氏並說，他將來也想在韓國辦一所與香山慈幼院同樣的慈幼學校，為孤苦兒童造福。崔氏此時已成顯要，而能如此坦白說出身世，足見胸襟豁達與不忘本的美德。

七、國民大會第二次會議開幕

四十三年三月一日上午九時，第二次國民大會在臺北市中山堂正式開幕。儀式隆重而簡單。胡適之為主席，他的開幕詞精采而動聽，繼之蔣總統致詞。當時會場上最令人感動的事為自韓回國的四十位反共義士代表，每人手持上有我國大陸的各省市地名的紙型地圖，進入會場。我看了不禁淚下！這是畫餅充饑的象徵，大陸丟了，現在所看見只是紙型地圖而已！

以後數日為競選主席團主席緊張而紛亂，參加競選的代表用各種方式拉票。八十五位主席團主席選出後，即召開正式會議，大會循序進行，先由政府各部門主管報告施政經過，然後討論提案。提案中有代表提議修改憲法，眾說紛紜，莫衷一是，爭論好幾天，終於顧及臺灣處境險惡，相忍為國，放棄修憲。但有兩項重要提案：一為罷免副總統李宗仁，三月十日大會提出罷免李宗仁案，因他在三十九年國家危急時，不圖如何挽救殘局，又不肯隨政府及流亡人民來臺灣，共赴國難，反而放棄責任，逃去美國作寓翁，這種不負責任的懦夫是國家的恥辱，代表競相發言，憤慨激昂，無以復加。事先大會電請其立即回臺，無答覆，於是一致表決罷免李宗仁副總統職。二為提議大會閉幕後設置「光復大陸設計研究委員會」，使代表有對國家、社會貢獻智力，及為人民謀福利的機會，此案通過。

繼之三月二十二日舉行總統、副總統選舉。總統候選人為蔣中正、徐傅霖二人。投票結果蔣中正以一千五百零七票當選[16]為第二任總統，徐傅霖四十八票落選。副總統候選人陳誠當選為第二任副總統。大會於四月二十四日閉幕，會期為一月有五天。

大會閉幕後，政府招待國大代表環島旅行。去國四年，此次所見所聞各方面都較四年前進步。

國民大會代表原先規定沒有薪給，只有在開年會及大會時，給點車馬費，六年改選一次，乃大陸淪陷後，無法全國普選，為維繫法統，決定由大陸來臺的代表繼續原職，同時在臺另行增選代表。隨政府來臺的代表，因由大陸帶出有限財物。不久用罄，生活艱難，為權宜計，政府自四十三年起，按月發給國民大會代表公費，國大代表乃由無給職變成有給職，從此代表們不必再為生活擔憂。我在國外，未能共享權利，直到五十一年回國定居才領到公費。

[16] 第一次大會在南京有三千多代表，隨政府來臺的只有一半。

八、返回美國

一九五四年[17]四月二十一日動身返美國，上午十時由同文等陪伴抵松山機場，有三十餘親友送行，毛子水業師、姜紹謨伉儷、厲昭伉儷、王藹芬、錢英等均在內。大家都依依不捨，尤其同文緊握我手不放，令我黯然欲涕！時光如飛的過去，此次回臺，匆匆二閱月又十天，在此期間，忙於開會，忙於應酬，有好多應做的事都未做。今日重上征途與親友握別，真是離愁萬種！

上午十一時起飛，下午七時到東京，劉麟生伉儷奉董顯光大使之命在機場迎接[18]。當即招待住進富士旅館，此旅館係西式，十分舒適。二十二日上午劉陪我去中國大使館拜會董顯光大使伉儷，董曾做過秉的部下，他是秉所有部下最念舊的一位，這回我過日本，即係事先他請我留下遊覽東京的。然後劉氏夫婦陪我遊覽東京幾處名勝，如小石川樂園[19]，傳說朱舜水設計，完全中國式；新宿御苑，昔日為日皇的御園，現已開放，該園內有臺灣亭，亦中國式建築；湯島聖堂即孔廟，有孔子像，據說係朱舜水由中國帶去。廟的格式有些中國模樣，

17 民國四十三年。
18 此時董為吾國駐日大使。
19 也許記錯名字。

但仍具日本風味。至於其他幾處，印象不深。晚間董氏伉儷請宴，除主人外有張肖梅[20]、徐士豪伉儷、劉麟生伉儷等，至十時許賓主盡歡而散。二十三日張肖梅請宴，所有客人都是昨晚董府的客人。下午張伯瑾先生偕西北航空公司經紀人齊錦熙君來陪我去機場辦手續，才知道班機改在翌晨起飛。

二十四日[21]上午抵西雅圖，朱文長、鄒國奎來接，送我去胡敦復伉儷家寄住。晚間施友忠、楊超塵兩位夫人及鄒國奎夫婦在施家為我洗塵。西雅圖為我舊遊之地，朋友很多，相見無任歡欣。二十七日上午十二時胡敦復伉儷、趙靜謙、黃濤年送我去機場，下午四時到舊金山國際機場，吳思琦、王紀五來迎接，於是我們同去柏克萊董時進家。

九、另謀工作

暑假後不再做加大女生宿舍指導，因此工作對我並不合適，擬找較適當的工作。在此期間，我去為期六週的暑期學校選了三門課：（一）成人教育；（二）社會福利；（三）英文寫作。在七月八日的日記內，寫下這幾句心得：「我覺得現在讀書較二十年前在密歇根大學

---

20 金女大同學。
21 二十三日有兩天，因為子午線的關係。

所得更多，因為經驗多了，知道自己需要什麼，而且不為學位讀書，可以不斤斤較量分數的好壞。於是領會到我們倘為興趣而做學問或從事某種職業，成功必多，與人無爭的境界是可貴的。」可見那時的心境。

一九五五年美西岸有兩所大學有China Project[22]之設立，一是史丹福大學，一是華盛頓大學。東岸某些大學也有同樣的研究。此時中國大陸被共產黨政權關進鐵幕，不與非共產國家交往。美國想知道些中共內情，凡設有遠東系之大學，都有類似中國問題研究之設立。研究中共政權的政治、教育、社會、軍事、社會、衛生等各方面情形。

那時我住在柏克萊，近史丹福大學，四月中旬向該校申請中國研究工作。該研究計畫主持人為陳壽榮，他覆信要我去面談，約定四月十九日下午二時在史丹福大學陳的辦公室見面。我準時到，陳不在辦公室，遍見在辦公室內的蒲耀瓊[23]及房兆楹夫婦，等了半小時陳來了，與我談了幾句話，即請房兆楹與我談。房帶我至一喝咖啡的地方，閒聊了一陣。陳偕吳元桀來告訴我已決定請我參加工作，詳情由吳與我談。吳說我與房兆楹一起工作，正式聘函三天內寄出，五月一日起上班。工作決定，甚為高興。今日遇到的人都是初次謀面，雖全是

22 可譯為中國——指中共——問題研究。

23 董霖太太。

中國人，只有客氣交談，而無親切氣氛，我們將成同事，盼能相處和洽。不料隔了兩天陳壽榮來信，謂工做事尚未決定要我等，這說明工作吹了！幾天後王正義來信說，這次的事是某某從中破壞了的，某某何人？從前不認識，至今想不透為何敵視我？

十、在華盛頓大學作研究工作

史丹福大學的工作不成，乃改向華盛頓大學東遠東系申請研究中共問題。我寫信給華大教授蕭公權先生請代介紹我與研究主持人Dr. Hellmut Wilhelm[24]。數日後人Dr. Wilhelm便寄來信並表格多種填寫，信中說要我六月十五日開始工作，這真是出乎意料之外的順利，工作確定，心情愉快。

一九五五六月十一日晚間九時，我由柏克萊乘火車去西雅圖，翌日晨到達，黃濤年、趙靜謙、姜光平三人來接，仍住兩年前住過的出租房間。舊地重遊，老友又多，一似回到老家那樣喜悅。十三日上午去華大遠東系見Dr. Wilhelm，初次見面，很為和氣，一點沒有架子。他帶我去看辦公室並告訴我工作內容，我的部分是：1.Education 2.Health 3.Public Welfare

[24] 此人祖先係德國人移民美國，他的父親在青島做傳教師，他幼年在青島居住，中文名為衛德明，對中國文字有些研究，算是中國通。

（Social Welfare）4.Sanitation 5.Recreation Attitude 6.Inner Mongolia Health & Sanitation。六項研究須於一年內完成，十五日正式開始工作，先擬題材大綱，擬就後請Dr. Wilhelm過目、修改及提供意見，然後資料寫論文，寫完一個題目全體同仁開會討論，通過後才算完成。從事這個研究工作的同仁，分幾個辦公室，和我在一個辦公室的有六位，其中兩位左猶麟、楊懋春至今仍有來往，朱文長也是研究員之一，但不同辦公室。同仁相處和睦，工作環境良好，Dr. Wilhelm指導有方，工作進行順利。在這一年中[25]，雖找資料寫研究報告忙勞，但心境平靜，對工作有興趣，成績不落人後，增加自信心，真希望此工作能延長下去。惟已定計畫不能更改，六月二十九日工作終於結束，遠東系舉行酒會歡送我們，表面上大家歡敘一堂很高興，心中卻有失業之感！

在此一年間，幾件有紀念價值的事分別為：（一）一九五六年元月二十七日同文由臺飛紐約探望其長女何欽翼途中，路過西雅圖，姊妹相見，分外親熱。可惜她只停留一天便離去，令我惆悵良久；（二）二月二十一日孫男熊軾吳[26]由臺飛美就學，路過西雅圖，停留四天飛紐約；（三）五月十九日同文又由紐約飛來，二十一日乘船回臺灣，臨別不勝依依；

25 一九五五至一九五六年六月。

26 小名老五。

（四）五月二十三日孫女熊軾虞[27]在印地安那州韋恩堡[28]與黎同煥結婚。

另有二事也是值得紀念的，我在西雅圖有點像我國留學華大學生的家長似的。他們常來我處聊天、打牙祭、商量事情。其中有一名曹之銘的青年，忽然要求拜我做義母。這位年輕人忠厚勤奮，前途無量，原籍湖南，大陸變色，隻身去臺求學，大學畢業後，赴美深造，時感孤寂，故允其所請。之銘在華大得碩士學位後，即進一公司為工程師，在西雅圖與黃慧琴結婚，有二女一男，家庭美滿，其妻也很能幹，經營一禮品店，利潤頗豐，他們家庭經濟已很有基礎了。不久任職華大遠東圖書館的左猶麟也要援例拜義母，左係湖南左宗棠後裔，當時華大教授李方桂的夫人徐櫻女士非常熱心，特為鄭重其事的安排日期，在李家舉行拜義母的儀式，請了至友參加，這也是一件盛事。從此曹、左兩人和我親如家人，尤其猶麟對我關懷備至。她是學有專長，在加州克萊蒙學院杭諾德圖書館[29]做館長多年，成績斐然。

十一、華大工作結束另覓出路

西雅圖與加拿大的溫哥華相距很近，一九五六十月二十四日我與王庭顯、左猶麟伉儷結

---

27 小名小貝。
28 Fort Wayne.
29 Claremont College的Honnold Library。

伴去遊歷。上午九時許動身，下午二時半到達。兩國交界處設有檢查站及關卡，查過證件後即放行。一出美國國境，公路即較差，路面狹窄且欠平坦，沿途房屋亦不如美國的整潔而高大，足識前者較為富有。我們去拜訪我國駐溫哥華總領事魏學智及其夫人孫家琳，承他們熱忱招待。領事館係我政府購置的現成房屋，很夠氣派，有兩大客廳，及一餐廳，樓上有臥室四間，都布置得整潔美觀。午飯後魏氏夫婦陪我們遊城內的Queen Elizabeth Park，不大，很美，後去Stanley Park，極大，好像比紐約的中央公園還要大。第二天下午又去參觀吊橋及英屬哥倫比亞大學[30]，後者風景極美，有山有水，山是獅子山[31]，水是太平洋。魏氏雖貴為總領事，家中沒有請傭人，一切家事都是夫妻兩人及其子女親自動手，這種作風，深為欽佩，且應提倡。我和王氏伉儷三天後回西雅圖。

西雅圖的女青會要舉辦一中國菜烹飪班，請我去教，每星期二次。我閒居無聊，接受聘請，其實我對烹飪所知有限，怎能教人？因之去商胡敦復夫人，她在西雅圖是有名烹飪好手，但不會說英語，當即表示很有興趣，願與我合作。事先我們把菜單擬好打字[32]，上課時分與學生。胡夫人示範燒菜，我譯成英語，每次三樣菜，學生十五人全是美國婦女。每人每

30 University of British Columbia.

31 Lion mountain.

32 英文。

次出一元菜錢。菜是胡夫人代買的。上午十時開始，菜燒好後大家共食，每人吃得高興而有味，這個烹飪班三個月之後結業。

同年四月間華大遠東圖書館館長Ruth Krader要左猶麟告訴我Dr. Wilhelm有一房間書將賣給遠東圖書館，須請人清理，此項工作只有一、二月。問我願做否，我答應了。四月二十二日開始，六月十一日完畢，Krader及Dr. Wilhelm都很滿意，足見我還能做圖書館工作。

十二、去印地安那州韋恩堡

孫女熊軾虞與黎同煥兩年前結婚，迄未見過面，他們邀我去他們在韋恩堡的家中暫住，我亦以在西岸已無固定工作，此時去探親，也很合適，決定前往，於是摒擋一切準備離開住了三年的西雅圖。這兒朋友多，中國人互相關切，十分友愛，向各方道別時，都依依不捨。最令我感動的是房東Mrs. Kenoyer臨別流淚，足見平日相處融洽。令我百感交集，離愁滿懷！一九五七年九月二十九日下午二時由一群友人送我搭火車去韋恩堡，兩天後到達。黎家是一幢舊式房子，尚寬敞，孫女婿不會說普通中國話，交談須用英語，他開一餐館很忙，給我住的房間在二樓，可是亂七八糟，沒有整理，不像客房，只好自己動手整理及清潔。

十三、右眼視網膜剝離去紐約動手術

一九五七年十月七日早餐時，正用茶匙擠蘋果柚汁時，突然果汁射入右眼，立刻覺得有黑布朦住似的！清洗後無效，去附近藥店買眼藥水，點後依然黑暗，不知道什麼毛病。問軾虞有無眼科醫生可就醫，她漫不經意。直到十一日才看一眼科，他說是視網膜剝離[33]，須開刀；韋恩堡地方小，不敢保證醫好，最好去安娜堡或芝加哥的大醫院去。那兩處我都沒有親友，遂決定去紐約，暫住朱曦家，數日後進前面提過數年前左頸瘤開刀的哥倫比亞大學附屬醫院動手術。十月二十二日上午八時進手術室，只花二小時左右，便完畢，毫無痛苦，手術完後，兩眼朦上，完全看不見，如此一星期，將朦的布去掉，右眼仍舊看不見。住院十天出院，醫院給一付眼鏡，只能直看，左右都看不到事物。這付眼鏡戴了二個月，每星期去醫院檢查一次，一個月後，右眼看得見一些影子，過些時清楚點，但不如左眼清楚。再過一個月漸漸的又看不見了！三個月後完全看不見，醫生說視網膜又剝離了！須開第二次刀。這時的失望、焦急，何可言宣！

---

33 Retina detachment.

十四、去波士頓醫右眼疾病第二次動手術

多方探詢的結果，金女大同學謝文秋[34]知道波士頓有一位眼科醫生。Dr. Charles L. Schepens很有名，決定去該處就醫。金女大前期同學嚴彩韻[35]全家住波士頓，即去信與她連絡。一九五八年二月十二日上午八時，外甥欽翔送我至灰狗車站去波士頓，下午二時到達，逕去女青年會住下，隨後彩韻偕其夫吳君來看我。此時正值嚴冬，波士頓積雪很厚。十三日下午一時，彩韻陪我去Massachusettes Eye and Ear Infirmary看Dr. Schepens，並辦好住院手續，我又一次進醫院！經過種種例行手續，於十七日上午九時後動第二次手術，不到十二時完畢，右眼很厚的包上，連左眼也睜不開了，最初右眼浮腫，三天後才漸漸消退。二十四日十一時，醫院把我送去波士頓郊外Storrow House[36]休養。房子是一位名Storrow者捐給Massachusettes General Hospital的，該醫院把它做為療養院。地方很大，上下有四層，第一層是地下室，充做廚房，第二層飯廳、客廳、圖書館，第三、四層為病房，我住三樓。現有二十二位病人，其中五人是男的，其餘是女的。病人中有的罹患心臟病，有的白內障，有的青

34 朱世明夫人。
35 吳憲夫人。
36 療養院。

光眼，有的視網膜剝離，還有沒有腳、坐輪椅的各色人等。這個療養院全是家庭式的，日夜有護士照顧，我很滿意。如果第一次動手術後有如此的安靜環境及妥善看護，右眼視網膜也許不會再剝落，療養院周圍空地有四十畝，大可擴建。

住在療養院中非常寂寞，病人都不認識，我是眼疾，又不能多看書報雜誌。在三月二日的日記內有這麼幾句：「我現在十足是一位a lady of leisure什麼也不做，兩手是閒的，腦是空的，這就叫做養病。」動手術半個月後右眼看得見一點東西。療養院要十元一天，住女青年會只要四元半一天，為了省錢，決定於三月十三日搬去女青年會，在療養院一共住了十八天。出院後每兩星期要去醫院檢查一次，Dr. Schepens要我在波士頓住半年。十三日下午五時有一位金女大後期同學胡秀英來晤，她在哈佛大學研究植物學，得博士學位，是一位有專長的學者，她待人熱忱周到，給我妥善的照顧，這份盛情關愛，永銘五內。第二次手術後一個月，右眼仍舊看不清事物，而且開刀時醫生把右眼做小點與左眼不相稱，破相了！

秀英認識一位Mrs. Adams，她有房間願出租，十二元一星期，我租下，四月十五日秀英幫我搬過去。房東是初次做房東，人很和氣，丈夫患精神病已住醫院二年，沒有兒女，六十左右，很寂寞，有了我作伴很高興。常嘮嘮叨叨有說不完的話，有時覺得很煩。

病眼每兩星期須去醫院檢查一次，有時看見些事物，有時看不見，從未正常過。直到一九五八年七月八日再去檢查時，Dr. Shepens告訴我，左眼情況良好，右眼內生了一層膜，擋住視線，不會再看見了！這項宣判給我極大打擊，乍聽之下，連氣也透不過來，終於忍不住哭了！晚間看見秀英及彩韻，又哭了！在波士頓住了六個月零十七天，花下一筆可觀的費用，結果仍舊失敗！不僅傷心而且失望！幸交了幾位友誼深厚的朋友，如彩韻、秀英等，稍有安慰。

兩次動手術都驚動了好多親友，他們來醫院探問、送花、送食物等等，令我深深感到人情溫暖，友誼可貴，予精神上無限慰藉。兩次開刀，甥女欽翼盡力最多，在紐約她每星期陪我去醫院檢查，每次都要在地下道往返三小時。在波士頓動手術的前一天。大雪紛飛，天寒地凍，欽翼於深夜由紐約去波士頓，第二天開刀時，她守在手術室門外，一直看我轉入病房，就在病房侍候，這份孝心，勝過親生女兒，她的純厚真摯令我感慰不已！

迭接孫女婿黎同煥的長途電話，說孫女小貝病了，醫生要知道她幼時情形，請我趕快去韋恩堡。我決定先去紐約，後由該處去黎家。十月三十一日上午十時秀英、彩韻送我上灰狗車站，臨別依依，黯然神傷！下午五時半到紐約，暫住欽翼家。

十五、再赴韋恩堡暨問密歇根大學及親友

十一月四日去韋恩堡。小貝外表看上去還正常。夜間同煥告訴我小貝發病情形，初則禱告，繼之大哭大鬧，尿床，大跳，不得已把她送進醫院。因她想逃走，醫院的人把她綁起

來，已經住院一個月，我去的那天才出院。他們有兩個孩子，女的二歲半，男的五個多月。小貝不能照顧他們，多半是同煥父代母職，我去後也從旁協助。小貝神志不清，整天嘮嘮叨叨說的都是在大陸上過去的事，人瘋瘋顛顛，有時哭，有時笑，我不知如何對付她。醫生則說慢慢會正常的。果然小貝逐漸神志清楚了。在黎家太悶，十一月十八日去底特律看金女大同班同學劉蓉士，她在該處小學教書。翌日蓉士陪我去安娜堡看看二十餘年前求學的密歇根大學，先繞校園一週，後至League午餐，在該處打電話給從前老教授Dr. Carrathers約他在League相見。午餐時遇昔時同住Helen Newberry女生宿舍的吳鼎。她帶我們去看Rackun Building-Graduate school，這是我沒有見過的，富麗堂皇，尤其演講廳，更為美麗宏偉，天花板上的小電燈好像星星一樣。我們又去看曾經住過二年的女生宿舍，已很陳舊，回憶往事，感慨不已！下午Dr. Carrathers陪我們去參觀後來發展的北面校園，佔地較原來的校園大，所有建築物都是新式的，後來居上。此次回密大，似曾相識，實則陌生。當年留學時，滿懷壯志和綺麗夢想，經過二十餘年的滄桑歲月，盡付東流。今日舊地重遊，乃是志氣消沈、一無所有的中年人了！

隨後又去俄亥俄州的Dayton訪舊同學陸慎儀，蓉士先去等候。慎儀在該處一所中學教數學，她沒有結過婚，為人和藹，對朋友熱忱。我們三人年相若，見解相同，歡敘一星期，天南地北聊的沒完，令我為眼疾鬱結的心情為之開朗[37]。

一九五八年過完了！這一年在醫治眼疾中溜走，而眼疾沒有醫好，浪費時間，殊堪痛心！一九五九年來臨，盼望今後處境順適，回臺計畫實現。趁新年去訪甥女何欽翠夫婦。甥女婿蔣中一係經濟學博士，此時在Denison University執教。元月三日由慎儀處去Granville，上午十時半搭上灰狗公車。下午四時五十分到達。彼此相見。歡欣異常。可惜天氣嚴冷，大雪紛飛，無法出去觀光，三人在家裡話家常。中一寫一處女作的詞，如下：

〈**鄉恩・浪淘沙**〉

海外十年遊，懷滿鄉憂，欲朝故土上高樓，卻恨山千萬隔，只見雲浮。

常與雁兒謀，代把郵投，家書那得盡消愁，昔日朋儕談笑地，夢裏尋求。

戊戌冬中一未定稿

欽翠是一位賢主婦，她的家整潔美觀，而又舒適，我在此感到輕鬆愉快，住了十天回韋恩堡。

---

[37] 慎儀已於一九八二年在Dayton去世，生前寫了遺囑，將她的遺體捐贈給某醫院作醫藥研究，連遺骸也沒有，當然沒有葬地了。這種豁達胸襟和造福人類的美德，後死者實應敬仰與效尤。我對她孤寂的離去塵世，悼念不已！

第十章

回臺灣定居

一、決定返臺

一九五八年初，我去信與招商局紐約辦事處負責人程威廉，接洽回臺事宜。經多次通信，總算有了結果。海明輪將於五月間由菲律賓抵美，然後去臺，我擬搭乘此船。三月二十日夜九時離開黎家乘火車去紐約。此次住黎家約五閱月，每天替小貝看顧兩小孩及幫做家事，對小貝幫忙不少，她的精神失常，已告痊癒。兩小孩對我很親熱，尤其彼德，不看見我便要哭，別時離情依依。二十一日下午到紐約，住甥女欽翼處。四月十六日下午六時乘火車去西雅圖，送行者有魏學仁夫妻、蔣唐玉瑞[1]、錢莊華、陳潤泰、朱曦、欽翼、欽翔等，所

[1] 蔣廷黻夫人。

謂「黯然銷魂者，唯別而已矣。」臨行大家都神色悽然，欽翼、朱曦都流下淚來，我雖強自壓制，終於掩泣不已！

十九日上午抵西雅圖，暫住猶麟家。此間友人很多，知道我要回臺，相繼餞行，熱情親切，臨行又有好多友好送行，令人感念。

海明輪改了航線，不去美西岸。海宿輪於六月二十五日由波特蘭[2]開船。這是艘中國貨船，設備簡陋，不夠標準，為了經濟及能多帶行李，只好將就。同船八人，有回國就農復會職的張德慈博士、史道明[3]、何薛培真及萬惟英等。因係貨船，每到碼頭都要停下卸貨或裝貨，旅客可以上岸遊覽。在溫哥華便停了十天。到了橫濱又停四天。倘天氣晴朗，沒有風浪，船在太平洋上行駛時，到甲板上游目天空，真是水天一色，渺無邊際，海鷗翱翔其中，怡然自得，一副美麗畫面，足資欣賞。但當遇到大風浪時，船上下顛簸，或左右搖擺，暈船者即嘔吐不已，苦不堪言，我幸不暈船。如此行行重行行，八月十二日下午七時到了基隆。同文、芝園、姜異生伉儷、石仁寵、熊芷、溫崇信、陳君樸、何丹山太太等親友都在碼頭迎接。經過檢查行李等手續後始上岸。到北投同文家已夜間十一時。有妹妹家暫時居住，不至

2 Portland.

3 洋人。

有漂泊之感，實很幸運。去國十載，對於國內一切，都很陌生，需要慢慢適應。在何家住了半年，對各方情形有一大概的印象。

二、國民大會第三次會議

四十九年二月二十日，國民大會第三次會議於上午十時在臺北市中山堂舉行開幕典禮，莫德惠為主席，蔣總統致辭，約一小時禮成散會。繼之為選舉主席團主席忙亂，八十五位主席選出後即循例開正式會議，先由政府各部門主管報告施政經過，然後討論提案，其中最重要的為總統任期問題。憲法第四十七條規定：「總統、副總統之任期為六年，連選得連任一次。」蔣總統是三十七年五月就職的，四十三年連任一次，依據憲法，四十九年五月任期屆滿後，即不能再連任。但自四十八年秋起，海內外人士要求蔣總統連任繼續領導反共復國的函電，紛至沓來。有人主張修改憲法有關六年任期之條文，惟蔣總統一再聲明現在憲法應完整帶回大陸，他的意思是大陸國土未光復以前，憲法不能修改。於是經過激烈討論，終於找出一合適辦法，那就是國民大會第三次會議決定通過臨時條款的修正案，增加下列條文：「動員戡亂時期，總統、副總統連任，不受憲法四十七條連任一次之限制。」此即總統、副總統連選連任的法律根據。臨時條款已修改通過，於是選舉第三屆總統及副總統，蔣總統及陳副總統均連任。大會於三月二十五日閉幕。

三、去復旦中學教書及買屋

溫崇信先生係前上海復旦大學的同事，他與幾位與復旦大學有關係的友好在中壢創辦一所復旦中學，頗具規模，堅邀我去教課，誠意難卻，接受聘請。四十九年二月二十一日由何家搬去中壢。校方給我一幢新建宿舍，有客廳、兩臥室、一廚一浴。前復旦大學畢業、現為中學教員的姚兆如與我同住。我教高二、高三英文。學生英文程度很差，教起來相當吃力。同事對我另眼看待，和氣而謙恭。此地潮濕，通外道路全是黃泥，有粘性，下雨時，鞋底粘滿黃泥，舉步為難。這是新開闢出來的社區，尚待建設。

我既受聘於復旦中學，理應按時授課。但國民大會第三次會議適在學期中舉行，又不能不出席，因之每天奔走於臺北、中壢之間。在一個多月會期內，疲於奔波，於是想起如果自己在臺北市有一個家多好。

我平生對於吃穿及消遣等都很隨便，只有對於住較為注意，我不希望有高樓大廈，就是最簡陋的茅屋幾間也可以，只要那幾間屋子是完全屬於我的，可以用我的方法和愛好去布置它，我住進去，就認為是安身之所了，換句話說：我需要一個自己的家，不管這個所謂的家只是我孑然一身的組成！

因之，我開始找合適的房屋，以限於經濟能力，不能在臺北市得一適合的住處，只有向郊區求之。同文介紹羅志成的一幢三間房的舊屋，有好多地方我不滿意，但屋價我還勉強可以應付[4]，而且環境不錯，於是決定買下。三月二十八日成立草約，四月三十日成交，六月初開始修理，七月一日搬入。

此屋只有三間正式的房間，各有八個塌塌米大，兩間臥房及一間客廳，沒有下房，沒有正式的廚房，地是向陽明山管理局租的，佔地約六十餘坪。

有一湊巧的事情是：面對我客廳的門有鳳凰閣[5]三個字，引起我好多的感念，也許秉在冥冥之中有所安排，他在世時是被人稱為「熊鳳凰」的呀！

四、再度赴美

十年前辦赴美簽證手續時，美國領事問我，任北平香山慈幼院院長時，同時有無教課？答教「公民」，他要我過一星期再來簽證。當時不解其意，是否說錯了話？狐疑不安。過一星期，果然順利得到簽證。[6]一直到了美國才知道，我護照上簽的是４Ｄ簽證，即有永遠居

[4] 十一萬新臺幣。

[5] 即鳳凰閣旅社。

[6] 因為美領事去電美移民局，確定我的資格，故遲延一星期。

留卡[7]。當時美國移民法，凡在本國及赴美均為教員者，都適用4D簽證[8]。故我到美兩星期，移民局便將永久居留卡寄來。有這卡在美居住五年後即可申請成為美國公民。我在美期間，移民局曾兩次來函囑去辦歸化手續，均置之不理。

持有綠卡者可離美兩年[9]，過時不返，綠卡即失效！永久居留權喪失，不能再入境，除非另行申請辦理。我回國將滿二年，持綠卡重行入境期限將到，在未到期以前，決定再舊地重遊一次，於是於一九六一年二月十二日搭海宇輪赴美。同船有熊持林夫人偕四個兒女、及五個去美留學的男女學生。三月七日抵洛杉磯，船停六天，我們同船旅客暢遊長灘、好萊塢等處。十五日船到舊金山。我上岸去柏克萊看朱嶷，在她家住了七天。趙元任伉儷、鍾賢英、桑文耀及沈嗣良伉儷等均邀餐敘，熱情而親切，還有好多老友來訪，友情真可貴。二十四日搭灰狗巴士去西雅圖，二十五日到達，又有一批友人迎接，暫住王庭顯、左猶麟伉儷家。

7 Permanent Resident Card，亦即在臺灣所稱的綠卡。
8 此移民法早已取消。
9 現在好像只有一年了。

五、患急性盲腸炎

西雅圖對我好像是老家一樣，朋友多，地方熟。此間中國人較任何處都團結，休戚相關，猶如家人，尤其數年前在華大求學的學生，都已學成就業，而且打下事業基礎，如黃濤年、曹之銘、趙靜謙、金昭、蕭慶熙、姜光平等知道我回來，競相邀宴，熱忱歡敘。義女溫璜[10]此時與其夫彭滋成也在西雅圖任事，滋成要赴紐約出席會議，小璜須人作伴，我乃於三月三日夜去彭家陪伴小璜。是晚黃濤年請餐敘，十時送我回彭家。我忽感腹部微微作痛，以為吃壞了，不以為意。到了第二天更加疼痛。小璜請了醫生未來，在電話上說也許是感冒。三月六日上午小璜因懷孕，須去醫院作例行檢查，我同去看腹痛。醫生一看，說是急性盲腸炎，須立刻動手術，聞之焦急萬分！經與庭顯夫妻、孫惺方等商量，決定在Ballard General Hospital醫治。下午六時進手術室，二小時後完成。醒來時，不知身在何處。翌日上午主治醫生來看我說：「If delayed two and half hours yesterday for operation, I couldn't help you anymore. Your appendix was ruptured.」大意是說：昨天如來遲二小時半，醫生就無法救我，盲腸已經惡化。至此才知道嚴重性！遲延就醫，幾乎喪生。住院十六天，三月十五日出院住彭家。刀口

---

10 小名小璜。

未癒合，常流淡淡的血水，須隨時換患處的紗布，幸小璜係學護士的，一切由她代勞，創口流水得以逐漸減少。六月十六日又去醫院檢查，醫生說創口完全癒合了，以後不用綁紗布。此次患盲腸炎經四個月才痊愈，花去一筆可觀的錢！並欠下好多人情債！在彭家住了二個月又五天，彭氏伉儷照顧病人十分周到，打擾他們太多，殊為歉疚。六月二十四日搬去王家。此次再度赴美，半為綠卡將滿期，半為仍想在美工作幾年。臺灣局面小，人浮於事，我不想與人爭飯吃，不料忽然罹病，健康大受影響，欲再在美謀生念頭因之打消，葉落歸根，還是回自己的國家吧。

六、又回臺灣

一九六一年八月六日，王氏伉儷陪我去溫哥華搭海宇輪回臺。九日開船，再度在太平洋上過漫長時日。這次同船有彭河清，湖南人，《中央日報》副編輯，加拿大傳教士Toggin夫婦暨二男一女。十日上午船抵英屬哥倫比亞愛麗絲港[11]，停留二天。這是一小鎮，只有幾千居民，全賴一個造紙漿的工廠生活，海宇輪是第一隻中國貨船來到，居民很友善，有一百多臺山人在此，爭相邀請我們去他們家敘談，鄉情可貴。第二天下午與彭河清參觀Rayonier

11 Port Alice.

Canada Lirmited設在當地的大型紙漿工廠。我們從把一大塊一大塊木頭放進機器看起，到了最後紙漿做成為止，為時僅一小時許。據說這兒生產的紙漿運銷世界各處，每天可出紙漿二百四十噸左右。船於九日下午五時離開愛麗絲港，風平浪靜，優閒舒適。二十二日下午船走過一百八十度的國際子午線[12]，二十三日不見了。我們幾個旅客舉行慶祝，自尋快樂，全船的人參加，也很熱鬧。二十五日遇大風浪，船顛簸不穩。旅客都暈船了。翌日風暴過後，船又平穩行駛。傍晚在甲板上遙望斗大的月亮由地平線升起，愈高愈小，澄明如鏡，倒影投射在水上，形成天上、水中雙月對映，美麗無比。太平洋一望無際，藍色天空與水色相同，欣賞良久，深感大自然的奧妙。在太平洋上賞月，人生能有幾回？忽然想起秉愛山水，愛自然，也許沒有欣賞過今晚太平洋上的美景吧。但雖美景當前，孤伶之感，油然而生，自秉逝世後，無論到那裡都是獨往獨來，沒有伴侶，沒有同道，這種孑然一身的滋味真不好受。

九月二日，海宇輪到橫濱卸貨，這個港口規模很大而且現代化。我們旅客上岸觀光，並去百貨商店購物。日本人模仿能力最強，現在處處模仿美國，百貨商店模仿得最像，貨色應有盡有，服務周到。七日到了大阪，停二天，上岸去歌舞團消磨了一個下午。這回到橫濱及大阪，看見日本戰敗後恢復之迅速，重建之驚人，又佩服，又心驚！這是一個了不起的民

---

12 International Day Line Crossing.

族，她仍是我們的強鄰，將來侵略我國的也許依然是她！除非我們中國人爭氣覺悟，努力奮鬥，迎頭趕上，與之並駕齊驅，否則後患無窮！

九月十三日下午八時，船抵基隆，仍然有一批親友迎接。九時到新北投家中，萬里奔波，告一段落，雖感到輕鬆舒適。但又覺前途茫茫。大颱風Paulina剛過，鄰人圍牆被吹倒，壓壞我家大門前的道路，出入困難，夜無電燈，十分不便。欽翎大腹便便，張羅一切。是夜不能成眠，因為四週噪音太多，如貓叫聲、機車聲、路人談話聲，在在令人煩躁，我又不習慣這種環境了。欽翎於十八日清晨產一女嬰，母女平安，甚為欣慰。欽翎夫妻自從我買下新北投的房屋，即與我同住，今添一小寶寶，更熱鬧了。寶寶取名陳家明，小名妞妞，很可愛。

第十一章

國事、教育、旅遊、家務、健康、及親友消息

本章所記為民國五十一年返國定居後，發生在我身上以及周圍一些值得紀念的事。為行文暢達起見，將依國事、教育、旅遊、家務、健康、及親友消息等主題，擇要誌之。

一、國事

（一）陳誠副總統逝世

五十四年三月五日電視晚間新聞報告，陳誠副總統因肝癌已於下午七時五分逝世，深為悼惜！陳氏在臺主政時，實行土地改革，空地放領，最有效的是三七五減租，造福農民。臺

灣在各方面能神速進展，與此政策有關。他是輔弼蔣總統得力的人，一旦逝去，對總統及國家都有莫大損失。

（二）國民大會臨時會議

五十五年二月一日，上午國民大會臨時會議開幕，張知本為主席，蔣總統致詞，題為「國民大會代表的責任與急務」，計有（一）領導全民反攻大陸；（二）和衷共濟，面對敵人；（三）鞏固反攻基地安全等要點。下午預備會通過不改選主席團，一切沿用以往成例進行。嗣後數日便是討論此次舉行臨時會議的重要議案：「國民大會創制、複決兩權行使辦法」，經連日激烈討論，終於通過。為了行使兩權有憲法依據，又修訂了《動員戡亂時臨時條款》。但施行細則被擱置未討論，因而兩權行使法也就形同具文。會議於二月八日閉幕。

（三）國民大會第四次會議

民國五十五年二月九日上午十時，國民大會第四次會議開幕，一切沿用以往成例進行。這次會議最重要的係選舉總統及副總統，前任總統及副總統六年任期已滿，須改選。其次有二項關於臨時條款修正案的重要議題，即在原條款第三項之下增列下述條文：（一）動員戡亂時期，本憲政體制授權總統，得置動員戡亂機構，決定動員戡亂有關大政方針，並處理戰地政務。（二）「總統為適應動員戡亂需要，得調整中央政府之行政機構及人事機構，並對於依選舉產生之中央公職人員，因人口增加或因出缺，而能增選之自由地區及光復地區，均得訂頒辦法實施之。」以上兩條文經過激烈辯論後才通過。國民大會創制、複決兩權行使辦法的細則，也經過多次辯論，終因執政黨及在野黨不贊同而擱置。繼之選舉總統及副總統。蔣中正總統當選連任，嚴家淦當選副總統。三月二十五日大會閉幕。這場鬧劇上演了一個多月，我是其中的一個小配角，可是感慨萬千，此後六年，世界局勢及自己國家前途，如何演變，無從推測，誠恐凶多吉少！

（四）退出聯合國

五十六年過了一年優閒平靜的歲月，沒有重大事故發生。按時授課及處理家常，此為我回臺後最安樂的一年，方冀此種歲月能持久，俾享餘年，不料翌年十月二十六日我國被迫退出聯合國，會員國席位讓與中共，這驚人痛心的舉措，不僅震撼了本省，也震撼了全世界。我國上下債怒情緒，無以復加。幸蔣總統及時喊出兩句口號：「莊敬自強，處變不驚」，舉國上下化憤怒為堅強，勇敢的接下巨大打擊，更努力的建設強壯及富有的國家。

（五）國民大會第五次會議

國民大會第五次會議於六十年二月二十日開幕，這回是在新建的陽明山中山樓舉行，較以往開會的臺北市中山堂氣派多了。也較在大陸的國民大會堂還要宏偉寬敞。大會供給三餐；十人一桌，四菜一湯，很為可口，每餐有一百多桌。一切會議進行，仍循舊貫。但提案中，有一項為極大多數國民黨籍代表提議修改臨時條款，其中有三要點：一是擴大對總統授權；二是充實中央民意機構；三是增額中央民意代表和在大陸選出繼續行使的資深代表同為「次屆」。這提案提出後，引起軒然大波，許多代表反對，在野民、青黨籍代表，也一致反對，經過激烈辯論及研討後，終於顧及國家處境困難，聯合國席次被迫退出後更需要團結自強，高度政治性的國民大會可能產生不良影響，國家前途，不堪設想，因之通過臨時條款的授權不再擴大，「次屆」二字亦取消。

三月二十一日選舉總統，蔣中正總統連任，翌日選舉副總統，嚴家淦先生連任，大會於二十五日閉幕。

（六）日本承認中共

六十年九月二十九日日本首相田中角榮與周恩來共同發表公報，日本承認中共為中國合法政府，與之建立外交關係，同時與中華民國斷絕邦交。我非常憤怒與痛心！日本在第二次世界大戰為戰敗國，我為戰勝國之一。蔣總統高瞻遠矚，不向日本索取賠償，並妥善遣返戰敗軍隊。這份仁慈恩德，他完全忘了。這個忘恩負義的民族，可怕又可鄙。將來侵略我國的多半仍是日本，寄語國人，應早加防範，尤其年輕的一代，更應奮發自強，以禦強鄰。

（七）蔣總統中正先生逝世

六十四年四月六日各報登載一驚人消息，蔣總統於五日夜十一時五十分逝世了！巨星殞落，萬民悲哀，全省人民立即陷入悲痛氣氛。這位巨人，身經百戰，對國家，對人民有史無前例的功勳，其犖犖大者，如統一全國，抗日勝利，政府遷臺後，把凋敝的臺灣建成繁榮現代化的都市，人民富庶，社會安寧。他的去世，國家失去依為棟梁的偉人，人民失去賢明領袖。這種損失，無法彌補。

嚴家淦副總統及時宣誓繼任總統職，國有元首，政府各部門照常工作，社會秩序得以維持。嚴總統蕭規曹隨，臺灣的一切也許會更加進步，更加美好。

最近數月東南亞局勢更形惡化，高棉淪共，人民塗炭，舉國混亂。繼之越南無條件投降共黨，混亂情形較高棉為甚。其人民紛紛逃生，遭遇之慘，非筆墨所能形容。越南淪陷，美國應負絕大責任。

（八）國民大會第六次會議

本次會議由嚴家淦總統召開，在陽明山中山樓舉行。六十七年二月十九日開預備會，選舉大會主席團，政府各部門作施政報告，執政黨提名蔣經國先生為總統候選人，謝東閔為副總統候選人。二十七日上午九時開第一次正式大會，一切按以往規程進行，很為順利。三月二十一日上午選舉總統，蔣經國先生以一千一百八十四票當選，出席代表為一千二百零四人。二十二日選副總統，謝東閔先生以九百四十一票當選，出席代表為一千零八人。二十五日大會閉幕。此次會議，一帆風順，沒有發生紛爭。

（九）美國承認中共

六十八年元旦，美國總統卡特宣布美國承認中共政權，與之建交，同時與中華民國斷絕邦交，並取消中美共同防禦條約。此不幸消息，震撼全臺灣！適值我們將於此時舉行增額中央級民意代表，突遭此巨大打擊，政府與人民都惶惶然不知所措，幾經研商，決暫停選舉，使那些想乘機製造社會紛亂的人，無法得逞。一月十六日上午，「國民大會全國聯誼會」請返國的駐美大使沈劍虹來會報告，美國與中共建交經過，他的結論是：「國際間沒有道義，只有利害，中國大陸地大物博，極具誘惑性，美國商人要做生意，美國政府利用中共抵制蘇俄，承認中共係必然的事。」聽了既憤慨又慚愧。我們把整個大陸丟掉了，播遷彈丸之地臺灣，美國看不起，在國際間也無足輕重，況這些年來我政府依賴美國，視為唯一保護者，今被他一腳踢開，夫復何言。幸三十餘年來，政府與人民都極力掙扎，合力建設臺灣，成效卓著，經濟成長也逐年上升，尚有不可漠視的實力，美國不敢完全抹殺。故斷交後設立所謂北美事務協調委員會駐美辦事處[1]，臺北也設立同樣辦事處，處理兩國間的商務及非官方的接觸。這個機構都沒有美國及中國字樣，從此我國被稱為「臺灣」，而非「中華民國」了！

（十）國民大會第七次會議

此次會議於七十三年二月二十日上午九時在陽明山中山樓正式開幕，一切儀式與程序均與以往歷次大會相同，二十七日開正式會議。三月二十一日上午選總統，蔣經國先生當選連任第七屆總統，二十二日上午選副總統，李登輝先生當選。二十五日大會閉幕，會期三十五天。這次大會進行很順利，雖有在臺灣地區選出的增額代表希望擴大國民大會職權，及熱衷於行使創制、複決兩權的資深代表，認為有機可乘，積極活動，準備在本此大會期間提案修改憲法或臨時條款，同時提出法律的創制案與複決案，幾經執政黨與青年黨、民社黨的協

[1] Coordinationn Council for North American Affairs Office, in U.S.A..

調，以維護憲法、顧全大局為前提，未予提出，大會卒能在和諧氣氛中閉幕。五月二十日上午九時，第七任總統蔣經國先生及副總統李登輝先生在中山樓舉行就職典禮，來賓有外交使節、立法委員、監察委員、政府首長、及本會全體代表不下千餘人，濟濟一堂，既隆重又熱鬧。

二、教育

(一) 重執教鞭

五十一年回國定居，不再去美國，放棄綠卡，結束在美飄泊生涯。原擬無拘無束，與人無爭，多讀好書，多享優閒日子。乃復且中學校長溫崇信先生，又一再邀請去該校教書，盛情難卻，只好重執教鞭，於二月二十一日開始上課。這回是走教，從新北投去中壢，往返須四小時，實在太浪費時間。教滿一年，不教了。

(二) 任教實踐家政專科學校

五十三年經人介紹，私立實踐家政專科學校聘我教英文，我不願專任，只允兼任，每週四小時，教一年級及三年級。此校係謝東閔先生私人創辦的，為臺灣唯一女子家政專科學校，著重家業。初辦時只有四科：（一）營養、（二）室內裝飾、（三）會計、（四）兒童保育，有九百餘女生。逐年擴充，增加科系。謝的構想是要造就賢德的家庭主婦，他認為有健全的家庭，才有富強的國家，這是一個正確的構想。

五十四年秋季開學時，校方增加我四小時課，連原有四小時，共八小時，因之更加忙碌，寫作只好擱下。

(三) 終止執教

在私立實踐家政專科學校教了十一年書，六十五年秋季開學前，決定不教了，已將下年度聘書退還，準備結束平生教書的生涯。該校堅決挽留，替我請了代課，盼我隨時回校繼續教課。我對家專已有感情，也有些依依不捨，尤其校方對我的信任，更為感慰。執意不教的原因是：其一年事已高，理應退休，讓後進發展；其二近二年來熊芷與同文常抱病，兩人不時在榮民總醫院及中心診所，進進出出。我既擔憂兩人病情，又忙於探視病人，兩處跑，需時費神，無心執教。

三、旅遊

（一）重遊美國

一九七九年三月十六日忽接義女左猶麟由美來電，文曰：「please make arrangments and come to Claremont. Letter and air ticke follow. Ted and Frances」猶麟已屢次來信邀請，盛情難卻，故於九月二十三日上午搭中華航空班機飛往睽違十八年的美國。因經過子午線多出一天，仍為二十三日下午抵洛杉磯，王庭顯、左猶麟夫妻及義子曹之銘三人迎接，相見甚歡。我與之銘十八年不見，他已頭髮灰白，令人驚愓！在去王家途次，之銘要我們順便參觀他太太黃慧琴開設的禮品店，貨色很多，東西貨品都有，據說生意不錯。

到了王家已下午五時。王家房子雖舊式但很寬敞，前後有草坪。主人給我一臥室，有獨用浴室，還有書房，真是十分優待。王氏伉儷有今天的場面，全是苦幹出來的。克萊蒙係一小鎮，居民僅三萬左右，安靜、清潔，為研究學術的好地方。連日王氏伉儷陪我參觀各大學及附近名勝。住此兼旬，重上征途。

十月七日八時後飛芝加哥，十二時半到機場，孫熊軾吳[2]全家四人來接，我與老五分別二十年，此次相見，他已有些蒼老，孫媳曲培雲、曾孫海霖[3]、曾孫女玲達[4]都是初次見面，他們都很可愛。老五夫妻均有工作，兩孩上學。他們家布置雅潔，房子寬大，看了非常欣慰。八日住印地安那州韋恩堡的孫女熊軾虞[5]偕夫婿黎同煥來晤。晚間在一很考究的中國餐館為我接風，大家吃得高興，談得熱鬧，這是我們熊家三代第一次聯歡，十分難得。夜間小貝夫妻回去。

老五離家時太年輕，對於熊家情形，知道很少，他從未與他家人談及熊家家世。我來後才告訴他們一個大概，培雲說：「原來熊家是個大家庭，爺爺[6]又是一位名人、政治家，老五從未談起，我還以為他是孤兒呢！」玲達說：「我以熊家為榮。[7]」我在老五家住一星期。

---

2 小名老五。
3 Harry.
4 Linda.
5 小名小貝。
6 指秉。
7 I'm proud of Hsiung's family!

十月十四日上午十一時飛紐約，下午二時四十分到，外甥何欽翔全家在機場迎接。是夜外甥女何欽翼[8]偕子安廸來，他們在一中國餐館為我洗塵。隨後去欽翼家作客，甥壻宋錫元及欽翼都在聯合國工作，日間宋氏夫妻上班，安廸上學，家中只有我與女傭二人，非常安靜。此間房子很大，有二個客廳、一個餐廳及四個臥房，物質設備應有盡有，下一代較我們上一代能幹多了。住在宋家時倉晤了多年不見的同學嚴彩韻[9]及謝文秋[10]等。最令我高興的是看到了朱曦的三個女兒，朱葆華、朱葆圓、朱葆凱，葆華的丈夫錢玉琪及葆凱的女兒依雯也同來。他們來此午餐，敘舊歡笑，直到深夜才各告辭。這三個女孩都是我從小看大的，現各自成家立業，各有歸宿。看了欣慰。在此期間曾抽空去馬里蘭州。Cockeysville老友周淑清女士[11]，她與第二女邱凱雲同住，凱雲未婚，在某圖書館供職，甚受器重。住兩天回紐約。

十月二十九日甥女何欽翠及甥婿蔣中一接我去康乃狄克州曼斯斐德[12]鎮他們家，中一在康乃狄克大學教經濟學，很受學生歡迎，得了該校終身教授職。蔣家很舒適，布置很雅緻，

8 青意。
9 吳憲夫人。
10 朱世明夫人。
11 邱昌渭夫人。
12 Mansfield.

窗簾靠墊等都是欽翠自己縫製的，這個家有書卷氣。他們的兒子澹如很聰敏，才十一歲便寫得很好的書評，女兒粹似十分可愛。住四日仍回紐約宋家，同文於十一月九日到達紐約探親。

我住在欽翼家十餘天，對於她的生活有些了解，此女精神上仍有隱痛，她追求理想而不實際的感情，我對她最不放心，臨別有說不出的依戀與隱憂。

十一月十二日下午，我由紐約飛回克萊蒙王家。二十一日猶麟陪我遊狄斯奈樂園，這是聞名世界的一個規模宏大、構想極新的遊樂場所，是日天氣良好，遊客男女老少不計其數。因為園地太大。不是一天看得完的，我們選擇以下幾處：（一）「小小世界」，內有全世界國家的特徵[13]，全以小人物的型態表現，遊客坐在船中環繞一周觀看。（二）潛水艇。（三）「美哉美國」。此處最精采，觀眾好像置身在電影中，演的是美國各州最精華部分。（四）「鳥屋」，鳥會說話、會唱、會跳，似乎全是活的鳥，其實是假的。（五）「海盜船」，布置十分逼真，令人心悸。（六）坐船看美國以前未開化地區。（七）「鬼屋」，真的有假鬼出現，撲在遊客身上，膽小的人會被嚇倒。坐馬車繞園一周，至此已天黑，只好回家了。

---

[13] 有日本，沒有中國。

十一月二十五日上午，曹之銘夫婦及王氏夫婦陪我去賭城拉斯維加斯遊玩。此日天氣晴朗，一路風景甚美，由克萊蒙去賭城有二百六十哩，走到一半路，便是沙漠地，可是沙漠上有花有草，只是高山上沒有樹木，光禿禿的，這個沙漠地一直延伸到賭城。下午二時到達，我們住進下Tropicana Hotel，這是一個大旅館，第一層有各色各樣的賭具，賭客很多。到處都有吃角子老虎，總有幾百具，我輸了十多元。膳後八時看舞臺劇，戲中有些女演員不穿上衣，有些看不慣，十時演完。翌晨又參觀了好幾處大賭場。中午回程，經過沙漠地有霧，風很大，開車很吃力，之銘一人駕駛，十分辛苦，五時到家，大家都很累，這回之銘請我們花了不少錢，深感不安。

二十八日三時同學阮潤桓來接去Laguna Hills他們家，兩小時到達。阮家布置高雅優美，阮夫人郭美德有藝術天才，欽贊不已，她與我不僅是金女大同學，也是密歇根同學，交誼深厚，可稱知已。這個地區被稱為「Leasure World」，專為高級退休人員居住，約有二萬居民，房子有單獨平房或二層樓房，也有公寓，地區外圍有警衛，十分安全，真是養老的天堂。傍晚阮氏伉儷陪我參觀該區設施，有銀行、郵局、超級市場、餐館及醫院等。七時應金女大同學陳竹君邀請去她餐敘，初次見到她丈夫農業專家章之汶先生，我們相談甚歡。翌日上午，阮氏伉儷陪遊聖地牙哥海洋世界。這個城靠海邊，遊樂場內有各色各樣的海豹，最後有水底表演。都很精采。是晚阮氏伉儷請我去京園餐館晚膳。這餐館男女工作人員多半是從臺灣基隆去的，招待周到親熱。三十日潤桓送我回克萊蒙王家。

十一月一日，王氏伉儷為我大宴賓客，有二十人之多，都是老朋友，如施友忠、曹之銘、周德祿、姜光平等伉儷。他們都是由遠道來參加的，這種深厚友誼，殊為珍貴。是夜姜光平堅邀去他們家寄宿，盛情難卻，姜家在高等住宅區，這對夫妻善於經營，已是百萬富翁了。二日他們陪我去參觀Knott's Berry Farm，展示美國未開發以前的歷史，有各種古式娛樂、古式監獄、古式郵局等，並有露天演戲，是夜回王家。

十一月七日，飛柏克萊看朱嶷[14]，在她家住一星期。我在這城住過二年，有好多朋友。在此期間會晤了故舊趙元任伉儷、陳樹人伉儷、鍾賢英母子、程維德同學、饒用湘女士、趙靜謙夫婦及其母等。他們都分別邀請餐敘話舊，無任欣快。可惜董氏兩夫妻不睦，令人關切。他們同住一屋不交談，三餐各自料理，如同路人，如此老伴，痛苦可知。十六日上午飛西雅圖，臨別朱嶷抱了我大哭！不知如何安慰她，只有揮淚而別！

十一月十六日下午二時到西雅圖，潘錫龍夫婦及老友張維楨在機場迎接，當即去潘家住一星期。第二天晚間潘氏伉儷在龍門酒店宴客，為我接風，席設兩桌，所請的人都是我認識

---

14 小名毛姑，董時進夫人，朱霖胞妹。

的老朋友。宴畢，大家去潘家吃生日蛋糕，為我祝壽[15]，彼此歡敘話舊，直到深夜方各散去。一九五〇年夏偕外甥何欽翔來西雅圖，他進附近的聖馬丁學院，一年後轉學紐約，因為欽翔叫我阿姨，所有在華盛頓大學的中國學生都稱我「阿姨」，我就像是他們的家長一樣，每逢週末總有些學生來打牙祭，親如家人。我在西雅圖前後有四年之久，認識學生不少，一九六一年離開，今年一九七九年才舊地重遊，昔日的學生留在西雅圖的都成家立業，各有成就，知道我來西城，大家爭相邀請，我未到，他們便排好宴會日期，如潘錫龍、黃濤年、李文濤、金昭、蕭慶熙伉儷等，還有友人高叔哿、林驊、鄭祝華、梁德馨伉儷等。看見他們事業成就，有說不出的快慰！在百忙中曾抽出時間去訪蕭公權伉儷，他們看上去還康健，只是蕭先生背駝了，據說摔了一跤的緣故。第二星期搬去維楨處。原定三十日在西城搭一架包機返臺，此機忽取銷，走不了了！趕緊改定中華航空公司班機，於一八九〇年元月十三日由洛杉磯飛返臺北，結束了為時四閱月的旅遊。

此次重遊美國，無意中在維楨大女兒羅久芳家過耶誕節及新年。我對於美國人過耶誕節的熱鬧，心嚮往之，昔日在美時，每年聖誕節將臨時，常興趣十足，觀看附近家庭的窗飾、燈飾、及各百貨公司爭奇鬬勝的布置。公司內貨物之多，裝潢之美，常令我留連忘返，雖兩

15 其實不是這天生日。

腿已走酸，也還勉強東看西望，不忍離去。曾有一願望，如再度訪美，將選在聖誕節期間，以便重溫舊日熱鬧光景，真巧這回碰上了。可是很失望，今年聖誕節沒有往年的多采多姿，各百貨公司也沒有以往裝飾得那樣令人目速五色。

(二) 赴新加坡探親

民國七十年[16]，去新加坡專為會晤半世紀未見的表弟朱斌甲[17]。他在鹽務機構供職四十餘年，大陸變色後，被中共列為「黑五類」，軟禁在浙江衢縣家中。毛澤東死後，中共管制較寬，方由他在新加坡的女兒朱韶雲多方設法，從衢縣迎接至新加坡團敘。此次與斌甲見面，如同隔世。自己不覺老邁，而斌甲已老態畢露，滿口牙齒脫落，骨瘦如柴，且不良於行，看了心酸。昔日幼時玩伴，回憶中還是跳跳蹦蹦的頑皮弟弟，眼前的斌甲似乎是另一個人，令我無從相信！

我在新加坡住在外甥何欽羽家中，在此期間，蒙親友邀宴或遊覽名勝處所，甚為忙碌，欽羽、薇薇、學端、韶雲倆伉儷、龍家長子武德夫妻、暨南大學校友會等都分別請宴，還有

16 一九八一年。
17 七舅的兒子。

其他友人邀宴。又蒙親友伴遊當地名勝鳥公園[18]，據說這是世界上最大一個，內有各色各樣的鳥，非常可愛，上空裝有兩畝地寬廣的鐵絲綱，任鳥飛翔，可謂設計周到。又由龍家大小陪遊聖淘沙島花伯山，這是一個很小的島，地近新加坡，島內不住人，但有公車專供遊客環島遊覽之需。我們參觀珊瑚部分，內有活珊瑚和死珊瑚，種類很多，都很美麗。此島雖小，但樹木花草，甚為茂盛，是一個遊憩的好去處。後又參觀日本人於一九四五年九月十二日在新加坡市政府向英國投降時做成臘人的投降廳，廳內有勝利國代表傲然接受投降書，戰敗國代表卑躬屈膝的遞呈降書，維妙維肖，看了感慨萬千！黷武的日本軍閥竟有如此下場！欽羽伉儷又陪遊植物園，該園甚大，樹木茂盛，花卉種類繁多，尤其是蘭花，好多種在臺灣沒有看過，真是美不勝收，但沒有花香可聞。最令人欣賞的是兩顆碩大的相思樹，紅豆落滿地，任人撿拾。王維有詩云：「紅豆生南國，春來發幾枝，勸君多採擷，此物最相思。」也許我國相思樹不多，紅豆難得，物以稀為貴，故有情人以此作為愛情的信物。我在新加坡旅遊了三星期。

[18] Jarrong Bird Park.

四、家務

（一）右邊乳房動手術

五十六年二月間，有一晚洗澡，忽發現右邊乳房有一很小硬塊，數日後去看姜必寧醫師，他認為病情嚴重，要切片檢查。三月一日住進榮民總醫院，外科主任文忠傑，偕一般外科醫師吳紹仁及住院醫師洪文棟來病房與我商議是否動手術事宜。文忠傑說：張先林[19]主任的意思，如果是惡性瘤，刀口不必開得太大，只要將硬塊割掉了事，免傷及整隻右手。文醫師則主張不開刀則已，如要開刀，應做得澈底，傷了右手，在所不惜，否則，就不要開刀。以上二種意見，要我自己選擇。與親友幾經研商結果，贊成文醫師辦法。

三月六日早上七時我進手術室時已被麻醉，神志不清。下午二時半醒來，不知身在何處，只見有一穿白衣服的男人站在旁邊，問他幾點鐘。他說下午二時，聽完我又睡著下。再醒來已在病房，時間是下午五時。同文等好多人圍在床邊，才知道已開過刀了。因為疲憊又睡著了。這一夜如何度過，也不清楚，只知道有一特別護士侍候，感覺右胸包得很緊。

19 當時名醫。

第二天神志已清，文、吳兩醫師告訴我，化驗出來是惡性瘤[20]，已將我右乳全部割掉，並拉去二十多根淋巴腺，此瘤未蔓延開，動手術時曾輸血。傷口不痛，只覺得硬綳綳的，右手臂上半部麻木，沒有感覺。十五日上午，文、吳兩醫師把開刀處拆了一部分線，我乘機用鏡照了胸部，看了嚇了一跳。右胸自上而下有一道長長的刀口，右乳全部沒有了，我哭了，臨老還要破壞了完整的體型！

動手術後二十多天，文醫師原擬讓我出院，但此時有併發症跡象，右手浮腫、牙痛、頭痛等，因之延後，直到四月一日才出院。往院一月時間，日夜有人看護，每日上午平平[21]，下午欽翎[22]，夜間特別護士。至於探訪的親友，每天都有，他（她）們不是送吃的，便是送美麗花卉及水果等，這些隆情厚誼，感徹心腑。這次是此生第五次動大手術，以往四次都在美國，而以這次最受重視及備蒙愛護。經過五次大手術，不僅未喪命於手術臺上。且尚恢復健康，右手臂沒有受損，依舊可以運用，真是邀天之倖，因之決定下學期仍去家專授課。

20 即乳癌。
21 外孫女。
22 甥女。

（二）新北投中山路二十八號住宅出售

新北投中山路二十八號住宅係七年前回國定居時向羅志成買來，地是向陽明山管理局租的。這是租地造房的舊屋，約二十幾坪，有兩房一廳，經修葺後尚可居住。乃五十七年二月十八日忽接陽明山管理局來公文，說，如本宅租地由該局收回，地面建築物自行處理。如要把地買下，每坪五千七百元，共八十坪，我有優先權，以七折計算，共需三十二萬，須於於月底決定。我沒有這筆巨款，只有把地上房屋廉價賣掉。[23]幾個月來為賣屋及另覓住處事焦急煩心，最後終於犧牲了舊居，租下新北投復興一路四十四號簡陋房屋一幢，每月租金一千七百元。又忙於修理，忙於遷居，與住了七年的房屋告別時，不勝依依。

我對復興路的住處，很不滿意，總想另覓適當房屋。適同文在新北投溫泉路一〇二號新建住宅剛完成，此宅很寬大，建造又考究，邀我同住，乃於五十八年六月三日搬去。在二樓我有三間房，兩家分食，廚房公用，這又是個陌生環境，還要慢慢適應。

---

[23] 事後有人告訴我，若以國大代表身分向陽明山管理局交涉，可不必買地，一樣可以居住，我不懂走門路的訣竅，只好吃虧。

（三）秉三公百齡冥誕

五十八年八月七日[24]為秉的百齡冥壽，事前有人提議擴大舉行紀念，不予贊同。秉生平費下不少心血創辦北平香山慈幼院，該院有一百餘名畢業生隨政府來臺，他又為世界紅卍字會發起人之一，故決定在臺北市安東街臺灣紅卍字會舉行紀念，邀少數慈幼院校友、紅卍字會同修及家人參加，在道院唸經上供，游彌堅先生主祭，莊嚴肅穆，行禮如儀，有素席六桌。在二十八日的日記內有如此記載：「今天將熊公秉三百齡誕辰誌感一文寫完[25]。」最取後有這麼幾句：「秉逝世已三十有二年，換言之，他離我而去已三十二年了，在這漫長歲月中，我猶如一片浮萍。去美國飄泊了十餘年，回臺亦將八載，但飄泊依然。如秉在天之靈有知，似應早日拾起此片浮萍放在他身邊。」這幾句是衷心話，也是無窮傷感的流露。

（四）母親百齡冥誕

六十年八月十三日[26]係母親百齡誕辰，在家設壽堂，同文、長庚及欽翎全家都來行禮吃

24 舊曆六月二十五日。
25 此文遺失。
26 舊曆六月二十三日。

麵。母親在世時曾再三叮囑為她寫出嫁到毛家後種種受欺凌及壓迫事跡，這麼多年未動筆，近日總算寫成了。[27]

（五）政府貸款為中央級民意代表建造住宅

早在五十五、六年便有消息，政府要代中央級民意代表向農民銀行貸款建造住宅，計分四處：一是新店[28]，二是內湖山腳下[29]，三是內湖梘頭[30]，四是內湖大湖[31]。事先政府通告，要房子的代表指定日期登記，不要的可向農民銀行貸款二十四萬新臺幣，自行購屋，歸還辦法與要政府代建房屋的代表同樣辦理，即每月在公費項下扣除，分二十年還清。當時有部分代表或已有屋，或願自購，放棄代建而貸款。我是上無片瓦，下無寸地的人，只有指望貸款建屋了。不謂等待又等待，望眼已窮，六十二年三月十一月終於在中山堂抽籤分屋。先抽新店，未抽著。後抽到內湖山腳下的。此屋有五十坪，二層樓房。樓下有客廳、飯廳，

---

27 參見附錄九。
28 後稱中央新村。
29 後稱麗山新村。
30 後稱碧湖新村。
31 後稱大湖山莊。

另有房間、廚房、盥洗室，還有一小院子。樓上有三間臥房、浴室及前後洋臺，全屋相當寬暢。雖建造不考究，經過一番布置裝潢，也很舒適美觀。我自離開大陸後即無一幢像樣的住宅，現有此屋，自甚歡欣。惟費了不少時間、心血與資金，方部署完畢。五月六日，由住了三年在新北投溫泉路同文的家搬來內湖區麗山街二六九巷三三弄三八號本宅。

這個地區是新開闢出來的山地，有一百多住戶，四週全是稻田，交通不便，常常缺水，初搬來時，困難重重。

（六）《雙清遺珍》印就

六十七年五月五日，國立故宮博物院院長蔣復璁先生著人送來一百本《雙清遺珍》。三年前我將先翁雲卿公畫卷及秉親筆書寫贈我的十六幅屏條捐給故宮博物院時，蔣院長即說將為畫卷及屏條出一小冊子，作為紀念，現已出版，命名《雙清遺珍》。

雲卿公係秉的父親，生平公暇，喜好繪畫。但隨作隨棄或贈送親友，逝世後僅留一小幅，係臨摹石濤的山水圖，秉視同至寶，裝裱成卷，遍請當時名人題詠。所有題詠者或多或少都與民國歷史有點關係。這些有歷史價值的文物，應交國家保管。

秉贈我的屏條，內含詩詞、書簡等，都是敘述我們締姻的經過。我們結婚時，年齡懸殊，在三十年代的我國，並不多見，社會上視為新聞，報章雜誌競相登載，大事渲染。到了現在，夫妻年齡相差二、三十歲或四、五十歲的，已不足為奇了。

秉亦擅丹青，但不常繪畫，有些友人說，他的畫較書法為佳。他的遺稿很豐富，多半與民國初年政局有關，為民國初期歷史的第一手資料，惜均陷大陸。民二十九年，他的老友葉景葵先生[32]將秉三先生的全部稿件運至上海合眾圖書館，擬為秉三先生寫年譜及編輯遺著，事未成而大陸淪陷，葉先生亦於中共渡長江時卒於上海。

雙清係「雙清別墅」的簡稱，這是秉在香山的私人別墅，因園內有兩口泉水井故名。這別墅有三進：第一進係平房，有園子，園內有兩小湖，一湖養小紅魚，另一湖有小船，可泛舟其中，此進開放給香山遊客覽玩。第二進原為山上龍王廟遺址改建，夏天陰涼，適於避暑。第三進為西式二層樓洋房，冬天有暖氣設備。三十七年毛澤東圍北平城時即住進「雙清別墅」。近年有人去香山遊覽時，擬進「雙清」觀看，被侍衛阻擱，成為禁地，不悉何人佔住。

---

[32] 字揆初。

（七）赴港掃墓

六十九年八月二十日，我專程去香港為秉掃墓，欽翠及她一雙兒女伴我同行。我有三十年未去香港，這些年春秋兩季祭掃事，先則由香港紅卍字會會長之一的陳樹階先生代勞，他去世後由接替他的紅卍字會主事者馮宜昌先生代為祭奠。有時託路過香港的親友去墓地瞀看墳地有否損壞。我因不能常常去香港掃墓，時惴惴不安，怕成孤墳。二十二日下午三時蔣伯熙[33]、馮宜昌兩先生陪我去香港仔華人永遠墳地，始知現在不必爬很高臺階，後山築有馬路，可直達秉墓，省力省時，此是香港當局的德政。

墓地依然，只是周圍添了幾座新墳，看了那熟識的墓碑，好像見了秉本人一樣，真想向他細訴這三十年的經歷與懷念。可是蔣、馮兩君在旁，教我如何傾訴？只有撫碑掩泣而已，不知秉看見沒有？我們勾留半小時離去。這也許我親自掃墓的最後一次。留港一星期回臺。

（八）北平香山慈幼院新院史出版

六十九年我向駐臺北北平香山慈幼院校友建議，重編本院院史，原有的《北平香山慈幼

[33] 欽翠的公公。

院院史彙編》係民國二十六年出版，嗣後本院在八年抗戰期間的艱苦遭遇，播遷變動，均無記載，尤其大陸變色，本院變質，未留一字，重編院史，實為必要。乃在臺資料缺乏，校友不很熱心，以致久未進行。後經幾位校友及我自己不斷努力，新的《北平香山慈幼院院史》終於在七十二年七月出版。十月間我在許昌街青年會宴請校友，並分發新院史，允為盛事。該史自不是一本完整的院史，但有鴻爪雪印的價值。我已盡心力，似可告慰創辦人在天之靈。

（九）編印《熊希齡集》

七十二年十一月初，左猗麟女士由美轉來湖南師範大學校長林增平來信，文曰：

毛彥文先生惠鑒：

我是湖南師範學院歷史系教授，頃已承擔編輯《熊希齡集》之任務，用特肅函以聞，敬希鼎力襄助，不吝指教，為盼。

秉三老先生為湘省鄉賢，學問事功為國人所夙仰，湘中人士，猶切懷念，去歲經國務院批准之「古籍整理出版規劃」[34]已將編輯《熊希齡集》、《熊希齡日記》，列為

---

[34] 一九八二至一九九〇。

規劃項目。我已派人赴京津滬各地蒐集秉三先生遺著，誠恐難免遺漏，故不辭冒昧，請您指點：（一）能否開列秉三先生著述目錄見教；（二）秉三先生在香港墓地之墓碑及照片；（三）《香山集》是否編出；（四）秉三先生日記及函電文稿藏於何地，何人之手；（五）能否提供秉三先生傳記等。餘容續陳，賜覆請由朱嶷先生轉或逕寄：長沙、湖南師範學院。敬頌大安

林增平拜上八三、七、二八日

此事不能不慎重考慮，秉一生熱忱愛國，忠於職守，無黨無派，係一位十足的社會賢達，倘中共把他塑造成他們想塑造的人物，此不特給秉莫大侮辱，也令他含冤地下。

秉的十六大木箱遺稿，原存在葉景揆[35]先生在上海創辦的私立合眾圖書館內，當時交該館館員顧廷龍[36]保管。這些稿件均為民國初年第一手資料，對寫民國初年歷史者彌足珍貴。我曾幾次去函顧君詢問遺稿情形，均無答覆，不知目前是否仍在顧手中？

時隔三年，《熊希齡集》上冊已於民國七十五年在湖南出版。左猶麟女士由美寄來一

35 揆初。
36 起潛。

本。該集內容全是檔案，沒有給秉穿上紅色外衣，私心竊喜。據說還要出中、下兩冊，不知林君從何處搜集資料。

五、親友消息

（一）親友動態

（1）得三妹輔文母女消息

六十三年四月間，我接新加坡表姪女朱韶雲來信說，她父親與她信中提及三妹輔文已被送回江山，形同乞丐，急待救濟。讀了此信，淚如雨下，不勝焦念。憶三十九年春，我匆匆離滬來臺時，把家中一切交給輔文管理。上海淪共後，她母女被迫離滬寓。聽說輔文被送至北方，其女眉春送去安徽某農場勞動。二十餘年音訊全無，今忽得知她們下落，立即覆信韶雲，請按月代我由新加坡匯輔文及眉春各二十美元生活費，[37]不久輾轉收到輔文母女的信，但在中共魔掌下，不敢寫真實情況，常語焉不詳。

---

[37] 那時毛澤東在世，不能多寄錢，他死後即逐年增加。

（2）孫女熊軾虞的兒女來臺

僑務委員會和中國青年反共救國團合辦海外青年暑期返國研習團，凡年滿十六歲至二十五歲的海外青年均可申請來臺參加，學習中國語言、國畫、國樂、國術及民族舞蹈等，並參觀祖國的經濟建設及遊覽全島名勝處所，膳宿免費，為期一個半月。孫女熊軾虞及孫女婿黎同煥的一雙兒女生長在美國，對祖國一無所知，他們的父母要他們參加臺灣的研習團。男名佩德[38]，十六歲，女名蕾達[39]，十七歲。兩人完全是美國人，不認識一個中國字，不會說一句中國話。六十三年六月五日，二人由美飛抵臺北，住在我家。接待他們獨如接待外國人，很為吃力。一個半月的學習，他們只認識幾個中國字，話仍舊不會說。研習時間太短，收效不大，但他們總算到了祖國，領略點祖國風光。兩姐弟匆匆的來，又匆匆的回去。

（3）堂弟媳何雙亭來我家

何雙亭係堂弟毛鎮權的遺孀。二十九年日軍佔領江山縣城時，鎮權被殺害，其妻及唯一

[38] Peter.

[39] Lorinda.

幼子毛祿禧由同文帶至重慶撫養。雙亭為女工，祿禧上學。抗戰勝利後同文一家復員南京，雙亭、祿禧隨行。中共作亂，南京危殆時，同文舉家遷來臺灣，雙亭同來，祿禧留大陸。雙亭在何家先後有三十五年之久，六十七年不知何故，她與同文鬧意見，因之不容於何家，十一月一日同文堅決命雙亭離開她家。雙亭目不識丁，滿口江山土話，年逾七十，孤苦無依，誰肯收容？有人提議，送她去養老院，她不肯。不得已，欽翎把她送來我家，為了道義，為了同情，毅然收容。但她會增加我物質與精神的負擔。

（4）孫男熊軾吳回臺省親

七十二年五月二十一孫男熊軾吳偕其十八歲的兒子回臺。軾吳是朱霖、熊芷夫婦的兒子，原為外孫，因過嗣熊家，成為我家孫男。軾吳離臺已二十餘年，在美求學，畢業後成家立業，有一男一女。他父母去世都未奔喪，這次忽然回家，令我十分高興。秉逝世時軾吳才三歲，對爺爺沒有深的印象，要他繼承爺爺遺志，為國為民效勞，似不可能，全家能在美生活下去，已不容易。為了謀職便利，全家都成美國公民，恐將世代住美，變成華裔，秉如有知，將不知作何感想？軾吳父子在臺兩週，深感團敘之樂。

（5）表姪女朱韶雲來訪

七十五年十月二十七日表姪女朱韶雲再度來作客，分別四年，相見分外親熱，為了準備迎客，《往事》於月中即停寫，分時間與韶雲話舊。十一月三日，我將朱君毅於民國六年在北京清華學堂畢業時的班級紀念別針[40]一枚交與韶雲保存，上面刻有1917 P. K. C.[41] Jinnings[42]等字樣。這別針是當年我與君毅相戀的信物，我保存了六十九年。在這半世紀多的歲月中，經過多少時局的變化與戰亂，及居十多處次遷徙，這枚小別針始終隨我到處流浪，足以證明我對初戀的珍惜。這是很好的小說資料，可惜我不會寫小說。我餘年無幾，不願這枚小別針落到不相干的人手中，當廢物丟掉，特交韶雲[43]，想她會了解其中深意。

韶雲在此四閱月，共度七十六年陽曆新年及春節，有她同慶新年，增添不少家中熱鬧及新年氣氛。一年容易，七十五年又在不知不覺中溜走，又是一年虛度，原擬於年內寫完《往事》，又落空了。

---

40 Class Pin.

41 朱斌魁。

42 朱君毅英文名。

43 朱君毅的姪女。

（6）左猶麟女士來臺講學

猶麟前幾年在美時拜我做義母，成了我的義女。她於五十七年九月二十一日來臺，住在我家。當時她是西雅圖華盛頓大學遠東圖書館館員，有一學期休假，應此間文化大學之聘，教圖書館學一學期。她來後熱鬧多了。她的親友很多，常來訪問。真希望猶麟能常在此與我作伴，解我寂寞。

好景不常，與猶麟的歡敘於五十六年三月十二日結束，這一學期日間二人分別去校授課，夜間天南地北聊天，既解寂寞，又增興趣。猶麟離去後，我又顧影成雙了。

（7）王庭顯伉儷來臺

王氏伉儷於七十年三月二十日由美來臺在我家作客。王君係第一次，猶麟第二次。他們帶來熱鬧與歡欣。因為他們在此親友很多，陸續來晤，或請宴，大有應接不暇之勢。五月四日上午陪王氏伉儷去臺中參觀東海大學。我們搭自強號火車，將近臺中時，穿過十一個山洞，以前燒煤經過山洞時，車中一片赤黑，灰塵瀰漫，旅客被包圍在灰塵中，現改用柴油，沒有灰塵，是一大進步。十一時抵臺中，經過雙十路，回憶多年前，朱霖為航空工業局局長時，朱家即住在此路，我曾在此做過客，今則雙十路依舊，而朱氏伉儷均已作古，不勝感傷！

東海大學的梅可望校長、陳賢芳教務長都是熟人，蒙他們殷勤招待，留住該校招待所。校園殊為美麗，且安靜整潔，教授都是飽學之士，誠為標準的高等學府。莘莘學子，能在此受教育，真是幸福。是日下午，陳賢芳伉儷陪我們參觀臺中港，這是從沙泥中建築成的，工程艱巨而偉大。二十二日我們三人去日月潭遊覽，寄住在救國團辦的日月潭青年活動中心。這中心建築在深山中，美觀考究，設備週全，為寄宿的好地方。新建的文武廟，與該中心相近，內有孔子塑像是代表文的，岳飛及關公塑像是代表武的，故名「文武廟」。二十三日乘車環遊日月潭一週，發現許多新建旅館都很現代化，以前第一流的旅館涵碧樓已落伍了。中午回臺中，下午乘火車回臺北。四天出遊，相當勞累，所謂「在家千日好，出門一日難。」實是名言！四月十四日王氏伉儷返美。

（8）王氏伉儷再度來臺

王氏伉儷於七十二年八月二十一日忽然來臺，僅住八天，便匆匆返美。承他們遠道來訪，感情珍貴，雖招待勞神，仍很欣快。

（9）王氏伉儷三度來訪

七十四年十二月十四日王氏伉儷四度來臺，共度陽曆新年，家中又熱鬧，又忙亂。可惜他們又是匆匆來去，七十五年元月五日便返美，僅住旬日。

（10）張維楨女士來寓作客

我家只有一女工及我自己，頗為寂寞。六十二年九月三十日舊同學又是好友張維楨女士[44]由美來臺，寄住我家，較為熱鬧。教課回來，有人作伴，二人談古說今，樂趣無窮，進出相偕，親如手足，這年過得相當充實。

維楨在我家住了十九個月，於六十三年六月四日飛美定居。一旦失此良伴，甚感孤獨，人去樓空，不勝黯然。幸我的學生周廷榕畢業於實踐家政專科學校後，任職內湖區公所，因無適當住處，於五月三十一日搬來同住，稍解孤寂。

（11）外孫女陳家明結婚

甥壻陳振中、欽翎伉儷的長女陳家明於七十五年二月一日在臺北市環亞大飯店三樓舉行結婚典禮，新郎黃振亮，廣東人，係家明前兩年在美留學時認識的。今天來賓十分之九是臺灣電視公司振中的同事。禮堂夠氣派，喜宴很精美，席開二十五桌，熱鬧的婚禮。家明是我

[44] 羅家倫夫人。

的孫輩，是二十四年前他父母住在我新北投家中出世的，當年抱在手中的小寶寶，忽然長大結婚了！有些難以置信，這真是歲月不居呀！

（二）痛失親友

（1）胡適之先生逝世

五十一年二月二十四日，胡適之先生驟然去世！我在二十五日的日記上有如下記載：

「早晨閱報，驚悉胡適之先生去世了！呆了一下，好像不相信自己的眼睛，再拿起報紙看，白紙黑字沒有錯。他是於二十四日下午七時十分鐘在南港中央研究院蔡元培紀念館，因心臟病突發與世長辭的，不禁淚下沾襟！哲人驟逝，巨星隕落，這是國家及全民的大損失，也是千千萬萬與胡先生有私交的人無可彌補的損失。」

回憶民國四十年我在紐約醫治左肩腫瘤時，胡先生曾寫信介紹哥倫比亞大學附屬紀念醫院的外科主任Dr. Humphrey給我醫治，其對後輩關愛的熱忱，於此可見。茲追念幾件我與胡氏伉儷結交的往事，以為悼念並表思慕之意。

民九年夏，我考取北京高等女子師範學校外文系，毛子水先生為該系教授，我們是同鄉。我年輕好奇，時盼能瞻仰名滿中外的胡適之先生丰采，那時他是北京大學教授。於是再三請求子水先生介紹。有一天子水先生帶我去胡府謁見胡氏伉儷，他介紹說：「她是毛彥文，我的姪女。」我脫口而出說：「怎麼你做起我的叔叔來下？我們又不同宗祠。」[45]胡先生哈哈大笑說：「子水，毛小姐當面否認你是他的叔叔，很天真。」從此與胡府有了交往。

三十四年抗戰勝利後，我在廣西桂林辦的香山慈幼院分院，復員北平香山原址。此時胡先生為北京大學校長，彼此又有見面機會。

三十六年十二月二十五日為秉逝世十週年紀念日，《華北日報》、天津《大公報》、《益世報》等報，均出特刊。胡適之、林宰平、葉景揆、沈從文、朱經農諸位先生及其他親友皆有紀念文章，我也有一篇十分沉痛作品。這些文章多少有歷史價值，惜均遺失在大陸。我的紀念文，曾請胡先生斧正。文內提及「世態炎涼，先夫一手提拔起來的某顯要人物，往時對先夫恭敬趨奉，視如父執，迨他棄世後，即不通訊息……。」胡先生對我說：「彥文，至誠文字不能改，不過我把你提及某君一段刪掉了，人已去世了，何必得罪人？明眼人一看便知道指的是誰。」這是胡先生給我寬大忠恕的教訓，永誌難忘。

同時還有一事，承胡先生協助，得以完滿解決。有一位黨國元老，抗戰勝利後在南京去世，政府明令國葬。他是華北籍，歸葬北平。他的夫人相信風水，多方找尋風水好的地方，

45 江山縣毛姓，城內與鄉間的不同宗祠，無法排輩分。我是城內西河毛氏，子水先生是清漾村毛氏。

幾經選擇，在香山看中風水很好的一塊地，可惜面積較小。不夠氣派。剛巧這塊地坐落香山慈幼院經營的香山飯店後面，某夫人請人向我說情，要我把香山飯店改為墓地。如成事實，則香山慈幼院的經費來源，立成問題，況且慈幼院院址係前清皇室所捐贈，劃有界線，係私產。我這院長係由該院董事會所聘請，無權將院產送人，竊想此例一開，演變所至，慈幼院將成公墓矣，因之未允所請。但當時北平市市長劉瑤章、市議會議長許惠東及其他要人相繼來訪，施以壓力，甚至說如不答應，將請國府命令徵用。情勢逼人，我乃召開董事會，將此事經過及我的原則提會討論。胡先生係香山慈幼院董事之一，對我主張，深為贊許。於是提議，在香山飯店內留一大房間，掛上某元老照片，為他家屬春秋祭奠休息之所，議決通過。糾紛得以平息，此乃胡先生主持公道、樂於助人的美德，更永銘不忘。

以上數事說明胡先生為人公道正直，代表我國儒家最優美的精神。緬懷先哲，不勝愴然！英靈雖邈，典範永存，遺愛人間，千古不朽。

（2）朱君毅逝世

五十二年十一月十二日，表弟朱中夫來訪，說接新加坡朱韶雲姪女信，告訴他朱君毅已於半年前逝世，享壽七十二歲。當時震驚得說不出話來，繼之萬種感傷，湧上心頭，他竟先我而去，此生永無見面之日了！君毅是我初戀的對象，一生命運完全受他的影響。恨他？從何恨起？如果我情竇初開時，我們不相愛，現在我的處境也許會完全不同。我自幼年及青年時期把所有的愛都放在他身上，一似全世界只有他一個男人值得我的愛戀，不料他移情別戀，幾乎毀了我一生。為了這個噩耗，使我心亂如痲，舊情復熾，夜間失眠，所有沈澱在腦中往事都一一浮現起來，那麼清晰，那麼真實。君毅往矣，我的創痕未平復。為了發洩胸中鬱積，於是寫下〈悼君毅〉一文，文太長，放在附錄一。

（3）朱霖逝世

朱霖係熊芷丈夫，秉的女婿，任航空工業局局長多年，對航空事業貢獻良多。平日樂觀健談，詼諧百出，令人捧腹，忽於五十六年一月二十六日下午三時三十分因血管阻塞在榮民總醫院去世，享壽七十又二，非常惋惜。他的作古，對國家也是一個損失。

（4）朱曦逝世

五十八年二月五日夜十時，接熊芷電話，驚悉朱曦於昨夜因腦溢血症逝世！不禁老淚縱橫，腦中即開映與朱曦初次在湖郡女校相識的情形，從此相交半世紀，親同手足。秉與我的結合，完全由她一手促成，今則兩人均棄我而去，傷悼無已！[46]

（5）董顯光先生逝世

六十年有數位親友逝世，其中令我最悼惜的是董顯光先生。他對國家貢獻很多，名副其實的功在黨國，他對故舊情誼深厚，是一位不忘舊的仁者。舉一例：董君曾在秉生前做過部下，在秉晚年時，他已在政府居要職，但每次過滬或北平時總要抽空去問候老上司。秉去世後，他對我依然關切。這種不忘舊的美德，令人欽佩。

（6）長庚去世

長庚係我同父異母的弟弟[47]。六十六年三月一日上午九時左右忽接國民黨中央黨部大陸工作處電話[48]謂：「長庚於昨夜十一時服下五十片安眠藥，並喝了高粱酒。今晨被同事發現，昏迷在辦公室內，已送三軍總醫院急救。」我與芝園急忙趕去醫院看見長庚直挺的躺在病床上，不省人事，不禁淚下。據醫生說，四十八小時內是危險期，能否救醒，沒有把握。

46 與朱曦結交情形詳附錄三。
47 庶出。
48 長庚是該處職員。

三天後他已清醒，再過三天出院，住在我家。不料出院後六天，他又忽然昏迷，急送雨聲醫院，醫治八天，終於去世！他的喪事由我與甥婿陳振中、甥女何欽翎三人治理，骨灰寄存在臺北市南昌路十普寺，一切費用由我負擔。

長庚是我父母唯一的兒子，不免溺愛。他資質中等，讀完初中，便不肯升學，十六歲即結婚，育兩女。在家是大少爺，不事生產，交友不慎，染上賭博惡習。抗戰期間自動去學電報接收技術，有一技之長。來臺後在「中央黨部大陸工作處」服務，對於工作認真負責，得主管賞識。不幸舊習不改，仍將每月薪給作賭本。據他的同事盧懷鈞君告訴我，長庚於兩年前自請提前退休[49]，領到退休金三十萬，去年一年以臨時職員名義，繼續工作，但只有一年，到他服安眠藥那天正好滿一年，三十萬退休金不僅花光而且負有賭債，因之走上絕路。聞之痛心萬分，曾寫信與在大陸的培英弟媳婦，告知詳情[50]。對於長庚的亡故，悲戚情緒，久久不能去懷，此事是今年對我最大的打擊。

---

49 五十八歲，未到退休年齡。
50 參見附錄十。

（7）熊芷病逝

六十六年九月十九日早晨，接在榮民總醫院侍候熊芷的女工來電話，謂熊校長[51]於七時去世，遺體已送入太平間。聞之淚如雨下，整個人像失魂落魄似的，坐不是，立不是！她已久病，不能久於世，雖在意中事，但仍給我一個大打擊，她臨終時沒有親人在旁，雖有二男三女，沒有一人送終，雖享壽七十有七，但晚景淒涼，未享與子女團敘之樂。

熊芷是秉最疼愛的女兒，協助父親辦理北平香山慈幼院有功，秉與我的結合，她也從旁促成。她對於我國幼稚教育有很大貢獻，對於公益事業也很熱心，常席不暇暖出席各種會議，因之忽略了自身健康及家庭事務。熊芷是我國女界不可多得的人才，她的逝世是教育界及婦女界的大損失。

（8）胞妹同文及查良釗先生相繼逝世

七十一年是我最傷心的一年，因同文忽於七月三日不幸患腦溢血症逝世了！詳情寫在〈哭五妹同文〉文內[52]。痛失手足的心情久久不能去懷，正在終日喪魂失魄，不知如何自處

51 曾做過臺北市女子師範的校長。

52 參見附錄十一。

的時候，十月二十五日在新加坡的表姪女朱韶雲二度來訪，此次係偕夫婿龍學端同來，作客一月。在此期間，不時陪伴他們遊覽附近名勝及赴親友邀宴，殊為忙碌，稍稍沖淡我的哀思。但緊接著十一月二十日早晨查良鑑[53]同學來電話說：他二哥查良釗[54]於昨夜逝世了！享壽八十有七歲，勉仲先生是於本年元月二十六日因跌傷進臺大醫院，病了將進一年，其間曾有起色，如他有自己的家，可以出院休養，也許會康復，可惜單身在臺，只有住院，際遇如此，夫復何言！勉仲先生係一大好人，對任何階層人士，都很友善，急公好義，樂於助人。尤其愛國家，愛兒童，有孩子頭之稱。秉於二十四年聘他為北平香山慈幼院副院長，贊助處理院務，所以他與本院關係很深，一旦去逝，曷勝悼惜。

（9）胞妹輔文在大陸去世

七十三年一開始就遇到悲痛萬分的慘事，三妹輔文忽於一月十日夜在家鄉江山縣去世！至此我們姊妹四人已去其三，僅留下我這年邁孤伶的老姐姐了。我和淚寫下〈哭三妹輔文兼略述其生平〉一文，因太長放在附錄十二。

這幾年多半在憂傷中度過，對於人生際遇，生死奧妙，無法參透。

---

53 方季。

54 勉仲。

結語

寫完《往事》，一似溫習一遍我一生的遭遇。這一生似乎只有兩種潛力在推動我的一切，一是：情竇初開時即墜入初戀深淵，前後有二十餘年之久。在此期間，我編了許多綺麗美夢，自我陶醉，不料這個美夢忽然幻滅！它的影響太大，不僅改變了我的人生觀，且幾乎毀了我的前途！二是：與熊氏締婚，這是一個完滿的結合，令我享了將近三年恩愛夫妻之福。原以為秉與我可廝守終身，永享齊眉，不知是命運弄人，還是遭上蒼嫉妒，秉因初期抗戰失利，受刺擊太深，驟然倒下，棄我而去！這個打擊令我全部身心崩潰，刻骨銘心的悲痛，幾乎無法承受，也瀕臨倒下。但猛然憶起對秉尚有替他辦香山慈幼院的承諾，故又忍痛堅強的站起來。

平時秉不常與我談他的政治生涯，當年治國之抱負，因袁世凱稱帝，軍閥混戰，未得施展，灰心之餘，遂無意於仕途，深知茫茫宦海，難以遂其兼善天下胸懷，乃急流勇退，轉移目標向慈幼事業發展，其最重要者為創辦北平香山慈幼院。經其多年苦心經營及擘劃，香山慈幼院終於成為國內唯一完善的慈幼教育機構，為我國二十年代的創舉。秉與我談得最多的是如何推進院務，與孤兒以最好教育，令他們長大後成為良好國民及有用人才。如果沒有八年抗戰，大陸沒有變色，創辦人沒有棄世，香山慈幼院的教育精神與規範，會更發揚光大，普及全國。惜在我接辦十餘年內，正在戰亂之時，先則抗戰，後為紅禍，不特沒有發展，在北平的本院甚至不存在了！這實在令我萬分痛心與遺憾，愧對逝者。此外尚有一事常耿耿於懷，即秉的大宗遺稿，可以為寫現代史者第一手資料，沒有及時由大陸運出，以至無法為秉編輯一部完整遺著，抱憾終身！

秉逝世至今年已半個世紀，在這漫長歲月中，前半段以辦理香山慈幼院為我精神上的支柱，後半段漸入老境，在臺北定居了二十六年[1]，除按時出席國民大會憲政研討會分組會議、光復大陸設計研究委員會分組會議、及國民大會定期集會外，很少外出。恬淡度日，與世無爭，孑然一身，寂寞獨居，只有秉的音容笑貌永遠留在記憶中，有時幻想他仍陪伴在我左右，得到幻覺的慰藉。

1 此生居住得最長久的地方。

在過去三十餘年內，我動過五次大手術，四次在美國，一次在臺北。每次上矇藥時，心想也許就此長眠，可是每次都醒過來，以至痴長到耄耋之年。碌碌終身，一無所成，少年抱負，無一實現。此生有三分之二歲月在悲苦坎坷中度過，復遭國事蜩螗，戰亂頻仍，社會動盪，居無定所，幸來臺定居後得平靜度過二十餘年。乃近年來，臺灣局面起了變化，暴戾之氣，彌漫全島，能否在此安度餘年，難言之矣！

毛彥文

寫於臺北內湖麗山街二六九巷三十三弄三十八號寓所

中華民國七十六年八月二十二日

【附錄二】

悼君毅

中華民國五十二年十一月十二日下午一時，表弟朱斌章[1]來我家，談及他接表姪女朱韶雲由新加坡來信，謂你已於半年前在上海逝世，當時我聽了這個消息，突然被一種莫名的哀思所襲擊，如不強自壓抑，眼淚會奪眶而出！

為了這個不幸的消息，我心緒紛亂萬分，深深埋葬心底的陳跡，又清晰的浮現腦際，歷歷猶如昨日事。我似有千言萬語，要向你傾訴，迨細想一下，又似無話可說。但這紛亂心情竟無法平靜下去，為求鎮定情緒，只有執筆把我們的往事記述出來，藉抒悲悒，並結舊帳。

你我是中表兄妹，你的父親和我的母親是同胞手足，你父係長兄，我母為小妹，我稱你

1 後改名中夫。

父為四舅，你呼我母小姑孃[2]，因為近親關係，我們兩人「青梅竹馬，兩小無猜」的悲劇就此開始。

我父母第一個孩子是男孩，取名乾，他長我三歲，於五歲時夭折，自我出世後，為父母帶來五個妹妹，在當時封建社會裡，這是為母親的最大不幸。女孩在大家庭中不被重視，我自三、四歲時便常被送往外家[3]寄養。我家在城內，外家在長臺鄉，距城四十里，每次我都是由人用簍筐挑去的。你三歲喪母由祖母撫育成人，我去外家也由外祖母照顧。記得外祖父母臥房內有兩張床，一張為外祖父所有，另一張為外祖母和你共有。我去時，你和外祖父同床，我佔據了你在外祖母床上的位置。但不到幾天，你又回到外祖母床上，因外祖父嫌你晚上踢被，而你也不慣與他共床，於是我與外祖母睡在一頭，你睡另一頭，如此安排，直到我九、十歲時，你去衢州中學讀書方告終止。

你我兩人因被外祖母所鍾愛，故家中上下人等都對我們另眼看待，尤其我恃愛驕寵，唯我獨尊，隨時要和一群表兄弟妹爭鬧。只有對你唯命是聽，而你對我也處處維護，最使我感激你的是讓我玩你苦心蒐集的火柴盒子、一竹製朱紅漆小鷄籠、和一洋鐵小爐[4]。這些玩意

2 江山人稱姑母為姑讓。
3 就是你的家。
4 和現在的香煙罐一樣大小。

兒，你放在外祖母臥房的一個抽屜內，外面加鎖，鑰匙放在你身上，如果你不給我玩，我是無法取得的。

辛亥革命前一年[5]，你在衢州上學時，外祖父於是年春逝世，十舅父[6]從湖北任內奔喪回里，他一進門，全家人在靈堂哭做一團。經過一段時間，哭聲停止，十舅父開始看看在他周圍的一群孩子，看到我時，問我叫什麼名字，答以「月仙」。他說這個名字太俗氣，我母親說：「這個名字是十哥取的，你那年離家過縣城毛家時，她剛出世幾個月，睡在搖籃裡，你看她那麼小，說是月中之仙，就給她取名『月仙』，你忘記下嗎？」於是十舅父又替我取名「彥雯」。雯字太難寫，我自己把他寫成「文」字。因為十舅父替我另取新名字，你、斌全四哥、斌甲等都要他另取新名，你原名斌魁，另取「君毅」，斌全取「軻聲」，斌甲取「仲偉」[7]。

十舅父在外遊宦多年，染上當時一般官場中普遍的習慣，那就是吸鴉片煙，回到家中瞞了外祖母，每晚躲在「書屋」裡抽吸。現在回想起來，覺得外祖母是一位極聰敏的人，她裝做不知道，每天晚飯後，她便一個人關在臥房裡不出來了，我們一群小孩則圍住十舅父的煙

---

5 也許前二年，記不清確實年月。

6 外祖母的第三子，由大排行稱第十。

7 斌全、斌甲是十舅父的兒子。

榻，看他吞雲吐霧。十舅父是很風趣的人，他會講福爾摩斯以及其他很多有趣的故事，每晚他一面抽煙，一面講故事，把我們一群小孩子樂得什麼似的，那時你和斌全已經長大，不在我們一群當中。你們在衢州中學肄業，只有外祖父剛去世時回家住了一個短時期，便又回校。

有一晚上，我一人先去「書屋」，十舅父忽然把我抱起來，問我：「月仙，你喜歡五哥[8]還是斌甲[9]？」我不加思索的說：「我喜歡五哥，他待我好，斌甲討厭死了，拍皮球時我輸了，他會重重的打我手心。」這話說過不多天，我聽見十舅父在外祖母面前對我母親說：「人佩，你把月仙還我們朱家，她喜歡斌魁。」外祖母插進來說：「我也有這個意思，就是怕我死了，斌魁的後母待月仙不好，她會吃虧。」我母親說什麼，記不起來了，可是腦筋中有一種模糊印象，就是十舅父要我還朱家。

你於辛亥革命那一年的春天考取北京清華學堂，十月因革命，學校暫停。當時所有北京的學校都暫時停課，你、毛子水、毛咸、毛常、胡維鵬、胡之德諸君，凡在北京及外地讀書的江山學生都回到本縣，那時江山還沒有一間女校，於是你們發起辦一女校，因校舍係借用城內西河毛氏宗祠的房屋，所以取名「西河女校」。我為該校學生，毛咸為校長，其餘的

---

[8] 以大排行算，你行五，較你年小的弟妹們都稱你「五哥」。

[9] 他的兒子。

人是教員。你教唱歌，住在我家，我們每天同偕去校，同回家中。在此一段時間內，我從你處得到不少知識，你告訴我北京及清華的一切情形與事物，都是我從未聽過的，崇拜你的熱情，無以復加，你隨便說一句，我都當作金玉良言，視你為世界上唯一的偉大人物。

有一天夜間你沒有回家住宿，次日我在校中將放午餐時，校長毛咸說：「放午餐時，毛彥文、毛復敏兩人請不要走。」於是一群學生散了，你、毛咸、復敏及我四人留下，毛咸對我和復敏說：「昨夜我和君毅通宵未眠，討論你們兩人的事，你們的父母已經把你們許配了人，知道嗎？」我們點點頭，他又說：「許配人是什麼意思？」我們答以不知道，「這就是將來你們要嫁給不認識的男人為妻。」毛校長繼續說，我們聽了這話哭了起來。他勸我們不要哭，要設法反抗，要家庭革命，並說：他協助復敏[10]，你協助我，把父母代訂婚約反對掉。你先則不語，後則流淚的對我說：「我當盡所有能力破壞方家婚約。」

大約我九歲時，父親做主把我許配給他在衢州府的好友方耀堂的長子方國棟為妻[11]。我只記得訂婚那天家中很熱鬧，我穿上新衣得意洋洋，以為這是父母的事，與我無關。經毛咸和你的一番話，我才恍然大悟，這事於我的終身有關，從此立定主意，非反抗不可。你又不

10　毛咸的堂妹。

11　方是安徽省徽州人，在衢州開一布店。

時向我講婚姻的意義，我更了解不認識的男子是不能和他結婚的，什麼是結婚，我也似懂非懂的有了一個印象，因為你對我種種指示，我信賴你的心更加重了分量。

民國成立的第二年，北京各學校恢復上課，你們回北京上學，西河女校由另一批人主持，我初學寫信，第一封信是寫給你的，我記得先寫在石版上，請父親修改，當時我稱你「五哥」，父親改為「君毅表兄」。自此以後，我們不斷的通信，也不再請父親修改，故有時你會把我不通的信改正後寄回，直到我寫通順為止。

民國三年春杭州女子師範添辦一師範講習班，為小學訓練短期師資，由教育廳通令全省縣知事在每縣女校中保送一名，我幸而被選。可是我的年齡是不合格的，報大了四歲，國之全班四十餘人，只有我和黃岩的褚閨秀最年幼，我在全級的渾號是「小佬」。赴杭州女師讀書的消息傳到衢州方家時，方家人大起恐慌[12]，便和我父親交涉，要於是年夏間迎娶，這個消息立刻由表弟斌甲函告，我去信父親堅決反對，他置之不理。暑假時父親親來杭州接我回家，絕口不提及方家迎娶事，湊巧那年夏天天旱，我們由杭州動身坐民船，走了十五天才到龍游，父親焦急萬分，到了龍游便棄舟改乘轎子。龍游距江山一百六十里，坐轎要兩、三天才到達，到了家中，母親看見我就哭了，後來我才知道方家擇的吉日已過，我方嫁粧，如全

[12] 彼時方耀堂已去世。

堂新房的木器、箱子及被褥等，早已送往衢州，只有首飾不在內。父親跟母親竊竊私議，請方家另擇佳期，我則裝聾作啞，當做不知道。私下幫我忙的人有斌全、斌甲、夷庚及西河女校的老同學許多人，夷庚是總參謀，他那時是江山的紳士，與縣知事姚應泰有交情，他早已把我的事情告訴姚了，並請姚如果父親向他求助，虛與敷衍。

終於第二次方家的迎娶日子到了，事先父親跟我懇切的談過，說：「我的朋友方耀堂去世不久，我們就要賴婚，對於朋友道義上是說不過去的。為了實踐對亡友的諾言，你非嫁去不可。」我堅決表示反對，同時母親也聲淚俱下的勸告。家中為辦喜事忙，我也沒有表示異象，表面上和平常一樣，他們忙他們的，我忙我的。當迎娶那天上午十時左右，有人來報告說：「方家花轎已到了城門口。」母親立即派人去說，她要擇好時辰，花轎才可抬進我們家門，請方家人馬在城門口等候消息，時辰擇定後會通知他們的。現在回想起來母親是一位極機警的人，因衢州距江山八十里，必須於午後動身，方可於傍晚到達。中午家中熱鬧非常，大擺喜宴，我也泰然處之，父親不疑有他。父親有午睡習慣，天大的事都不能打擾他的午睡，當他去午睡時，母親請四舅、斌全四哥及喚我去她房中，然後把房門關上，流著淚問我到底要否去方家，我答不去，她說：「如果不去，下午你如何對付你父親？」我說：「拼命。」她問四舅應如何對付這僵局？四舅默默不答，母親毅然決然的說：「只有一條路，叫斌甲帶月仙走，到鄉下去暫避幾天。」然後母親交我二十四塊銀元。

斌甲[13]及西河女校同學王亦民護送我出城，到一距城七八里路的農家躲避，到達後斌甲回城，亦民留下陪我，那一夜我們沒有闔眼，聽見狗吠即驚惶萬分，以為追踪的人來了，真有草木皆兵的感覺。第二天早晨斌甲隨一頂轎子前來，把我送到石門鄉清漾村毛子水家中，子水本人當時和你一樣在北京。他家人待我如上賓，住了十多天，四舅母打發轎子及工人來接往長臺外家，整個暑期便在你家度過，四舅母[14]待我愛憐備至，再三責怪四舅父事先沒有阻止父親許婚方家為失計。在外家我寫了一封三十多頁的信給你，把一切經過詳告，並答覆你在那段時間由斌甲轉交而未覆的信。可惜那封信後來被你毀掉，不然這是我生命史上重要的史料。

與方家解除婚約的交涉，是由夷庚及姚應泰知事出面辦理的，解決條件，係由方家將我方嫁粧一律沒收，外加賠償一千銀元酒席費等。暑假結束，女師開學，我須去杭州，四舅父陪我回家，事先我很懼怕父親看到我會大發雷霆，進了家門怯怯的叫一聲「爸爸」，他不理我，也沒罵我。母親眼淚盈眶的說：「月仙，你把我們面子丟盡了。」因為我的逃婚在江山是空前的大事，不，即在全浙江省亦哄動一時。當時全縣城謠言蠭起，說是毛家女兒與表兄

13 斌全的胞弟。
14 君毅的繼母。

如何如何，家教不嚴，洋學堂害人等等，我一出去背後就有人指指點點，竊竊私語，極盡毀謗的能事，使我幾乎不敢出家門。我變成名教罪人，萬分難堪。

到了杭州，我為受盡江山輿論的責難和冤枉，有一段時間你來信我不覆，認為我與家庭決裂掙扎時，你遠遠躲在北京，只發動你的堂兄堂弟及朋友等暗中破壞方家婚事，有些自私。可是經不起你接連來信辯白和安慰，我們的通訊又恢復正常了。翌年我畢業於杭女師[15]，在我畢業前數月，你來了一封長信，提出你我訂婚，並謂已稟懇你父親出面向我父母議婚，那時我已有了些一知半解的知識，而且對江山輿論有戒心，覆你一封長信，提出三點：（一）倘你我真締結婚姻，不正證明江山社會人士對我們的誹謗是真實的嗎？（二）近親結婚對後代不好；（三）我的學問遠不如你，未便高攀。你覆信駁我三點：（一）反對方家婚事就是為你我相愛；（二）如果彼此有真正愛情，對於後代不會有不良的影響；（三）我年事較輕，將來成就未可限量。末了還有誓言，說：「須水郎山亙古不變。」後來當你在蘇州和成言真女士結婚時，我去賀電中有「須水永清，郎山安在？」句，即根據你的誓言。

我們婚約終於由兩家父母在江山家中舉行儀式，我畢業後去浙江永康縣城內的永康縣立女子師範講習所教了一年書，月薪二十四銀元，薪水所得大半寄你花用。翌年夏你由北京回

15 講習班二年畢業。

家，將於秋間赴美留學，住在我家月餘始回長臺你家。此時，你我父母都主張我們結婚，我不同意，你亦同情。我堅決要另讀一間完全中學，由你選定浙江吳興縣教會辦的湖郡女校，目的是多讀點英文，七月間我們同偕赴滬。但湖郡女校開學日期較你放洋的日期早一星期，我是新生，必須準時到校，因之你先送我上船去吳興。彼此握別時，我似乎整個的心靈被你帶走，你在岸上頻頻向我揮手，直到船起碇後看不見彼此影子，我方進入艙內，撲倒在床上，失聲痛哭。這是我有生以來第一次嚐到離別的痛苦滋味。

當夏間你住在我家時，我們約定彼此通訊的方式，信須編號，用仁、義、禮、智、信五字，第一年你來信用仁字第幾號，我去信亦然，直到用完五字，也就是五年，你可以回國了。信是每兩星期寫一封，事實上你六年才回國。第六年你來信用毅字第幾號，我去信用彥字第幾號。

你對於兩星期一封信的諾言，前四年是履行了，最後兩年常常一個月一封，甚至兩個月一封，這使我精神上非常痛苦。倘久不接你信，會茶飯無心，坐立不安，因為腦中鬱悶不堪，也學當時的時髦，寫白話詩，偷偷的向北京《晨報》副刊及北京《京報》[16]投稿，我用不同的筆名，登出後剪下寄給你，有一次你來信大不高興，不讓我再向報館投稿，我便停止

[16] 為邵飄萍主辦。

寫白話詩。倘那時繼續寫下去，也許我會和當年的謝冰心齊名，你久不寫信的理由是忙於讀博士學位。只要你來二、三行字，我對你就一切諒解了。

我從小養成一種習慣，就是事無大小，又無論歡樂與愁悶，只要跟你寫封信，把一切詳情告訴你後，便心中平安，精神寧靜，好像感情上的負擔都交給你了，所以當你留學期間，我給你的信決不止兩星期一封，較你給我的多得多。你我破裂後，我最深切的苦痛，便是沒有一個地方可以傾訴心情，我的心虛懸空中，我的腳踏不著地，這種精神苦痛，是無法形容的。

民國十一年夏間，你由美回國，未動身前來信說，你已一文莫名，且向朋友舉債，要我帶二、三百元去上海接船，我當然唯命是從。當我接到你時，我怔住了，你不是我們六年前分別時那樣年輕，那樣英俊了。你臉色黝黑而蒼老，要不是你說：「月仙，你真的長大了！」我幾乎以為接錯了人。可是幾分鐘後，我對你憐惜之心油然而生，我認為你求學太辛苦，路途又疲勞，所以影響你的外形，由憐惜對你更備加關切。但由那時起，我不像以前那樣稚氣的叫「五哥」，我對你沒有稱呼，稱「五哥」我叫不出口，稱「君毅」沒有這個習慣，有一次你問我「月仙，你為什麼不叫我了？」我報以微笑，這是我對你態度上的一種改變。

你我兩家父母又提議我們趕快結婚，可是那時我在北京高等女子師範學校已二年級，還有兩年便可畢業，我主張畢業後再結婚。你亦以剛回國門，立腳未穩，一切皆無頭緒，稍緩亦可，但堅持我須轉學到南京東南大學，因你已受聘為該校教育系的教授，我認為你為教授，我為學生，很不合適。最後決定我由北女高師轉學到南京金陵女子大學[17]，金女大係教會主辦，校規甚嚴，住校學生每星期只有星期六下午一時起至六時止可以外出，星期日須參加禮拜，不得離校。你我每星期六下午見面，不是同遊後湖，就是赴明孝陵等名勝，或去你的同學兼好友陳鶴琴、吳宓兩家，陳夫人俞雅琴係我湖郡女校同學，吳夫人陳心一是杭州女子師範前後同學，所以你我去陳、吳兩家很為隨便，有時偕五妹同文同遊。偶爾我們也談論點什麼，有時我們意見竟會相左，我私自驚異，你怎麼有那些我不能接受的見解，你也訝異我已有自己的見地，不再和以前一樣認為你說的都是百分之百的正確，這是我對你態度上又一改變。

是年冬，某一星期六下午我去成賢街東南大學教授宿舍看你[18]，你睡在床上，很不高興的說：「我病死了，你也不知道。」我大為驚駭，何時得病，什麼病，我都不知道，我用手摸你的額頭，發現你發高燒，立刻手忙腳亂的跟陳、吳兩家打電話，並由梅光廸介紹，請來當時的名西醫。醫生及陳、吳兩君幾乎同時到達，經仔細診斷後，確定是傷寒症，須立刻送

17 立案後改稱文理學院。

18 你與梅光廸、孟憲承等同宿舍，你住在二樓兩大間。

醫院。陳君先去南京鼓樓醫院替你辦理住院手續，吳君和我候救護車開到送你入院，車未到以前，我為你整理點衣服及日用品等，你告訴我書桌抽屜內有本日記，不要看，替你把抽屜鎖好，鑰匙交給你，我不疑有何祕密，一一照辦。

我們到了醫院已近下午六時，我無法回校，由吳宓君去金女大向校長Mrs. Thurston懇商，讓我是夜寄宿陳家[19]，事實上我整夜守在你病床邊，未曾離去。翌晨，醫生來診視，認為病勢嚴重，非短時期內能痊癒，再由吳君向Mrs. Thurston懇請，允我於一個月內有課時回校上課，無課時即不回去，夜間寄宿陳家，由陳、吳二君擔保，這項交涉總算成功。從此我日間奔走於學校及醫院之間，夜間坐在你病榻前陪伴，倦時便在椅子上假寐，很少去陳家寄宿，我變成你的特別看護。你病情稍微好轉後，我常去陳家為你燒點流質食物等等。凡是來探病的友人，無不交口讚我，所以我在東大教授群中，有「賢慧」之名。

大約一個多月後，你已完全痊可，遷回宿舍，你我又恢復每星期六見面的成例。

第二年[20]五月底某日，金女大門房送進來厚厚的一封信，我想你又為東大校刊寫文章了。此時我的文筆似乎較你的通順些，大概是你在美六年荒疏了。所以每次撰文總要我看

19 陳鶴琴家與醫院狠近，也在鼓樓，他辦有鼓樓幼稚園。

20 民十二年。

一遍。迨我拆了信，看見你稱呼我為：「彥文賢妹」。心想為什麼忽然這樣客氣起來，因你一向稱我「彥妹愛鑒」或「愛妹如晤」等等，愈看下去，愈不對了。當時我以為你臨時得了神經病，我怔怔的對著那封信，忽然門房又來了，說是送信的工役要收條，我不顧一切的奔向校門，告訴工友說，我自己去朱先生處。匆匆坐上一輛黃包車，趕到你的宿舍，進了你的房間，看見斌興七哥[21]在那兒，他說：「五哥去校中開會，他知道你會來的，要我在這兒等你，我去叫他回來。」當你進房看到我，你的臉色灰白，我手裡拿了信問你：「這信是不是你寫的？」答：「是。」我掉頭就跑出大門，坐上來的黃包車回校，你追在後面說了一句話：「請你守祕密。」

這是一封退婚書，寫得很長，內有三條退婚的理由，大意是：（一）彼此沒有真正的愛情；（二）近親不能結婚；（三）兩人性情不合。

我回到校中，便倒在床上痛哭不已，同級同學朱潋[22]來找我去吃晚飯，看到我這副情景，吃了一驚，不知發生什麼事故。我遞給她手中的信，她看後，百般慰勸，並代我出主意，和你當面談談。朱潋給你打電話，約定第二天午飯後我去看你，第二天我們見面時，先

21 你的堂弟。
22 朱經農堂妹。

則相對無語，良久我先開口，請你告訴我退婚的真實理由。我說你信上的理由不能成立，我把訂婚前你我兩人的信上早已說過和想到的一切陳述一遍，我說如果你忘了，我可以寫信給父親，請他檢出你那封信來，因為你歷年寫給我的信都珍藏在一箱內，放在家中的樓上。你低下頭，悠悠的說：「請你原諒我，我有一萬分的對你不住。」我又說，你在退婚書上及口頭上都要我守祕密，這種事能守祕密嗎？你何不請你的好友陳鶴琴及吳宓兩君來商談一下。你即提筆分別跟陳、吳寫條子，著工友送去。陳君先到，我交他你的信看，他看完大大的說你不是，並以他妻俞雅琴和我比較。吳君到時，你在窗上看見，趕忙下樓迎接，不知你和他說些什麼，吳一上樓，看了我板起臉說道：「毛小姐，你不應該，你們多麼美滿的姻緣，怎麼可以破裂？」我說：「吳先生請你看此信。」吳看完後，一言不發的走了。

我還沒回校，Mrs. Thurston已打發人找我好幾次，一進門就有校工要我立刻去見校長，我以為私自偷出學校要受罰了。出於我意料以外的，她已知道昨日發生的變故，她告訴我吳教授[23]已來過，把經過事情告訴了她。她猶如慈母般的安慰我，我哭倒在她的懷中，她要我和她一起跪下去，做一個很長的禱告。從此每天不是校長就是教務長總要跟我在一起做一次禱告，她們想用宗教來安慰我。

---

23 吳宓。

事後Mrs. Thurston告訴我，那天晚上她曾邀你去金女大問明究竟，有何緣因提出退婚，她問是否金女大的教育出了毛病，把一個女孩子在一年當中教壞了，你的答覆是：「我對擇偶的觀念改變了，我現在要的是十七、八歲的中學主。」[24]我當時已二十多歲，而且受了大學教育，這等於是說我已經老了。Mrs. Thurston憤怒的對你說：「那末是我們美國的教育失敗了，朱先生學到的是黑暗的一方面。」

吳君那天由金女大回家後，又寫信給你的父親，請他邀我父親從速來南京，這是你我於事前不知道的。

當兩老到了南京，先見吳君，後住旅館，才分別通知我們。我見了兩老，泣不成聲，四舅父也流了淚，只有父親怒形於色，開口問你：「斌魁，既有今日，何必當初？你害死我的女兒。」你也不肯示弱，把我前天寫給你的信交給父親看，同時說：「月仙如此厲害，我怎能駕御她？」

我寫那封信的經過是這樣的：出事的第三天，你的同學兼同事孟憲承君約我在陳鶴琴家談話。我們見面時，孟君說：「毛小姐，君毅給你的那封信，不是偶然的，他已於數月前擬

---

[24] 事後得知你當時愛上匯文女子中校的某一女生。你向我退婚的消息被匯文校長知道了，便把那女生開除，她是南通人。

好稿子，請我及梅先生修改，我們勸他不能如此無情，你二人的關係與普通訂過婚的不同，你們曾經過奮鬥的，他不聽。」孟又說：「你記不記得君毅留美最後兩年，在紐約給你的信很少？他是否告訴你他的錢不夠用？其實清華的官費是夠他花的了，他於兩年前變了，他衣袋中有好多年輕女人的照片，常常拿出來給我們看，不是說這個胖的好，就是那個瘦的好。他曾經跟我們討論過，想不顧一切跟你結婚，婚後徐圖納妾。去年他的一場病，你拼了命看護他，他良心發現，感到不可那樣做，還是解除婚約，讓你仍舊有幸福的前途。所以你對君毅的退婚，應該高興，無須傷心，縱令你和他結婚，也不會有幸福的，與其以後鬧離婚，不如現在解約的好。我覺得你太善良，所以把實情告訴你。」

我聽了孟君這番話，好像在沉夢中忽然覺醒，沒有悲傷，只有憤怒，我覺得受了欺騙，受了侮辱。我自幼以至青年，二十餘年來只愛你一人，不，只認識一個男人，這個人是我的上帝，我的生命，我的一切，現在你竟然如此無情，所有對你的美麗的幻想，完全毀滅，我感到自身已無存在的必要，我全部身心崩潰了！我於極度憤怒與失望之餘，回到校中寫封責罵你的信，你即將此信向我父親告狀，證明我對你的不恭，有違婦道。為了那封信，父親曾私自責備我說，罵得過火。

你我事故的發生被東大教務長陶知行知道了，他找你去談話，你表示是一時衝動，事後頗追悔，陶即以調解人自居，要請兩方父親及當事人去他家調解。大約兩老到南京的第二天，上午朱經農乘了馬車來金女大，先見校長，後找我。經農是銜陶知行的差使，接我去陶家講和的，我堅決拒絕，雖經校長及經農再三勸說，我也不允所請。最後經農說：「君毅對人說你太厲害，如果你不去，陶先生太沒面子，你必須去，看君毅對你如何？」這番話打動了我的心，我隨經農到了陶家，兩老、陳鶴琴、吳宓及你已先在那兒。陶君先說話，說是天有不測風雲，有時會下暴雨，可是雨過天晴，天氣更為可愛等等。接下去就是要你向我道歉，收回那封信[25]，你說：「承家長及陶先生各位的開導，深悔舉措錯誤。」要我把信交出來，你即當眾把信燒掉了。滑稽調解算是結束，吳宓邀請全體參與的人士去東大農場吃了一頓午餐，表示慶賀。

我的父親要在南京等我學年終大考後帶我回家，四舅陪伴。在兩老等待期間，你既沒給我信，也沒去金女大看過我，兩人偶爾在兩老寓所見面時，也沒交談。

六月底，父親、四舅父及我回到江山家中，你給四舅父的信已先到，大意說：陶君調解時，因下年的聘書尚未發出，有所顧忌，現聘書已到，已無顧慮，我是四舅父鍾愛的人，就讓我做他的媳婦，照顧終身，你自己則抱獨身主義云云。

暑期結束，我又回到金女大，你我雖在同一地區，已成路人，斷絕往還。我從此墜入痛

[25] 經農接我時便叫我把信帶去。

苦的萬丈深淵，不能自拔。

翌年民國十三年夏天，中華教育改進社在南京舉行年會，該會借金女大女生宿舍為女會員臨時住所，學校當局在女生中留下幾個人做招待，我是其中之一。熊秉三夫人朱其慧女士亦出席該會，她住在下關花園飯店。我在北京女高師肄業時，因朱夫人的內姪女朱畹等[26]與我同學，常偕我去熊家，故與朱夫人很熟，我以長輩視之，她亦以姪女輩看待我。為了這個因緣，我去看她，朱夫人已知道你我婚變事，她大抱不平，嫌我太老實，不會應付，她主張應從速正式解除婚約，不能再拖。她自告奮勇代我主持，於是在某一星期日下午，由朱夫人邀了許多位當時出席年會的教育界名流，事先通知你，並借金大教職員客廳舉行會議。那天到的人有張伯苓、朱其慧、陳衡哲、王伯秋、吳宓、陳鶴琴、朱經農等[27]。金女大的校長、教務長及留校的同學也均參加，你偕程其保來，大家推張伯苓為主席。張君說了一大堆他和他夫人的事，他說他的夫人係小腳，沒有正式受過教育，可是他們永享齊眉之樂，張的意思仍在調解。陳衡哲發言了，她對你大加責備，要你說出退婚理由，你迫不得已，回答道：「毛小姐，我一向看她是我的親妹妹一樣，請問兄妹可以結婚嗎？」此語一出，舉室譁然，

26 經農胞妹。

27 還有其他的人，記不起名字來了。

於是這個發言，那個發言，鬧得不可開交。我忍不住了，我說：「請各位不要責備朱先生太多，今天的會是討論如何解除婚約，不是向朱先生興問罪之師。」陳衡哲馬上生氣，她說：「我們大家退席，到現在毛小姐還維護朱先生。」說完她起立要走，經朱經農等勸阻後才留下。至此推王伯秋[28]起草解除婚約的條文，經誦讀後無異議，由當事人及證人簽名蓋章後成立，此會自下午三時至晚間八時結束，你我從那天起即沒有見過面。

你給我的教訓太慘痛了，從此我失去對男人的信心，更否決了愛情的存在，和你分手後近十年間，雖不乏有人追求，我竟一概拒絕。理由是：以你我從小相愛，又在一個環境中長大，你尚見異思遷，中途變心，偶然認識的人，何能可靠。如與年相若者結合，他不會和你一樣嫌我年事大了嗎？你長我四歲，尚振振有詞，要娶十七八歲的少女為配偶。其實我自情竇初開，以迄於彼此決裂時，二十餘年來，全部精神與愛都為你一人所佔有，換言之，我二十餘年來只認識一個男人，我的青春是在你佔有期間消逝的！有了這個慘酷經驗，我對於婚事具有極大戒心，以致久延不決。青春逝去，年越三十許，不能不找一歸宿。適於此時，熊秉三先生因朱夫人已逝世四年，擬續絃，托人向我議婚。當時反常心理告訴我，長我幾乎一倍的長者，將永不變心，也不會考慮年齡，況且熊氏慈祥體貼，托以終身，不致有中途仳離

[28] 他是南京法政學校的校長。

的危險。我沒有想到人的生命如此脆弱，在數小時內便可毀滅。這是我生命過程中的另一幕悲劇！

你是我一生遭遇的創造者，是功是過，無從說起，倘我不自幼年即墜入你的情網，方氏婚事定成事實。我也許會兒女成行，渾渾噩噩過一生平凡而自視為幸福的生活。倘沒有你的影響，我也許不會受高等教育，更無論留學，倘不認識你，我也許不會孤伶終身，坎坷一世。

你在我幼稚心靈中播下初戀種子，生根滋長，永不萎枯。你我雖形體上決絕將近四十年，但你有時仍在我夢中出現，夢中的你我依然那樣年輕，那樣深愛，你仍為我夢裡的心上人。迨幻夢驚醒，重回現實，舊恨新愁，又交嚙我心。最近二個月前，你又入我夢境，惟一反以往情形，依稀二人默默對坐，一無表情，這是否心理學上所謂的「精神感應」？因你已於半年前棄世。

我已垂垂老去，對於世間悲歡離合之事，早已無動於衷，但自得知你的噩耗後，心潮泛溢，舊情復熾，信筆寫下這篇無可彌補的傷心舊帳，藉申哀悼。

翹首雲天，老淚縱橫，我孑然一身，臨老無依，世亂日急，不知死所，你能於此時平安解脫，未始非福。

最後讓我再叫你一聲「五哥」，永別了，你安息吧，在不久的將來，你我也許會在地下重逢。

彥文

書於臺北新北投中山路二十八號寓所

中華民國五十二年十二月三日

【附錄二】

有關吳宓先生的一件往事

吳宓先生，字雨僧、或雨生，於民國前一年春間，考取北京的清華學堂[1]。與吳同時被錄取的有一位朱君毅先生，長吳二歲[2]，吳朱兩人在清華同用一書桌，同學六年之久，直到分發留美時方分手，吳在哈佛大學專攻西洋文學，朱先去約翰霍浦金斯大學讀二年，後去哥倫比亞大學教育學院，專攻教育。

吳、朱二人交情至篤，彼此事事公開。朱三歲喪母，自幼由其祖母撫養長大，有一表妹[3]寄住其家。均為祖母所鍾愛，兩人朝夕相依，十分親愛，真是「青梅竹馬，兩小無猜」。當朱肄業清華時，其表妹正上小學，常寫信寄與朱，朱每次閱後即與吳閱，如此五、

1 此校以美國退還我國庚子賠款而設立，原為留美預備學校，學生年齡大約在十四歲至十六、七歲之間。

2 朱報名時少報兩歲。

3 姑母的女兒，小朱四歲。

六年之久，那女孩從不通的文字漸漸的寫成通順的信，均為吳所閱讀無遺，因之他對她的印象很深，常私自羨慕朱有這樣一位表妹。後來該女孩取了「海倫」為英文名。

民國七年初夏，海倫在浙江吳興湖郡女校肄業時，接朱君毅由美來信，內附一封吳君與他的信，係託朱函請海倫代其相親。

吳在清華求學時，常在《清華月刊》[4]發表文章或詩詞，其同學中有陳君其人[5]，陳君有姊名陳心一，畢業於省立杭州女子師範本科，陳女士常讀吳的作品，至為欽佩，事為其弟所知，因之向吳介紹其姊心一，吳自認其貌不揚，不易吸引女性，一旦有女子對其嚮往，不勝沾沾自喜，但一在美國，一在杭州，從未謀面，於是寫信與朱，要海倫去陳家實地考察，這與海倫出了難題。

是年海倫乘暑假之便，特去杭州訪問陳女士，這是她們初次見面。陳家似乎預知有客來訪，招待甚殷，事後海倫把她對心一的印象，函告朱君毅，略謂：「不知吳君選擇對象的條件為何？陳女士係一舊式女子，做賢妻良母最為合式。皮膚稍黑，但不難看，中文清通，西文從未學過，性情似很溫柔，倘吳君想娶一位能治家的賢內助，陳女士似很適當，如果想娶

[4] 是否此名，記不清。
[5] 忘其名，好像陳君留美期間因精神失常去世。

善交際、會英語的時髦女子，則應另行選擇。」朱接海倫覆信即將原信寄與吳，不久，吳、陳宣告越洋訂婚。

吳君留學美國四年，在他回國那年[6]夏天，即在上海與陳女士結婚，他未抵達上海前，吳、陳兩家已忙於籌備喜事，吳抵滬不數日便舉行婚禮。婚後新夫婦在南京定居，因吳那時應東南大學之聘為該校教授。吳、陳結婚後，最初幾年似乎尚平靜無事，吳偶爾對夫人有不滿的表示，陳女士卻能多方忍耐，委曲求全，但逐漸的兩人感情惡化，終於民國十七年正式仳離。在鬧離婚過程中，吳曾函告海倫，海倫極端反對，竭力勸阻，她認為陳女士實為吳的最適當配偶，因吳有我國舊時文人的習氣，易發不合理的脾氣，陳女士常逆來順受，不與計較，這是新式女子所做不到的。

吳腦中似乎有一幻想的女子，這個女子要像他一樣中英文俱佳，又要有很深的文學造詣，能與他唱和詩詞，還要善於詞令，能在他的朋友、同事間週旋，能在他們當中談古說今，這些都不是陳女士所專長，所以他們的婚姻終於破裂，這是雙方的不幸，可是吳應負全責，如果說他們是錯誤的結合，這個錯誤是吳一手造成的。

民國六年春，朱君穀正式向海倫求婚，同時函懇其父向海倫父母提親事，幾經波折，終

[6] 大約是民國九、十年之間。

於取得兩方家長同意而正式訂婚。是年夏，朱赴美留學，於民國十二年夏間回國，與吳同在南京東南大學執教。

海倫於民九年春考取北京女子高級師範學校，夏間由杭州北上路過南京時，方第一次與吳見面[7]。迨朱回國後，海倫由北京女高師轉學至南京金陵女子大學。民國十三年六月初，朱因移情別戀忽向海倫提出解除婚約的要求，當時南京教育界為之譁然。吳對朱此舉大不以為然，曾一度試行調解失敗。

上文曾提及吳心目中有一不可捉摸的理想女子，不幸他離婚後將這種理想錯放在海倫身上，想係他往時看過太多海倫少時與朱君毅的信，以致發生憧憬。其實吳並不了解海倫，他們二人的性格完全不同。海倫平凡而有個性，對於中英文學一無根基，且嘗過失戀苦果，對於男人失去信心，縱令吳與海倫勉強結合，也許不會幸福，說不定再鬧仳離，海倫決不能和陳女士那樣對吳百般順從，故自吳、陳離婚以來，海倫不斷的設法勸兩方復合，因海倫始終認為只有陳心一能容忍吳的任性取鬧，惜終未成功。

自海倫與朱解除婚約後，她想盡方法，避免與朱有關的事或人接觸，這是心理上一種無法解說的情緒。吳為朱之至友，如何能令海倫接受他的追求？尤其令海倫不能忍受的，是吳

7 那時北上必須在下關渡江乘津浦路火車。

幾乎每次致海倫信中都要敘述自某年起，從朱處讀到她的信及漸萌幻想等等，這不是更令海倫發生反感嗎？

吳君是一位文人學者，心地善良，為人拘謹，有正義感，有濃厚的書生氣質而兼有幾分浪漫氣息。他離婚後對於前妻仍備加關切，不僅擔負她及他們女兒的生活費及教育費，傳聞有時還去探望陳女士，他決不是一個薄情者，不幸身陷共黨魔手統治下的中國大陸，近二十餘年來定被中共多方折磨。十餘年前海倫在西雅圖華盛頓大學從事中國大陸問題研究時，曾看到一本由香港美國領事館翻譯成英文的大陸雜誌[8]，登載許多在大陸有名學者的坦白書。內有吳的一篇，大意說：他教莎士比亞戲劇，一向用純文學的觀點教，現在知道是錯了，應該用馬克斯觀點教才正確。當時海倫氣得為之髮指！人間何世，文人竟被侮辱一至於此！吳君的痛苦，可想而知。

傳聞吳君已於數年前逝世，一代學者，默默以沒，悲夫！

彥文（海倫）

寫於臺灣中華民國五十九年十一月

[8] 忘其名。

民國五十七年十月號的傳記文學雜誌內有蕭公權先生一篇文章，其文曰：

> 雨僧早年由「父母之命」跟他的表妹陳女士結婚。她是賢妻良母型的舊式婦女，而且知書識字，無愧大家閨秀。但雨僧傾心於一位留學美國的「海倫」女士，斷然與髮妻決裂，獨居清華園「工字廳」後進的教員宿舍。[9]他不滿意於陳女士的理由是「彼此不相了解，便不能有真純的愛情。繼續同居，等於繼續侮慢雙方的人格。」我曾婉言勸解，他始終堅持他的「立場」。

關於吳宓先生追求我的事，不知內情的人都責我寡情，而且不了解為何吳君對我如此熱情而我無動於衷，半世紀以來，備受責罵與誤解。

蕭公權先生係我在西雅圖華盛大學研究中國問題時的同事，但他的瞭解與一般人所知道的一樣，並非實情，因之寫此文詳告真相。蕭覆信（原信附後）問我可否將此文寄與傳記文學發表，我未同意。

彥文誌

民國六十年五月

[9] 這便是《吳宓詩集》中所提到的「空軒」。

彥文夫人賜鑒 久違
德範時切敬念也維
興居叶吉為頌為慰日前奉讀五月六日
惠書並蒙示「有關君怡平生事跡的記錄」鑒及「有
關吳宓先生的一件往事」
「吳宓往事」是否可由以權寄交
「傳記文學」刊出請 示知謹當遵辦
尊著兩文均一一拜誦文中敘錄各事為遠在三十
餘年之前今日迴思真不禁滄海桑田之感人夫
憶以權昔在北平清華大學任教時聞人言陳心一

女士係吳雨僧先生之表妹其婚姻乃經父母之命而結締者與 尊文所記有異據公權所知乃出傳聞之誤當時未能向雨僧先生詢明究竟也偶檢舊篋見前抄存 秉公乙亥所作之詞二闋尚屬當存爰將原件照錄之備

覽幸不責我唐突否專此敬頌

旅祉

蕭公權謹啟　1971年五月十五日

內子附候

彥文夫人賜　鑒久違
德範時切敬念近維
興居叶吉為頌為慰日前奉讀五月六日

惠書並承示〈有關君怡平生事跡的記錄〉暨〈有關吳宓先生的一件往事〉[10]。尊著兩文均一一拜誦。文中敘錄各事多遠在三十餘年之前。今日迴思。真不禁有滄海桑田之感矣。憶公權昔在北平清華大學任教時。聞人言陳心一女士係吳雨僧先生之表妹。其婚姻乃經父母之命而結締者。與尊文所記有異。想公權所知乃出傳聞之誤。當時未曾向雨僧先生詢明究竟也。偶檢舊篋。見前抄存秉公乙亥所作之詞一闋。尊處當存有原件。姑錄上備覽。幸不責我唐突否。專此敬頌
旅祉

蕭公權謹啟
一九七一年五月十五日

---

10 吳宓往事一文是否可由公權寄交《傳記文學》刊出。請示知。謹當遵辦。

【附錄三】

有關朱曦生平事跡

民國五十八年二月五日夜間十時，熊芷來電話告我，剛接葆凱由紐約拍來電報，謂其母君恪[1]已於昨夜因腦溢血逝世。驟聞噩耗，震驚萬分！不覺老淚縱橫，哀悼無已，腦中開始映出一幕一幕我們初次在浙江吳興縣湖郡女校相識的情形，我們訂交有四十餘年，愈想愈悲傷，以致失眠。當時擬寫一文悼念，但僅僅寫下「悼君恪」三字，便無法繼續。因一執筆，涕淚隨之，終於擱置。

翌年七月初，忽接朱曦丈夫朱庭祺先生由美來信，告以已請朱文長君為朱曦寫傳記，囑我根據來信所提有關與我訂交的三項情事供給資料，分別是：（一）湖郡女校同學；（二）代姑夫求婚；（三）對姑夫一片孝心及其他。

[1] 朱曦字。

茲就這三項憑記憶所及，拉雜寫出。

一、浙江吳興湖郡女校同學

湖郡女校[2]在浙江吳興縣城內，係一教會學校[3]，這是高小和中學混合的，學校所在地名海島。同時還有一男子中學，兩校校舍並立，中間有禮拜堂，當時牧師為江長川先生，校長為一美國老小姐，大家稱她為Miss Steger[4]，這種學校真正目的為傳道，並不向我國教育廳立案，功課由校長自由擬訂。

我在原籍浙江江山縣讀了三年小學，當時各縣小學師資缺少，浙江教育廳令省立杭州女子師範增設二年短期師範講習班，訓練各縣小學師資，由教育廳通令各縣。縣政府保送一名女生進杭州女子師範講習班肄業，我是在江山縣選出被保送的一人，這種師範講習班與我的年齡[5]及興趣全不符合，因為被保送，視為一種榮譽，迨入學後得知該班所有各科都不很適宜於將來考大學之用，尤其缺少英文一科。

2 Virginia School.
3 好像是美以美會。
4 也許拼錯。
5 當時限二十歲以上三十六歲以下，我那時虛歲才十六歲。

二年畢業後，輾轉由人介紹於民國六年秋進吳興縣私立湖郡女校，此校以注重英文聞名[6]，我目的在專修英文，為將來升學之需。

我未進湖郡以前，從未聽人唱過讚美詩及聽講過耶穌的道理等，聖經是上海白，看不懂。總之關於教會的一切，毫無所知，初聽唱讚美詩時，覺得好像一群人在哭喊，聽講什麼耶穌救人，我自己是罪人及天堂、地獄等，簡直如墜入五里霧中。同學叫我是「外教人」。正當我孤立無依時，忽然有一天來了另一個「外教人」，那就是朱曦，她對於教會的一切和我一樣不懂。我們年相若，氣味相投，很自然的便成為好友。

朱曦好像沒有進過小學，她的耽誤入學是為了要在家侍奉年高的外祖母馬太夫人，馬太夫人無子，僅育一女，那就是朱曦的母親。傳聞朱曦的父親因暴病逝世，當時瞞了即將臨盆的太太，不知為了什麼，朱太太甫生產不久，便知道了喪失的消息，以致一慟而亡。遺下一群子女均由外祖母撫養長大，迨哥哥姐妹相繼離家遠道求學，只有朱曦自願失學在家陪奉外祖母，直至馬太夫人逝世後，才由長沙去北京姑母家。

朱曦所以去湖郡女校，也許因為其堂姐朱驦[7]及同鄉劉菊淡在該校肄業的原故。她初去

6 其實教會學校教的英語並不高明。

7 字君允。

校時完全是閨閣式美人，舉一例證明，她穿的是平底繡花緞鞋及白竹布短襪，在那時女學生已沒有人穿那種鞋和襪了。她與我都是由A、B、C、D開始學英語的。教員是本校前一年畢業生邱麗英女士，吳興人。

第一學年朱曦、俞雅琴[8]、高英鳳及我四人同一寢室。民七年秋，即第二學年，我與朱曦二人得了一間僅容兩人的寢室，於是我們朝夕相處，交情又進一步。二人都沒有家及任何親友在吳興，故週末及假日仍住校內。閒時我們在寢室內話家常，朱曦和我談她的家世甚詳，尤其常談及她的姑父[9]及五姑母[10]她對他們的感情好像和自己的父母一樣。那時將近其姑父五旬生日，君恪一有空便在房中繡花，她繡的係兩個黑緞子靠墊，一繡黃菊花，一繡紅梅花，都非常雅美。

民七年秋季開學時，來了兩位新同學，都是上海人。一是張維楨[11]，一是張佩英[12]，她們兩人原是好友，和我及君恪很談得來，於是我們四人便成為好友了。

---

8 後為陳鶴琴夫人。
9 秉三公。
10 朱其慧夫人。
11 後為羅家倫夫人。
12 後為邵雨湘夫人。

民八年五月四日在北京發生以北京大學學生為首的學生運動，抗議第一次世界大戰後巴黎和平會議對於我國不公平的待遇，即將以前德國人在我國青島取得的特權轉讓於日本。初則北大學生聯絡北京其他學校學生罷課遊行示威，逐漸擴展到全國工商界罷課罷工，這便是「五四運動」。

那時吳興縣中小學也聯合起來響應罷課遊行。湖郡女校係教會學校，非常保守，洋校長是不許我們參加的，有一天一群男學生在我們校門外大喊：「有膽量的洋奴滾出來！」我們聽了非常激動，認為這是奇恥大辱，立即要求洋校長讓我們參加遊行，終被拒絕、校長說：「你們這些女孩子，如果要出去遊行，那麼全體離開學校，我把校門關起來。」於是全校騷然，不顧一切，立刻召集全校緊急會議，為首的學生是朱曦、張維楨、張佩英、陳達人、毛憶春、毛彥文六人，同學推我們六人為代表，向吳興縣學生聯合會求援，請他們協助我們全校一百五十餘人遷出學校。他們替我們找到一所會館[13]，我們六人即引導全校同學離開湖郡女校。洋校長此時無法阻止，自悔說錯了話。

我們搬出去約有一星期，洋校長託人調解，條件是仍搬回學校，遇有遊行時派代表參加。我們接受條件，可是同時校長私自向我們六人的家長去信，請將各家女兒接回家，否則

[13] 忘其名。

倘有差錯，學校不負責任。朱曦的姑父母忽由北京來電報，謂她的三姑母病重，囑立即北返。朱曦信以為真，匆匆離校。秋間開學，她改進天津中西女校，我們便不能同在一學校了。

民九年夏，我考取北京女子高等師範學校，秋間初次去北京，學校未開學，暫住在一親戚家。寫信告訴朱曦我已抵京及住址，她接信後即去看我，並邀我去她姑父母家，這是我第一次認識熊氏伉儷，當我稱呼他們老伯及伯母時，朱曦要我和她一樣稱呼「姑父」及「五孃」。

進校後朱晼[14]、朱嶷[15]、及周敏[16]和我同寢室，因之又認識兩位朱家小姐。朱嶷因受其姐朱曦之託，每逢週末都要我和她同去熊家，以免一人在校寂寞。最初幾個週末我去了，但因我不慣熊家生活習慣，後即婉辭不去。

民十一年秋，我由北女高師轉學至南京金陵女子大學肄業，自那時起至民二十年之間，與朱曦不特沒有機會見面，而且連信也不通了，各奔前程，她由中西女校畢業後去美國求學。

民二十年七月，我在密歇根大學讀完碩士學位後前往紐約，同行有高君珊，葛成慧二人。我們三人去歐洲旅行，九月初在德國柏林搭西伯利亞火車回國。迨我抵達天津時得知熊

14 字毅農。
15 朱曦胞妹。
16 立法委員，在臺灣。

夫人最近去世了，使我不勝驚悼。北平[17]距天津甚近，自應前往弔唁，這才又與多年不見好友朱曦把晤，並且見了她的姑父秉公，他面邀我去香山慈幼院工作，可與朱曦同事，我因已受聘於上海中國公學，不能接受，同時朱畹私下告我，該院人事複雜，不要插入為妙。我在朱曦的哥哥劍農家過二宵即南下。到南京第二天，東三省已被日本佔領了，這就是「九一八事件」。

二、代姑夫[18]求婚

民二十一年秋，我同時任教上海國立暨南大學及私立復旦大學，一在真茹，一在江灣，均為上海郊區。因我兼復旦大學女生指導，故住在該校女生宿舍。二十三年秋冬之交，有一天下午五時許我由暨南大學回復旦，見朱曦坐在我房內，殊為詫異，她說已等我一下午了，我不明其來意。她與我天南地北的聊一陣，臨走時告訴我姑父已由北平來滬，住在她家，要我明天去看他。我一向尊敬秉公，探望長者是一種禮貌，三、四天後即找一下午去朱家，朱曦堅留我吃晚飯，秉公同席。第二天朱曦又來復旦和我長談。可是所談的都是有關她姑父的

[17] 此文前段用「北京」，後段用「北平」，此亦按照當時實際上的名稱。北洋軍人當政時，北京仍為首都，十七年北伐成功，建都南京，始改北京為北平。

[18] 此文用「姑夫」二字係採用朱庭祺先生來信所用的稱呼。後用「姑父」係朱曦平時的稱呼。

一切，談了一個下午方告辭。隔一天她又來了，開始又是談姑父，慢慢的談話範圍縮小，最後說出她真正目的，那就是替姑父說親事，我聽了嚇一跳，說：「這怎麼可以？輩份不同，你的姑父我稱老伯，再說年齡也相差太多。」朱曦的辯駁是，秉公和我沒有親戚關係，所謂老伯不過叫叫而已。於是她又長篇大論，滔滔不絕的說了一番，而且要我立刻答應，我堅持不可，她再三說不能令姑父失望，又說我既不肯在她面前答應，那末，請姑父親自求婚好了。第二天下午秉公果然來復旦女生宿舍會客室，這使我非常的窘，因為女生看了這樣一位男客，一定會引起注意及好奇心。秉公去後，我即急急打電話給朱曦，請她轉告秉公勿再來復旦。她說：「姑父不去復旦可以，但你必須來我家。」

說親事越來越認真，因我未答應，朱曦打電報給在北平的秉公長女熊芷，要她趕來上海協助辦理。熊芷那時已有五、六個月的身孕，有一天她忽然去復旦看我，開口便說：「您可憐可憐我吧，看我這樣大肚子由北平趕來上海，多麼辛苦。我是來歡迎您加入我們的家庭的。」我和熊芷不熟，第一次認識她係在朱曦結婚時，一時真不知如何應付她，只覺得有些滑稽，女兒代父求婚。忽然想起Longfellow有一首散文詩*The Courtship of Miles Standish*，描寫Captain Miles Standish的部下John Alden如何代他向女郎Priscilla求婚，我脫口而出問她：「你讀過Longfellow寫的替人求婚故事嗎？那個女郎Priscilla說：Why don't you speak for yourself, John?」。熊芷會意說：「好！我請我父親自己來。」於是朱曦等商量好，請秉公由朱家搬至靜安寺路滄洲飯店暫住，不時以車去江灣接我至滄洲晤談，同時秉公幾乎每天寫信或填詞給我。如是約二個多月，我被朱曦等人包圍，弄得六神無主，終於答允這樁婚事。

三、對姑夫一片孝心

朱曦待姑父猶孝女侍奉父親然，其關切之深，無以復加，她所以代姑父物色繼配，也是出於一片孝心，我婚後始知底細。秉公自朱夫人逝世後，雖仍住北平石駙馬大街二十二號舊宅，但家已不像一個家。熊芷一向住在娘家，石駙馬大街房屋很大，他們另住一部分作為他們的家，此時秉公亦只有以女兒的家為家了。後其婿朱霖奉派赴意大利考察航空事業，將於二十四年春携熊芷同行，他們出國後，誰來照顧秉公？他自己深感孤伶無依，於是想以納妾名義找一適當女子。事為朱曦得知，堅持不可，謂姑父平生以不納妾聞名，如臨老變節，將貽笑朋輩，乃主張正式續絃。於是為其多方物色人選，保其令譽。

我與秉公婚後，大半時間住在上海，朱曦幾乎每天前來探視，事無大小，均甚關切，誠一孝女也。秉公去世後，在親友中最關心我者，亦只有朱曦一人始終不渝。

倘我不認識朱曦，縱認識而無深交，則與秉公的一段姻緣將無由發生，我生命一大半過程中所遭遇的一切，當完全改觀，是幸？是不幸？難言之矣。朱曦其左右我命運之一人乎？

【附錄四】

秉三公親筆信及詩詞等

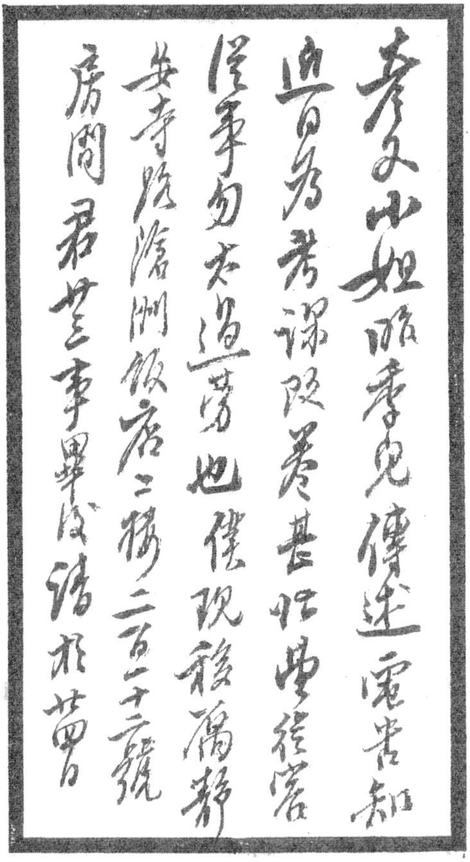
彥文小姐 昨李兄傳述 電告知
迎日為君謀段甚忙 遺後容
但事勿太過勞也 僕現移寓靜
安寺路滄洲飯店二樓二百二十六號
房間 君若事畢後請於廿四日

致彥文第二書 民國廿四年一月廿一日婚前

午前十一時惠臨一談即在此午餐可也 君妹濱口之行擬勿往決俟面談後再定 僕廿三號須偕陳會長赴漢陽查勘漢陽學校建築地基約在午後三四時 武

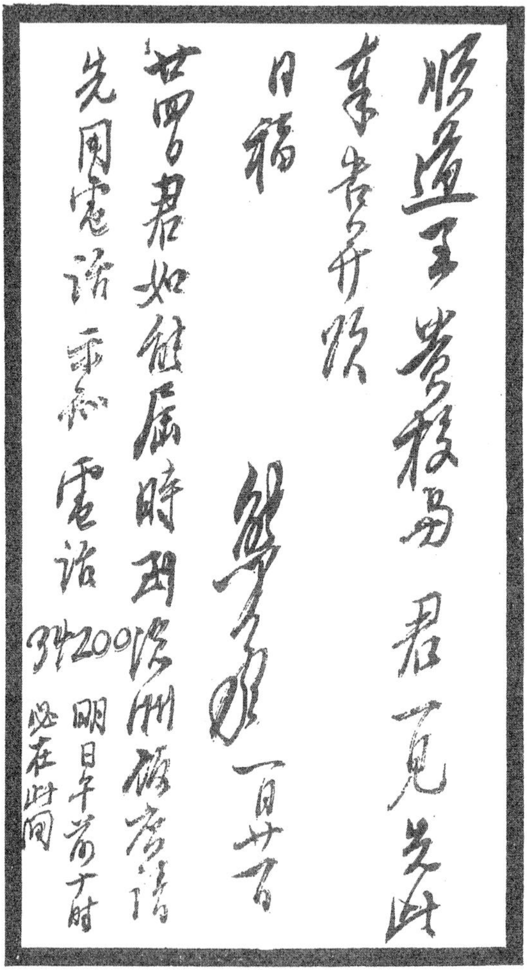

[illegible]逕至[illegible] 君一見 先生
事[illegible]頌
日禧
[illegible] 一月廿三日
廿四日君如願屆時[illegible]請
先用電話 再約 電話
34200 明日午前十時
必在此間

致彥文第三書 民國廿四年一月廿三日婚前

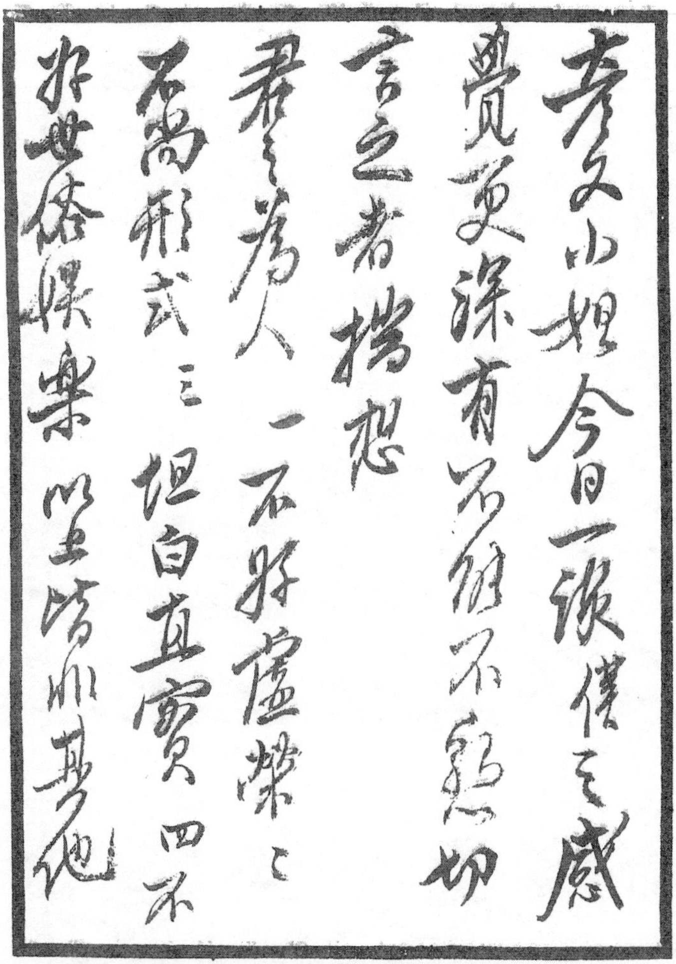
彥文小姐：今日一談，僕之感覺更深，有不能不懇切言之者：揣想君之為人，一不好虛榮，二不尚形式，三坦白直實，四不好世俗娛樂，以上情亦甚想

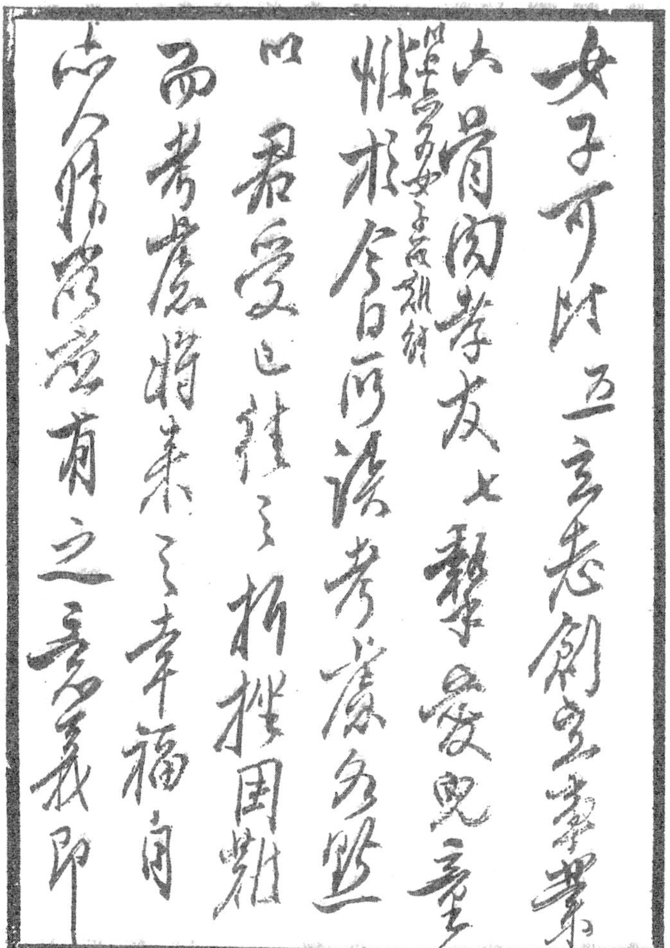

女子可以立志創立事業
亦骨肉摯友之摯愛與鼓勵 [illegible]
惟於今日所談者應多坦
以君受已往之折挫困難
而考慮將來之幸福前
亦須勝任應有之意義即

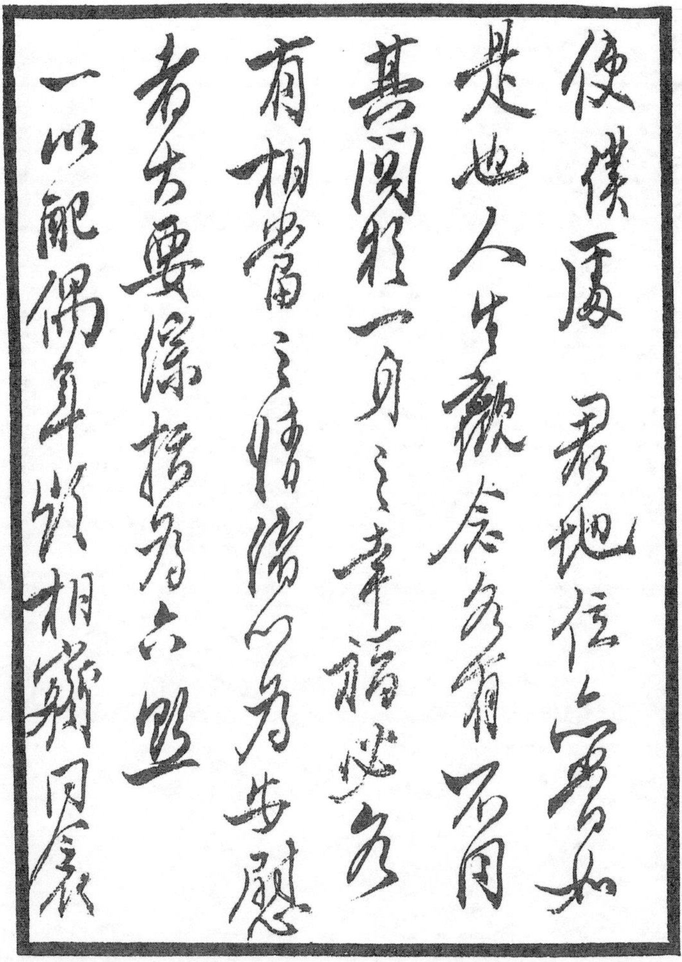

使僕處　君地位亦如
是也人生歡會多有不自
甚圓滿一身之幸福必多
有相當之情緒以為安慰
者去要保持為六盟
一以配偶年紀相離同衣

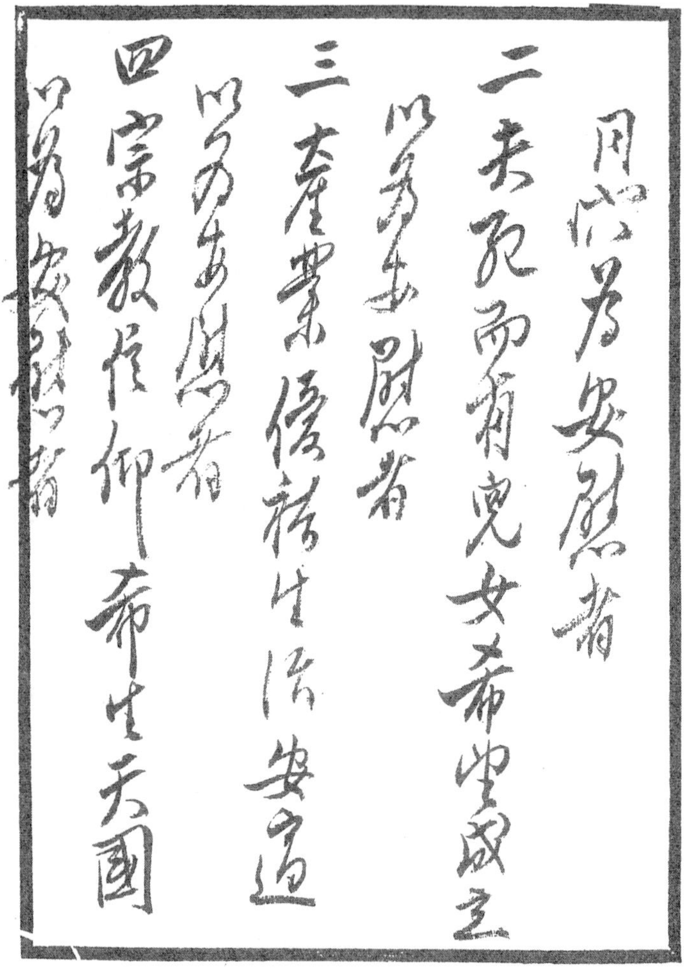

用以為安慰者
二 夫死而有兒女希望成立
以為安慰者
三 產業優裕生活安適
以為安慰者
四 宗教信仰希望天國
以為安慰者

四 篤重情感不計甘苦禍
福患難以為安慰者
五 志在遠大創立公益事
業以為安慰者
六 研究學術興趣極濃以為
安慰者

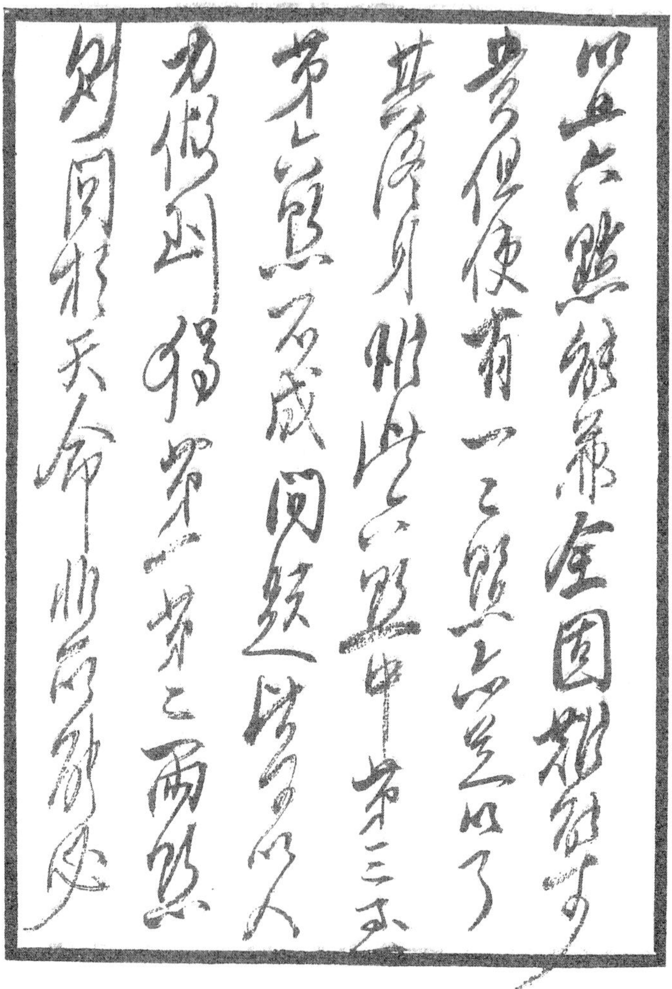

四五六點能否全國報紙登
出但使有一二張真正登出了
其後則此六點中第三或
第七點不成問題諒可以人
力作到惟第一第二兩點
則只有聽天命此何能必

也年齡之修短為其大本
福之久暫究竟有婚易
其千卿之限制非可以操
畢竟者借向以他人之幸福
為幸福他人之快樂為快
樂不敢私利於己為犧牲

於人倘使其愛其人則不
利於己亦願說其幸福之
得有何詫此與君之老
處正相不謀而合適當乎
究竟及此事僕即以此
為問題此乃問於

君之終身幸福並以為愛
要之點須自重而有決心
絕非第二人第三人之所能
代為解釋此一點若有些
毫情緒存在將為終身
不快之事也　君毅白

方术　君之精神快樂滿

足以消除亦可得也　坐

君再三考慮惟念窮陷國際

此可切盼證再事布

援君勿忿源其之異

祝新禧

敬啟

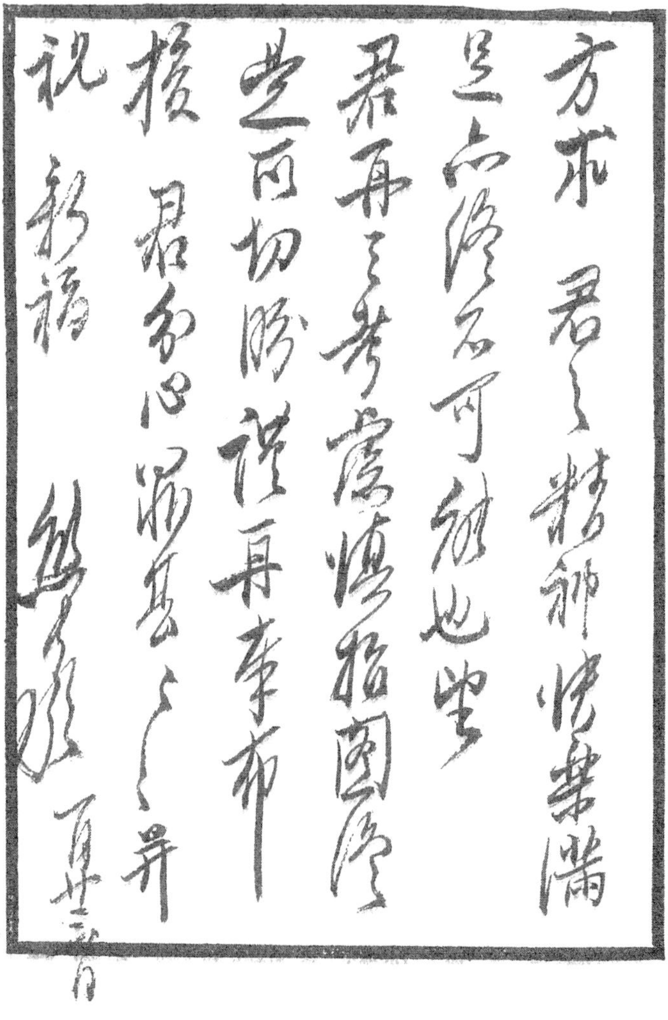

致彥文第四書 民國廿四年一月廿五日婚前

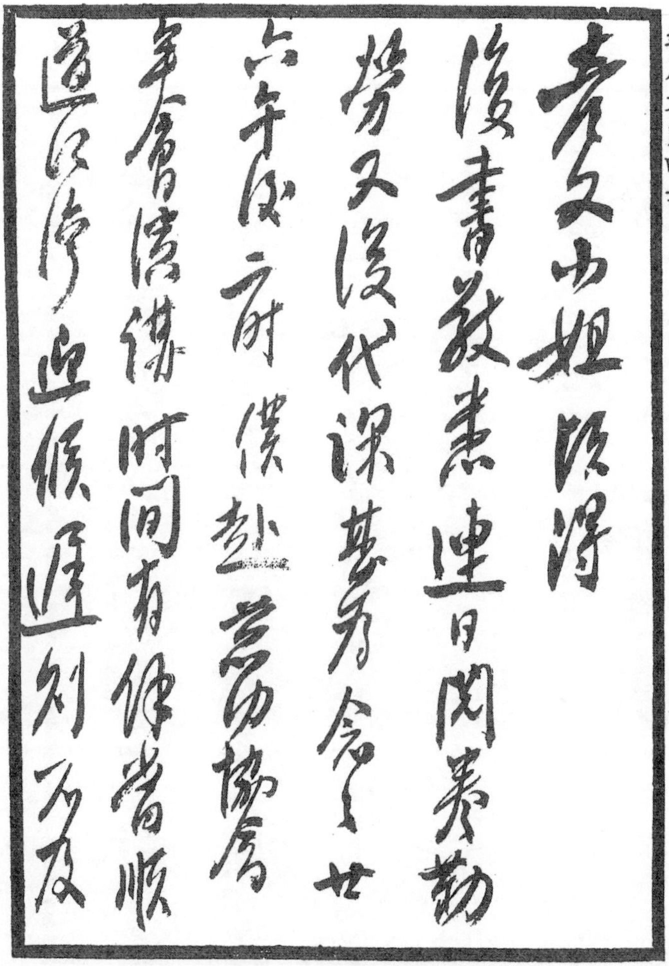
彥文如姐 頃得
復書敬悉 連日閱卷勤
勞又復代課甚為念之 廿
六午後[illegible]僕赴[illegible]協會
年會[illegible]時間有餘當順
道以停 迎候 遲則不及

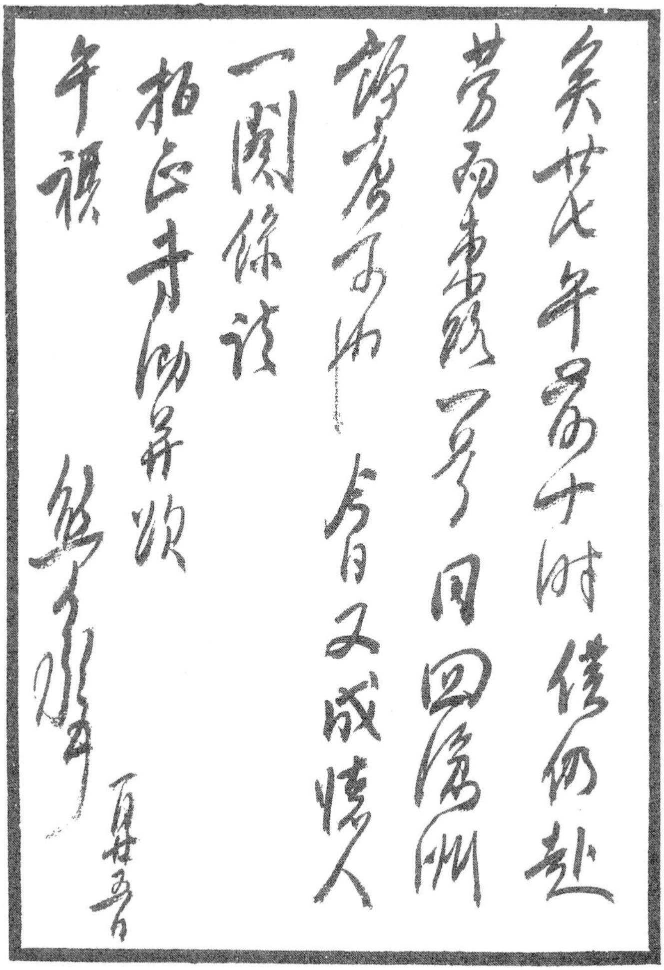

致彥文第五書 民國廿四年一月廿五日婚前

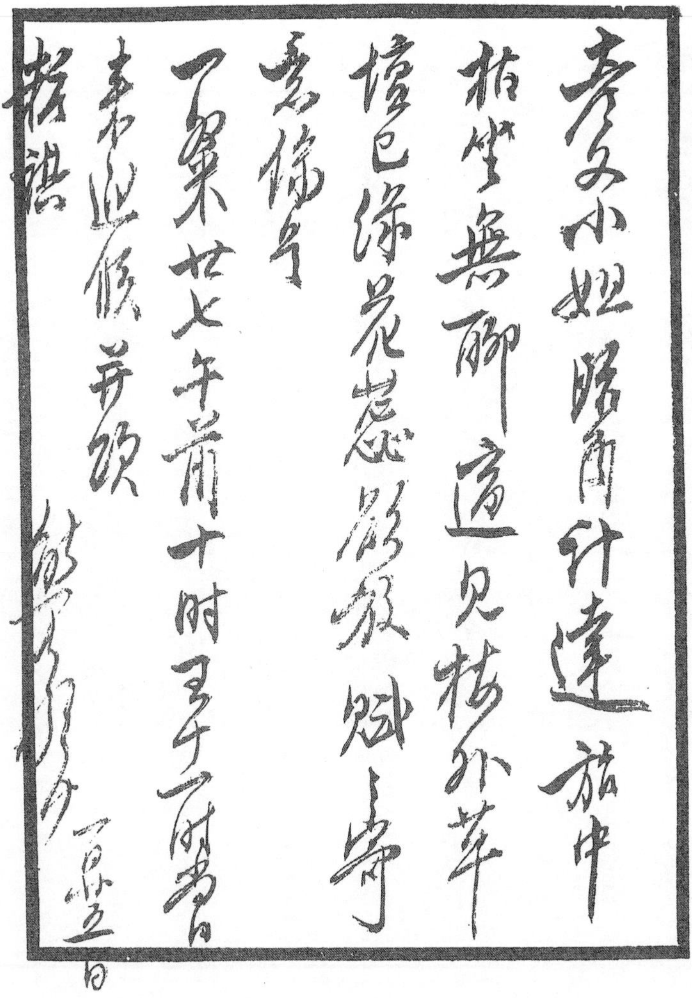

彥文小姐 昨函計達 旅中
枯坐無聊 適見枝外華
燈已綠 花蕊凝寂 賦上寄
意 倦乎
了案廿七午前十時王子府會
來此候 並頌
妝祺
熊希齡 一月廿五日

致彥文第六書 民國廿四年二月三日婚前

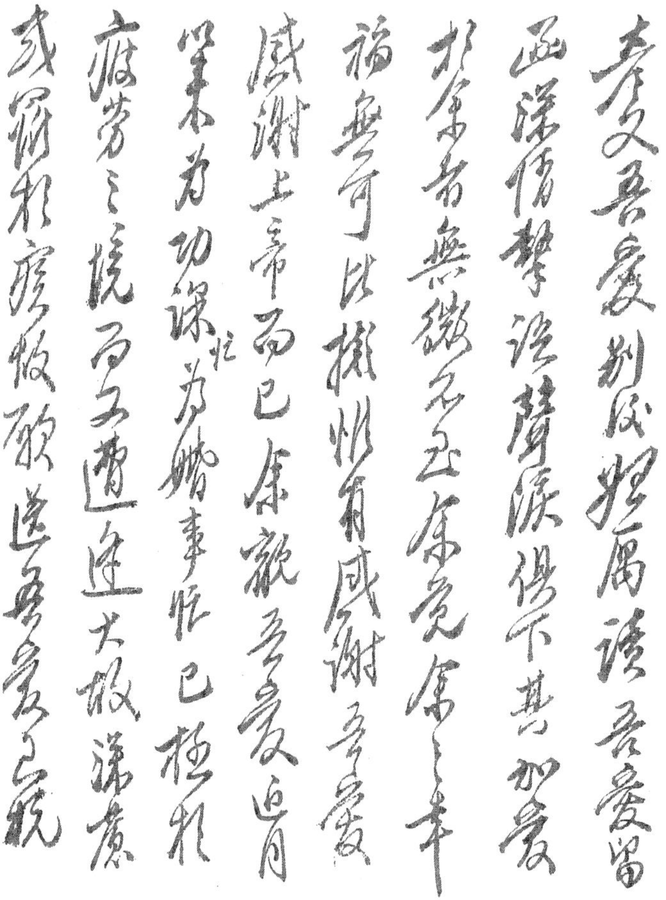

以稍安慰於萬一耳。以吾家又
者之於余之寵愛，從前本在
須臾度歲，余亦思挽吾家之
言乃爾，然於萬般之策窮，
則余最喜旅行，尤喜觀各
意同行，東北奔走勞頓，此吾家
內心所愿也。至於在處痛苦一節，
母子之愛出於天性之自然之情

了
勤而不能已乃余之所最敬愛
者余為吾愛為之辭若母所
吾母子何忍以諱之有訓余
平生向不忌諱乎吾愛勿以
為念吾愛剛毅堅忍抑
哀情善慰吾愛還杭之事可
以常為江山當有花境之中不
可不預計也余當辭吾愛愛

我深情加念懷擲 吾家亦當自
書我道居之情 節衣節勞過
朱際士族已兩年覓雪晴扶年
餘往詩詩者 三妹勿念今日和
局上有兩時常遠勿之處文蜀
覺有無限之語未及方一也
是文藏之代筆候 二妹并候傑
千保重順切切勿
兄齡 十月二日

致彥文第七書 民國廿四年二月四日婚蔣

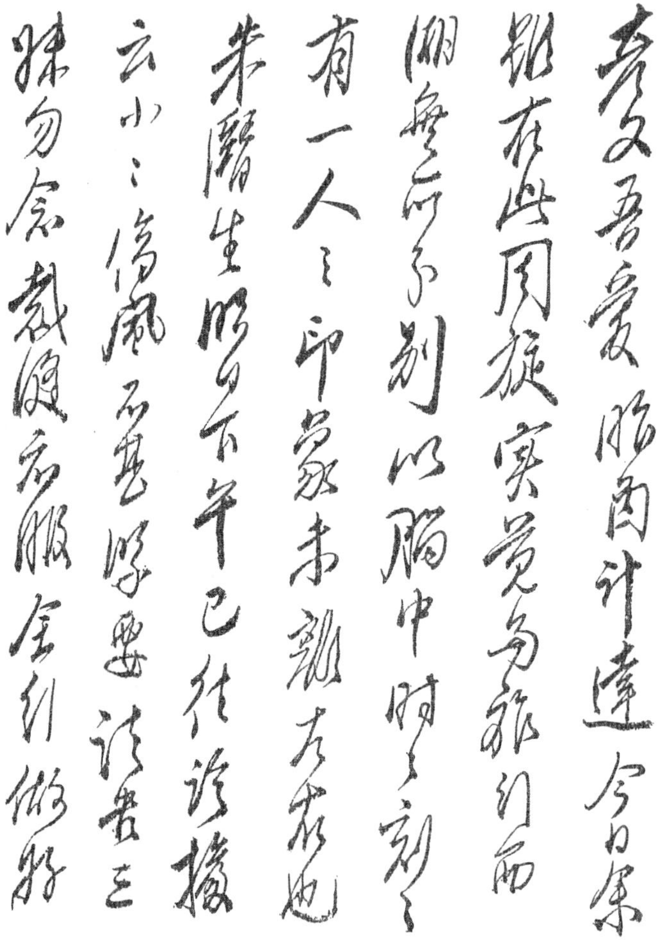

昨晚已送到季兒家中　當
為兩君送來衣料禮物收存
余處係明日早車赴杭石再當
[illegible]以君亦[illegible]於來[illegible]相待也
外寄詞一闋上
吾與夫人[illegible]由鄭[illegible]今日
遊江山矣即問
近好
[illegible]
六月四日

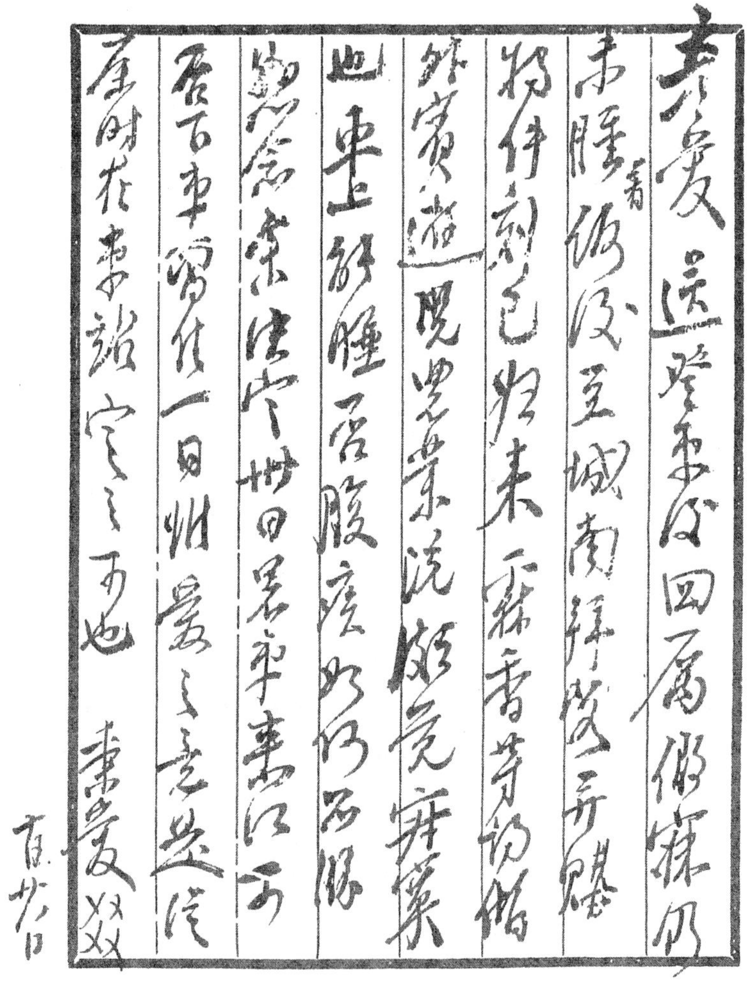

致彥文第四書 民國廿四年一月廿五日婚前

二、秉三東彥文詞十、詩一、對聯一

詞第一首

臨江仙詞

春意

傻清居士未定稿

樓外草青春欲到、東風靜待花開、陰晴不定總縈懷、含苞猶未放、飛蝶又驚猜、可是愛花人已困、思量籌數安排、中宵起坐復徘徊、欲將愁遣去、怎的上心來

詞第二首

菩薩蠻詞　琊園居士

懷人

沉沉消息經年歷、燈前試向牙牌卜、起後又重眠、夢多魂未安、夜書將欲讀、瞬又心他屬、輾轉似輪馳思君無斷時、

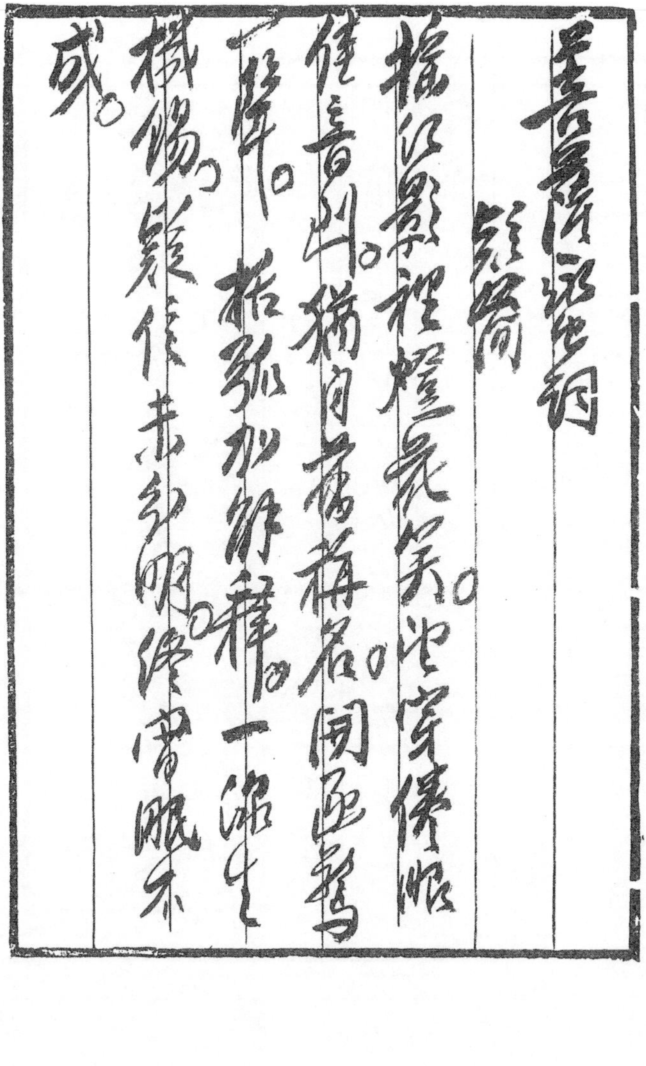

菩薩蠻詞

寄嫻

梳妝鏡裡燈花笑。此宵定傳佳音到。猶自舊存君。同遊鸞聲。拈弦加絳繹。一路生機暢。錢後未分明。儘當眠不成。

詞第四首

再用前調

從前悔被虛名誤，回頭忽又聽鷓鴣。似是向人呼，今吾非故吾。

故教蓬作答。答無圖而滑擔當莫催眠。明朝期再談。

詞第五首

賀新郎詞

定情誌喜

世事嗟回首、覺年來、飽

經憂患、病容消瘦。我欲

尋求新生命、性有精神

奮鬥、漸運轉、春回枯柳、

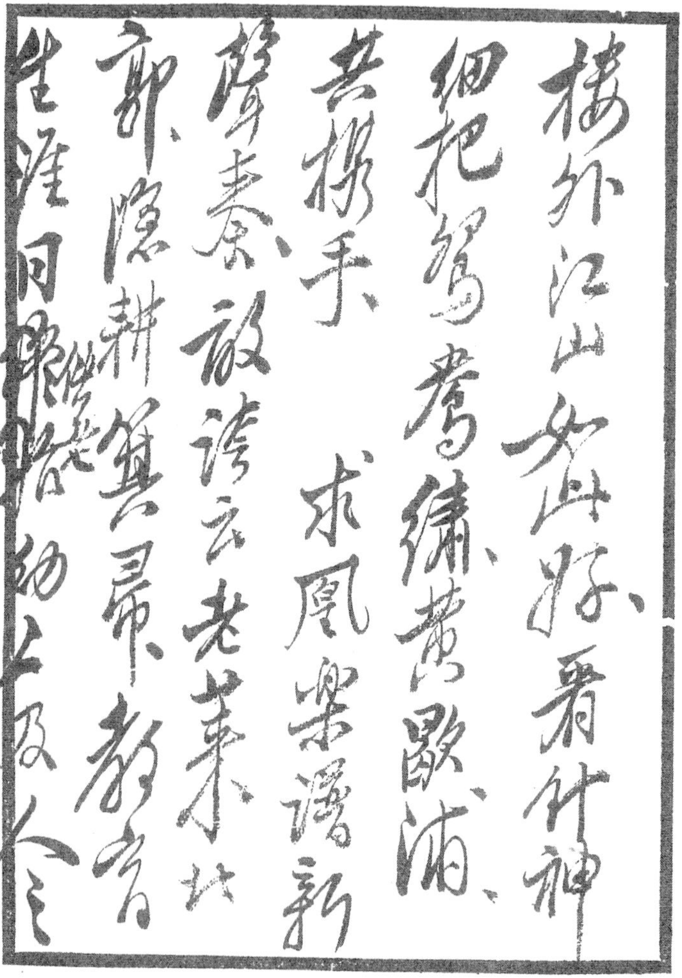

樓外江山如此好，看什神
細把鴛鴦繡，黃歇浦、
共攜手。求凰樂譜新
聲奏，敢請云老萊妝
郎、隱耕鎮昂、歡言
生涯同眾偕老，幼幼及人之

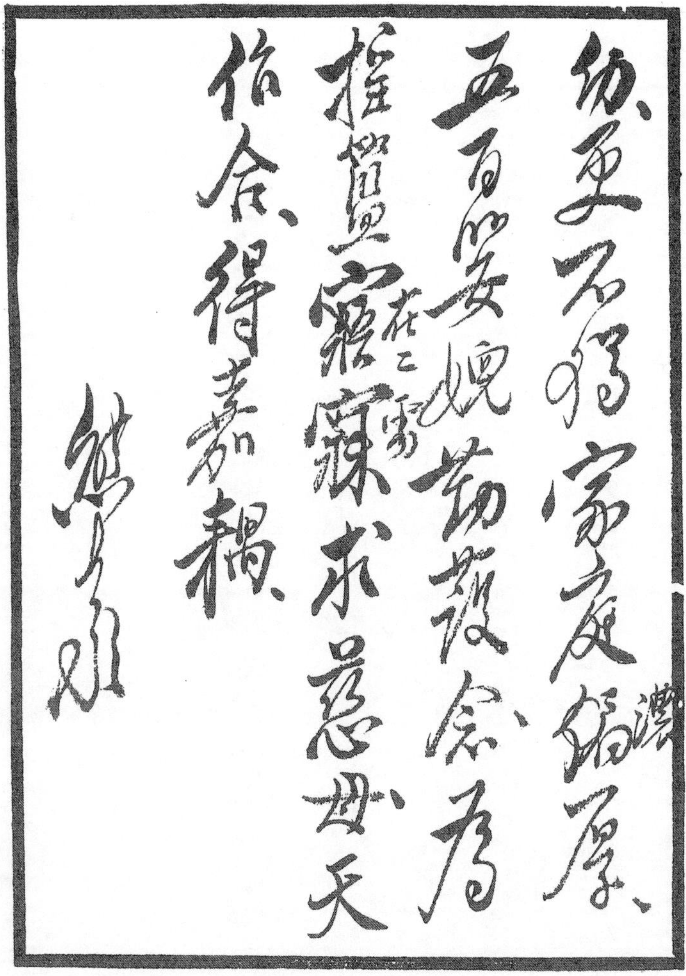
紛紛、更不得家庭溫厚、
至為安慰、勸勉報念着
推覺寤寐寤寐求思毋天
倍合、得著稱、
經兒

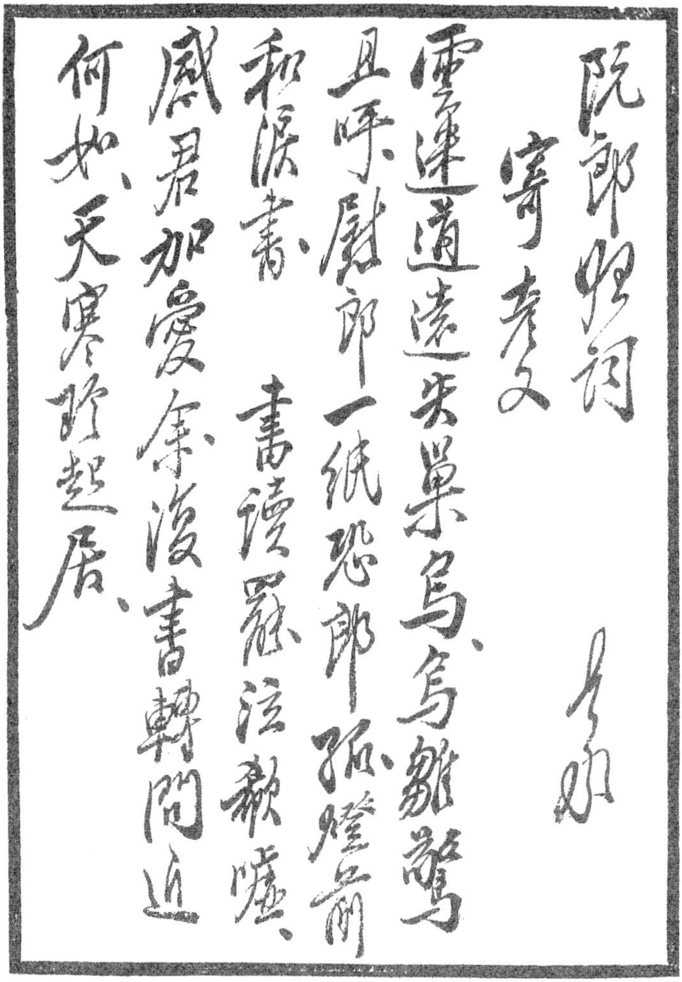

阮郎歸詞
寄彥文

雲深道遠來巢烏、烏雛驚且呼、慰郎一紙恐郎孤、燈前和淚書、
書讀罷、泣歔噓、感君加愛余、復書轉問近何如、天寒好起居、

杭州

西泠飯店旅客用箋

詞第七首

鷓鴣天詞

西湖旅舍作

一路瑤台駕宋迎、湖山風景不同情、明知陽日難相見、意原儂心總不驚、燈影下、數行程、想聞窗外雨疎聲、東風無識行人意、莫向江邊送客情也

電話西字四百五十二

民國　年　月　日

電報掛號（泠）三一三二

杭州

西泠飯店旅客用箋

詞第八首

醉公子詞

西湖雪中憶彥文

雨後花飛白遙憶邃中家寒氣

入羊襦愁伊弱不勝　乞雪

從人願應與今方便莫更向伊

霏伊行步帶衣

電話西字四百五十三

民國　年　月　日

電報掛號（泠）三一三二

詞第九首

北平香山慈幼院駐滬事務所用箋

菩薩蠻詞

春風曾鼓鴛鴦翼。雙飛似箭江南北。一萬五千時。時時形影隨。　忽與覺須臾別。淒涼悲歎說江岸月三更。孤鴻同雙防結年。

院長熊希齡　副院ミ長劃　駐滬主任毛彥文

詞第十首

二月九日為余與彥文結婚二周年紀念日適當
爪哇萬隆大會彥文有病遂向大會請假一日為
之慶祝且兼調養焉賦双々燕調以記之

一雙燕子。又海國飛來。結巢新住。商量
舊約。準備湖山同去。無人百花深處。且嚐
遍甜霜蜜露。消遙蓬島長春。忘却
天涯羈旅。　回顧。佳期試數。正去歲今朝。
雙棲無雨。光陰又過。七十二旬寒暑。好共朝
朝暮暮。說不盡纏綿愛護。縱然病裡
良辰。不減那時風度。

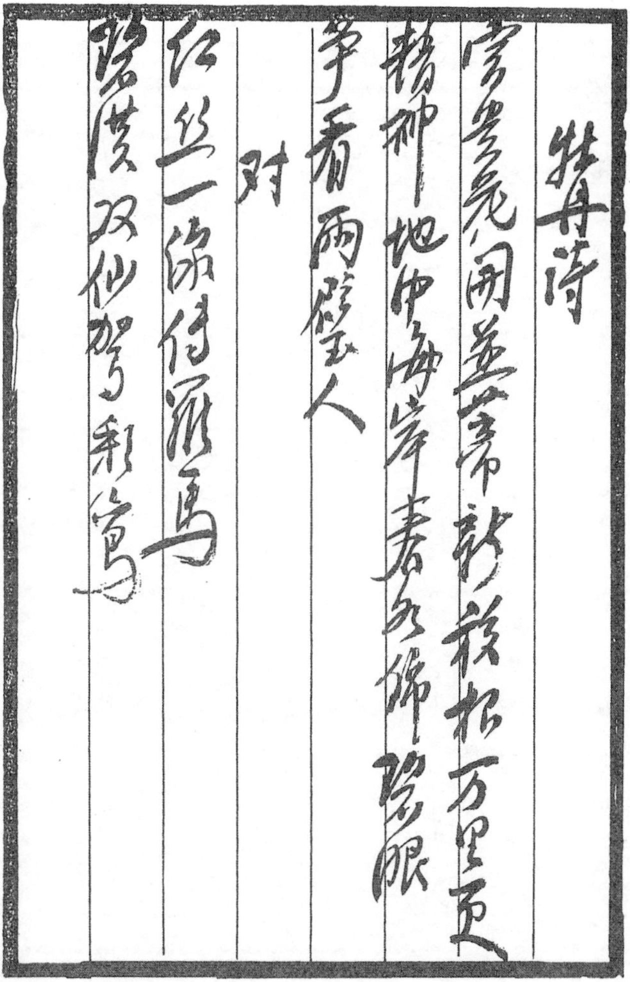

特寄詩

霞光開並蒂新移根万里更
精神地中海岸春如錦碧眼
爭看兩璧人

对

紅絲一線傳羅馬
踏虛双仙駕彩鸞

詩一首　對聯一

三、秉三公上岳丈書三件

上岳丈第一書 民國廿四年二月四日

樂山岳丈大人閣下 希齡猥以駑駘
之材謬中雀屏之選仰被
光榮實深慙感惟是訂婚方覺親
迎有期忽聞
岳母老夫人訃耗驚愕之下哀痛
異常竊念 令媛孝女申姐孝親
義篤克盡弃養之勞而
岳母老夫人愛女心深久無有家之

望因此總期必能瞭月是以便
方親友在港協商念循孝親
之遺靈茲精神必須與有善述
之志方足以慰 在天之靈公同
決定妥適辦理 遵母之言仍行
合葬所以從權也待禍之後仍行
守制所以守經也經權互用存
設均安事非得已想荷

鑒垂照乘彥文小姐回呈奉長
託帶徽物四品伏乞
察納專此肅布敬叩
禧安

[illegible]謹啟

二月四日

上岳丈第二書 民國廿五年四月一日

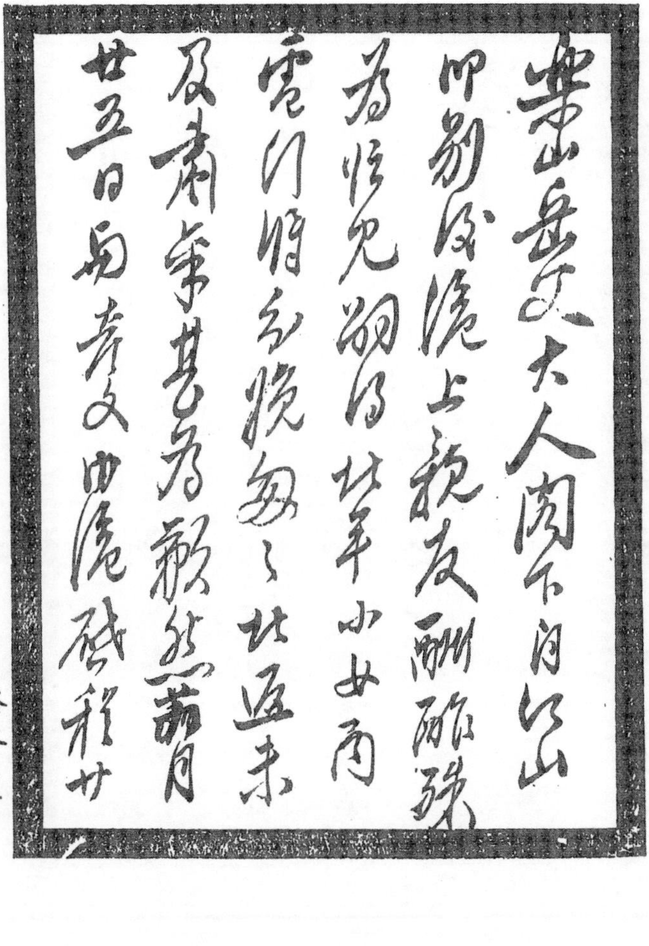

谿谷叟

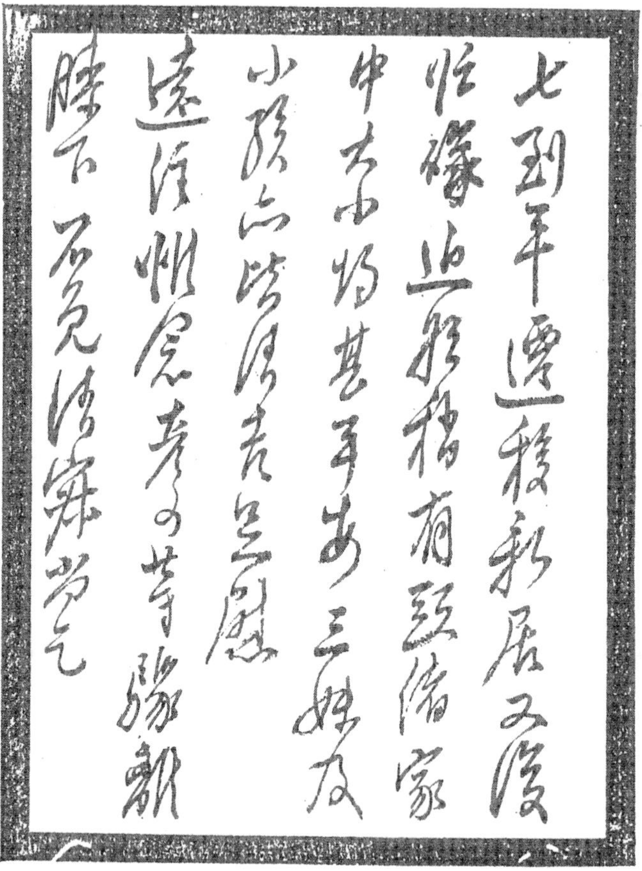

谿谷叟

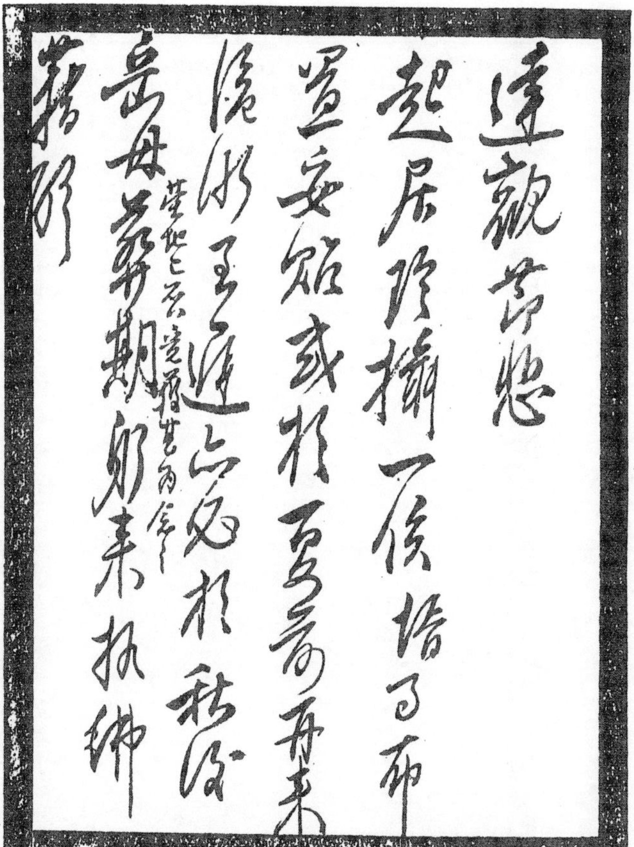

谿谷叟

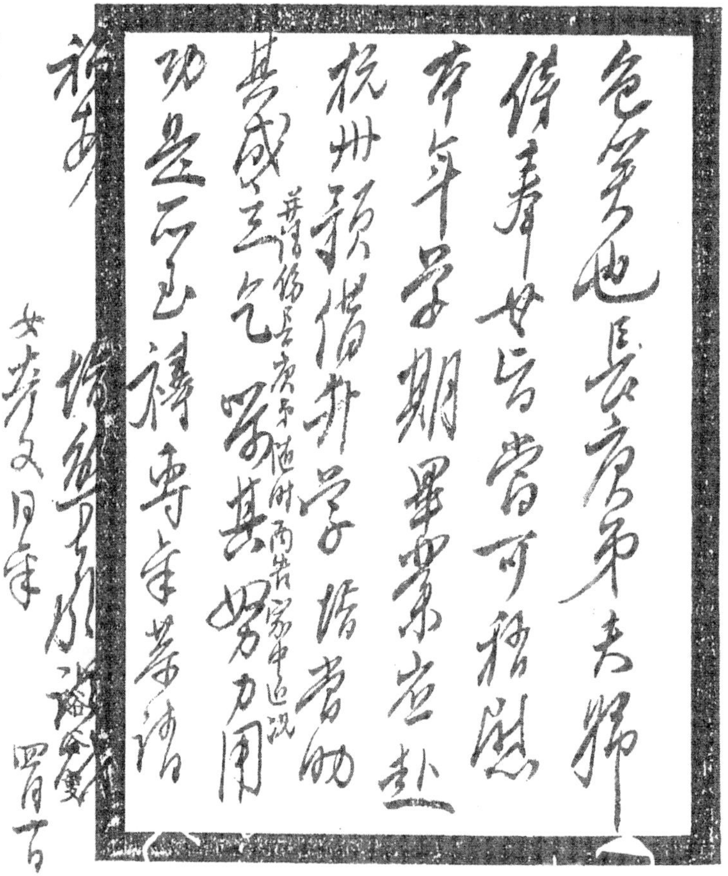
色笑也長房弟夫婦
侍奉甚為當可稍慰
本年學期畢業定赴
杭州預備升學諸君勉
其成立之氣望其努力用
並請你與長房弟隨時商量家中近況
功是所至禱專此草請
福安
彥文同學
四月十日

上岳丈第三書 民國廿五年九月十九日

岳丈大人閣下本月十四晚奉
手諭敬悉
福體康健
聞蘇軍安至為欣慶上年
回年後請假移[illegible]救務[illegible]無
[illegible]為所弄賤恙日痊元氣
恢復足慰

鶚侄 三妹已就究言學語社
防衛團事務員職 處弟不必考
入職工學校高中班 彥文家
務由某擔任已全明 此佈
岳母大人葬期當均請假回
籍 婿爲彥文之擬於冊後定
期未及即祝 叔安 彥文

性情溫和純厚，料理家事

井井有條，婿得其襄助，實由

庭訓之所致也。謹此奉告，

敬叩

福安

婿熊希齡謹上

九日夜

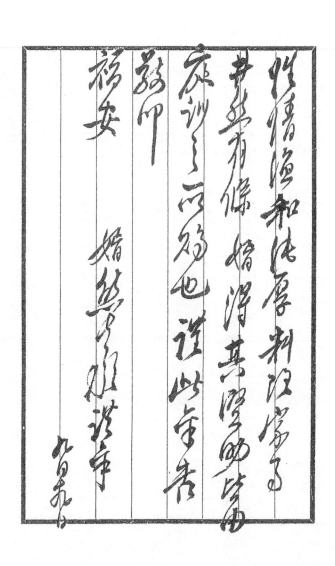

一、秉三公致彥文八書

（一）致彥文第一書[1]

彥文女士久未晤為念，頃有所達於左右者，請先恕僕之唐突。溯自與季兒同學時，嘗稱道君之賢淑，為彼第一知交。迨君與某之解除婚約，熊夫人屢屢代抱不平，謂君之溫和而多情，某某之薄倖而負心，種種印象深入於僕之腦筋，未嘗一日忘也。是後僕對於君之境遇，十年以來時時注意，而於危急亂離之世，尤恐君陷於危難之邦，想君尚能記憶也，繼而知君能與境遇奮鬥，以一女子而獨立生活，且犧牲己利以孝親愛妹，其性情之純厚，道德之高尚，尤為僕所敬愛矣，僕亦不自知以何因緣而注意至此也。僕自熊夫人故後，加以九一八之變，國難家難同時並作，僕之觀念消極萬分，此一年來病魔纏繞，尤感覺扶持無助，僅欲得一看護照料病軀而已，乃季兒與香兒堅決反對僕之意見，竟以僕向所敬愛於君之故代向君徵求同意，前日夜報大略使僕既驚且喜，不啻褐衣而拾珠玉，旱苗而得雨露也，僕以老大之身，經此家國之難，自覺生命將及垂萎，今忽得君之眷顧，振我精神，又不啻僕之新生命新

---
1 原信遺失。本文錄自《雙清遺珍》書軸。約書於民國二十三年十一、二月間。

紀元也，僕不僅為個人家庭幸福慶，且為所辦慈幼教育事業無量數之兒童幸福慶。昔宋史歐陽文忠公之父，年齡大於其母二十七歲，歐母賢聲，古今罕有，然只限於歐陽氏之家庭而已。今君助我發展教育，幼幼及人之幼，則更較歐母之賢而進一步矣，僕以十三年社會事業之經驗，深覺現時代之需要，必得一真正文明家庭以為之倡，僕與君嘗負此重大使命矣，僕無他能，惟此誠摯之心必使君之精神快樂滿足，而立此模範家庭，以為我國無量數之兒童幸福基礎，不獨子其子也，儻蒙同意，請賜復音。並候面教。

熊希齡

（二）致彥文第二書[2]

彥文小姐，昨季兒傳述電告知近日為考課改卷甚忙，望從容從事，勿太過勞也。僕現移寓靜安寺路滄洲飯店二樓二百一十二號房間，君二十三事畢後，請於二十四日午前十一日惠臨一談，即在此午餐可也。君妹漢口之行，暫勿解決，俟面談後再定。僕二十三與紅十會陳

[2] 民國二十四年一月二十一日，婚前。

會長趨江灣查勘江灣學校建築地基，約在午後三四時或順道至貴校與君一見，先此奉告並頌日福。

熊希齡

一月二十一日

二十四日君如能屆時到滄洲飯店請先用電話示知，電話三四二〇〇，明日午前十時必在此間。

（三）致彥文第三書[3]

彥文小姐今日一談，僕之感覺更深，有不能不懇切言之者，揣想，君之為人，一不好虛榮，二不尚形式，三坦白直實，四不好世俗娛樂，以上皆非其他女子可比，五立志創立事業，六骨肉孝友，七摯愛兒童，以上亦為女子所難能。惟於今日所談考慮各點，以君受已往之折挫困難，而考慮將來之幸福，自亦人情所應有之意義，即使僕處君地，亦當如是也，人生觀念各有不同，其關於一身之幸福，必各有相當之情緒以為安慰者，大要綜括為六點：

[3] 民國二十四年一月二十三日，婚前。

（一）以配偶年齡相齊，同衾同穴為安慰者；（二）夫死而有兒女，希望成立，以為安慰；（三）產業優裕，生活安適，以為安慰者；（四）宗教信仰，希冀天國以為安慰者；（五）篤重情感，不計甘苦禍福，以為安慰者；（六）研究學術，興趣極濃，以為安慰者。以上六點能兼全，固難能可貴，但使有一二點亦足以了其終身。惟此六點中第三至第六點不成問題，皆可以人力做到，獨第一第二兩點則關於天命，非所能必也，年齡之修短，為其幸福之久暫；兒女之有無，為其生理之限制，非可以操卷者，僕向以他人之幸福為幸福，他人之快樂為快樂，不能私利於己而犧牲於人，倘若真愛其人，雖不利於己，亦願祝其幸福之得有所託。此與君之考慮正復不謀而合也，當季兒言及此事時，僕即以此為問題，此乃關於君之終身幸福最為重要之點，須自主而有決心，絕非第二第三人之所能代為解釋。此一點若有絲毫懷疑存在，將為終身不快之事，愛君者雖百方求君之精神快樂滿足，亦終不可能也，望君再三考慮，慎始圖終，是所切盼，謹再奉布，擾君分心，罪甚罪甚，順祝新福。

熊希齡

一月二十三日

（四）致彥文第四書[4]

彥文小姐，頃得復書敬悉。連日閱卷勤勞，又復代課甚多，念念，二十六午後僕赴慈幼協會年會演講，時間有餘，當順道江灣迎候，遲則不及矣，二十七午前十時僕仍赴勞而東路一號，同回滄洲飯店可也，今日又成懷人一闋，錄請指正專泐並頌午祺。

熊希齡

一月二十五日

（五）致彥文第五書[5]

彥文小姐，昨函計達。旅中枯坐無聊，適見樓外草壇已綠，花蕊欲放，賦之寄意，錄呈一粲，二十七午前十時至一時當來迎候，並頌粧祺。

熊希齡

一月二十五日

4 民國二十四年一月二十五日，婚前。

5 民國二十四年一月二十五日，婚前。

（六）致彥文第六書[6]

彥文吾愛，別後歸寓，讀吾愛留函，深情摯語，聲淚俱下，其加愛於余者，無微不至，余覺余之幸福，無可比擬，惟有感謝吾愛，感謝上帝而已。余觀吾愛近月以來為功課忙，為婚事忙，已極於疲勞之境，而又遭逢大故，深慮或罹於疾，故願送吾愛至杭以稍安慰於萬一，既以吾愛又眷眷於余之寂寞，決願余在滬上度歲，余亦不忍拂吾愛之意，乃為此雙方兼顧之策，實則余最喜好旅行，尤喜與吾愛同行，車上並不勞頓，望吾愛勿以為念也。至於在寓痛哭一節，母子之愛出於天性之自然，情動而不能已，乃余之所最敬愛者，余與吾愛為一體，若母即吾母，又何忌諱之有，矧余平生向不忌諱乎，吾愛勿以為意，吾愛到縣後，總宜勉抑哀情，善慰岳父，遷杭之事，可以奉商，江山尚在危險之中，不可不預計也，余當體吾愛愛我深情，加意慎攝，吾愛亦當悉我過慮之情，節哀節勞也。朱醫生處已由季兒電約於午後往診，請告三妹勿念，今日郵局只有兩時寄遞，匆匆寫交，尚覺有無限言語未盡萬一也，岳父處乞代望候，二妹並候，保重保重，盼切盼切。

希齡

二月三日

---

6 民國二十四年二月三日，婚前。

（七）致彥文第七書[7]

彥文吾愛，昨函計達。今日余雖在此週旋，實覺與旅行西湖無所分別，以腦中時時刻刻有一人之印象未離左右也。朱醫生昨日下午已住診，據云小小傷風，不甚緊要，請告三妹勿念。裁縫衣服全行做好，昨晚已送到季兒家中，高葛兩君送來衣料禮物，現存余處。余明日早車赴杭，不再寫信，以君六七號轉來，恐相左也。外寄詞一闋上岳父大人書，另內郵亦於今日遞江山矣，即問近好。

希齡

二月四日

（八）致彥文第八書[8]

彥愛，送登車後，回寓假寐，仍未睡著。飯後至城南拜望並購物件，刻已歸來。霖香等均偕外賓遊覽農業院，頗覺寂寞也，車上能睡否，腹疾如何，不勝懸念。余決定三十日晨車

---

7 民國二十四年二月四日，婚前。

8 民國二十五年二月二十八日，婚後。

來江，可否下車留住一日，惟愛之意是從，屆時在車站定之可也。

秉愛
二月二十八日

二、秉三公柬彥文・詞十

（一）臨江仙[9]

樓外草青春欲到，東風靜待花開，陰晴不定總縈懷，含蕾猶未放，飛蝶又驚猜。可是愛花人已困，思量羯鼓安排，中宵起坐復徘徊，欲將愁遣去，兜的上心來。

（二）菩薩蠻[10]

沉沉消息眉峯蹙，燈前試向牙牌卜，起後復重眠，夢多魂未安。取書將欲讀，瞬又心他屬，輾轉似輪馳，思君無斷時。

9 春意。
10 懷人。

(三) 前調[11]

搖紅影裡燈花笑，望穿倦眼佳音到，猶自舊稱名，開函驚一聲。括弧加解釋，一線生機錫，疑信未分明，終宵眠不成。

(四) 再用前調

從前悔被虛名誤，回頭忽又聞鸚鵡。似是向人呼，今吾非故吾。故教遲作答，答亦圓而滑。權當藥催眠，明朝期再談。

(五) 賀新郎[12]

世事嗟回首，覺年來飽經憂患，病容消瘦，我欲尋求新生命，惟有精神奮鬥，漸運轉，春回枯柳，樓外江山如此好，有針神細把鴛鴦繡，黃歇浦，共攜手，求凰樂譜新聲奏，敢誇

---

11 疑簡。復函稱老伯。惟加一括弧云未有關係以前仍舊稱呼。

12 定情誌喜。

云老萊北郭，隱耕箕帚，教育生涯同偕老，幼幼及人之幼，更不獨家庭濃厚，五百嬰兒勤護念，為搖籃在在需慈母，天作合，得嘉耦。

（六）阮郎夜[13]

雲迷道遠失巢烏，烏雛驚且呼，慰郎一紙恐郎孤，燈前和淚書，書讀罷泣欷嘘，感君加愛余復書，轉問近何如，天寒珍起居。

（七）鷓鴣天[14]

一路瑤臺駕采迎，湖山風景不關情，明知隔日能相見，怎奈儂心終不寧，燈影下，數行程，忽聞窗外雨珠聲，東風應有識行人，莫向江邊渡口行。

13 寄彥文。

14 西湖候彥文。

（八）醉公子[15]

雨後花飛白，遙憶途中客，寒氣入車襦，愁伊弱不勝，乞雪從人願，應與人方便，莫更向伊霏，伊行少帶衣。

（九）菩薩蠻

春風曾鼓鴛鴦翼，雙飛雙宿江南北，一萬五千時，時時形影隨，忽覺須臾別，滋味愁難說，江岸月三更，驚聞雙雁聲。

（十）雙雙燕[16]

一雙燕子，又海國飛來，結巢新住，商量舊約，準備湖山同去，並入百花深處，且嚐遍甜霜蜜露，逍遙蓬島長春，忘卻天涯羈旅，回顧佳期試數，正去歲今朝，雙棲黃浦，光陰又過七十二旬寒暑，好共朝朝暮暮，說不盡纏綿愛護，縱然病裡良辰，不減那時風度。

15 西湖雪中憶彥文。

16 二月九日為余與彥文結婚二周年紀念日。適客爪哇萬隆。彥文又有病。遂向大會請假一日。為之慶祝而兼調護焉，賦雙雙燕調以記之。

（十一）牡丹詩

富貴花開並蒂新，移根萬里更精神。
地中海岸春如錦，碧眼爭看兩璧人。

（十二）對聯

紅絲一線傳羅馬。
碧漠雙仙駕彩鸞。

三、秉三公上岳丈書三件

（一）上岳丈第一書[17]

樂山岳丈大人閣下：

希齡猥以驥櫪之材，謬中雀屏之選，仰被光榮，實深慙感。惟是訂婚方定，親迎有期，

17 民國二十四年二四日。

忽聞岳母大人訃耗，驚悉之下，哀痛異常。竊念令嬡彥文小姐孝親義篤，克盡奉養之勞，而岳母大人愛女心深，久懸有家之望，因此愆期必難瞑目，是以雙方親友在滬協商，僉謂孝親之道重在精神，必須具有善述之志，方足以慰在天之靈。公同決定變通辦理，遵母之意，仍行合巹，所以從權也，結縭之後，仍行守制，所以守經也，經權互用，存歿均安，事非得已，想荷鑒垂昭，乘彥文小姐回里奔喪，託帶微物四品，伏乞察納，專此肅稟。

敬叩　福安

婿熊希齡謹啟

二月四日

（二）上岳丈第二書[18]

欒山岳丈大人閣下：

自江山叩別後，滬上親友酬酢殊為忙冗，嗣得北平小女函電行將分娩，匆匆北返，未及肅稟，甚為歉然。前月二十五日與彥文由滬啟程，二十七到平，遷移新居，又復忙碌，近期稍有頭緒，家中大小均甚平安，三妹及小孩亦皆清吉，足慰遠注。惟念彥文等驟離膝下，不

18 民國二十四年四月一日。

免清寂，尚乞達觀節悲，起居珍攝，一俟婿等布置安貼，或於夏前再來滬遊，至遲亦必於秋後岳母葬期躬來執紼，塋地已否覓獲，甚為念念。藉領色笑也，長庚弟夫婦侍奉甘旨，當可稍慰。本年學期畢業應赴杭州預備升學，婿當助其成立，乞囑其努力用功，是所至禱，並請飭長庚弟隨時函告家中近況。

專奉恭請　福安

婿熊希齡謹啟

女彥文同稟

四月一日

（三）上岳丈第三書[19]

岳丈大人閣下：

本月二日到滬奉手諭，敬悉福恭康健，閤第平安，至為慰慶。上年回平後，清理積年校務，忙無暇晷，所幸賤恙日痊，元氣恢復，足慰慈注，三妹就兒童幸福社幼稚園事務員職，庚弟亦考入職工學校高中班。彥文家報中想已稟明，此次岳母大人葬期，當均請假回籍，婿

[19] 民國二十五年九月十九日。

與彥文亦擬於二十後定期來江躬親執紼，彥文性情溫和純厚，料理家事，井然有條，壻得其賢助，皆由庭訓之所賜也，謹此稟告。

敬叩　福安

婿熊希齡謹稟

九月十九日

【附錄五】

慕爾堂中熊希齡續譜求凰曲

前國務總理熊希齡氏，於昨日下午三時與其新夫人毛彥文女士在西藏路慕爾堂舉行婚禮。熊氏高齡，已逾花甲[1]，兒孫成行，四年前痛賦悼亡後，對社會事業，仍孜孜未倦，惟內助乏人之感，至近年而益深，乃因其內姪女之介紹，重譜求凰，與年僅三十許之毛女士結婚。婚前鬚長及尺，恐為新娘所不喜，竟自剃去，且因不諳教堂中結婚儀節，於前日午後二時半，在慕爾堂練習達一小時半之久，一時報章傳載，社會人士無不稱為佳話韻事。故昨日前往觀禮者，除熊氏及女士之親友外，冒雨竚立慕爾堂前，希圖一觀熊老及新娘丰采者，亦大有人在，各報社亦特派記者，到場採訪，記述一切。

---

1 六十六歲。

一、車蓋雲集

二時許，矗立於西藏路畔之慕爾堂前，即已車蓋雲集，彼峨特式建築之教堂，雖為綿綿春雨剪剪寒風所籠罩，然因嘉賓喜氣洋溢，反若張其笑口，以示歡迎，入門處左旁，為簽名處，更左有櫃檯二，諸人正忙著收受禮物，及開發使力。

二、群賢畢至

簽名冊計二冊，係舊式帳簿，但此一平凡紙簿竟蒙如許名流學者聞人名媛所品題筆。走龍蛇者有之，纖細婉約者有之，或謂實上海近數年來少見之名人簽名簿也，到者有黃郛、李石曾、覃振、吳鐵城、潘公展、褚輔成、賀耀祖、施肇曾、劉鴻生、葉開鑫、虞洽卿、張公權、錢新之、陳光甫、王曉籟、張耀翔、趙晉卿、林康侯、章士釗、狄楚青、高魯、董顯光、薛篤弼、黃慶瀾、趙叔雍、張壽鏞、唐壽民、江小鶼、梅蘭芳、胡筆江、杜月笙、張嘯林等，及女賓約共五百餘人，其中尤以女賓為多，可謂群賢畢至，少長咸集矣。

三、花籃成陣

慕爾堂內部之壯麗，為海上各教堂之冠，講壇作半圓形，計三級，每級綴柏葉，列以花籃，群芳吐艷，宛若花陣，總計不下百十隻之多，其中有馮玉祥及梅蘭芳所致送者，尤使人注目，最高處為奏樂之所，宗教意味與襲人花氣交融，禮堂中乃益感甚崇高甜蜜矣。

四、白髮紅顏

三時正，來賓齊集禮堂，即由該堂朱葆元牧師證婚。結婚進行曲悠揚起奏後，熊氏及毛女士，即由二少童、及男女儐相朱庭祺夫婦，引導緩步入堂，及講壇前而止，熊氏衣藍袍黑褂，頷下濯濯，望之如五十許人，恂恂然儒者風度，新娘衣妃色禮服及地，披白色婚紗甚長，為年雖已逾卅，然眉目間青春猶在，固一及笄之美麗少女也，謂為二十許人，或可相當，朱牧師即舉行耶教結婚儀式，鄭重迅速，未半小時，即告完成。婚禮進行中，新郎始終未示笑容，新娘亦頗矜持，惟當牧師讀主文至「熊希齡先生與毛彥文碩士……」一時，新娘忽輾然微笑，豈念年窗下，萬里洋所造就者，至今已得有歸宿而喜歟。結婚儀式雖已於前日練習一次，然新娘固已見嫻熟，新郎則猶未能按步就班，惟隨新娘亦步亦趨而已，朱牧師亦兼任指導。在場之攝影記者甚多，爭相攝影，惟慕爾堂規例，禮堂中不許攝影，故堂中僕役，時加阻止，雖言者諄諄，而聽者藐藐，卒被飽攝而去。

禮畢，熊氏即偕新娘及賓相等出，稍事休息，以待晚間在北四川路新亞酒樓宴客。席設新亞底層，約二十餘桌，壁間懸喜幛甚多，且多妙聯，茲抄錄其雋永幽默者數聯如下：門生劉輔宣聯云：「鳳凰于飛，祥兆『熊』夢，琴瑟靜好，樂譜『毛』詩」。鄭洪年聯云：「兒孫環繞迎新母，樂趣婆娑看老夫」。馮陳昭宇聯云：「舊同學成新伯母，老年伯作大姐夫」。九六叟馬良聯云：「豔福晚年多人成佳偶，春光先日到天結良緣」。章士釗：「幾峯蒼洞求凰意，萬里丹山引鳳聲」，又識云：「張雨詩，弟幾峯前蒼至洞，何年於此鳳求凰，乙亥元月，秉老與毛彥文女士結婚上海慕爾堂，合此詩意，爰並採韓退之句，綴聯申賀，離鳳新聲，桐花為期，海內親朋，洗耳同聽，釗亦僭為屬辭云耳。」又有自署七十二不老叟崔通約者，集聯尤見工允：「老夫六六新妻三三，老夫新婦九十九，白髮雙雙。紅顏對對，白髮紅顏眉齊眉。」

五、洞房一瞥

熊氏新居，在辣斐德路一三三一號花旗公寓三樓三十六號，計會客室、臥室二、廚房一、浴室一，月租二百數十元，頗富麗。當中央社記者叩門時，有一男僕出迎，屋中器具，均係房主所備，其他什物，則類皆親友所贈，或借給者。壁上除九六叟馬良相伯對聯，及熊之內姪朱經農等之喜詞外，尚有惲壽平題吳門女史范雪儀之工筆人物「才媛著書、彩筆畫眉、吹簫引鳳、藍橋仙侶」等八幅，尤見名貴，並有一、二西洋名畫，其一猶可憶及為I. Henner之Fobiola，臥室中新床係對合式，或頗適用於熊老乎。

六、佳話一束

熊毛結婚，傳為佳話，故昨日所來賀客特眾，且皆欲一覘皓首娥眉。當未行禮前，賓客相聚一堂，談笑取樂，有謂新娘年齡不止三十三，實為三十九。其後段芝泉代表梁鴻志來，梁熊原屬同僚，初晤新郎，握手為禮，繼見熊于思已剃，不期仲掌摩熊下顎，引得哄堂大笑，有人勸許世英效顰剃鬚，將為偷閒學少年。

原載中華民國二十四年二月九日

上海《申報》

【附錄六】

熊秉三先生事略

熊先生秉三諱希齡，湖南鳳凰縣人。父諱兆祥，官協鎮，母吳太夫人。先生生有異稟，貌魁偉，穎敏異常，兒年十二補諸生，肄業沅水校經堂，學大進，沅州太守朱其懿雅愛重之，光緒辛卯舉於鄉，壬辰成進士，甲午入詞館。元配廖夫人前卒，至是朱太守以妹其慧妻之。先生既通籍，益究心當世之務，發憤思有所作為，會義寧陳中丞寶箴撫湘，銳意變法，先生與梁啟超、譚嗣同、唐才常諸人從公子三立游，數左右之，於是奏設時務學堂長沙，稍稍以泰西科學教授，諸弟子范源濂蔡鍔皆當時高才生也，復組南學會研討學術，創湘報牖啟民智，三湘風氣為之丕變，戊戌政變起，六君子罹大辟，先生坐是奪職，諸所興建摧毀無遺。初先生在衡州與江學使標同奉召入京，未行而難作，乃走沅州，辰沅道捕之亟，先生不欲以逋亡累老親，毅然待之，賴朱公營救事得解，居二年，東遊日本，壬寅朱公移守常德就府治，設師範講習所，聘先生主其事，未幾復創辦西路師範學堂及常德中學，來學者多湘西雋秀，所造就甚眾。又捐沅州所居宅設務實學堂，甲辰再赴日本考察教育及工商業，歸後聲譽益起，乙巳復原官，旋隨五大臣出洋考察憲政，觀覽既多，益洞曉西洋學術政治之得失，發而論議，聽者咸聳息感動，明年奉天將軍趙公爾巽奏調先生贊戎幕兼奉天財政局及農工商務局總辦，未幾趙公移節四川，江蘇巡撫陳公啟復奏調先生為總文案兼江蘇農工商局總辦，兩江總督端公方亦以督署總文案屬先生，庚戌拜東三省清理財政官兼東三省鹽運使之命，冬趙公復任東三省總督，更奏派先生兼東三省屯墾局督辦，建移民實邊之議，又總辦奉天造幣廠，先生所在，疆吏皆倚以為重，政教興革多所毗贊，尤留意計政，勾稽其出入，較量其贏縮，旁及全國，匯其源流，以為開節，當時言理財者莫能及也。民國元年任財政總長，不數月出為熱河都統，二年被任國務總理兼財政總長，閣員中多一時知名士，海內喁喁望治矣，明年國會被迫解散，先生遂辭職，籌辦全國煤油鑛，兼任參政院參政，四年袁氏竊帝號，先生請急回籍終養，陰助蔡鍔出亡天津，自是絕意仕進，以教育慈善事為己任，然先生於民黨之革命大業，恒視其力所能及以維護之，贛寧役後譚公延闓奉召至京，將陰賊之，先生館之國務院，出入調護為力解，乃免，然未嘗以此自詡也，張敬堯督湘譚，公退駐永州，先生設法協助軍餉十餘萬，敬堯摧殘教育，湘省私校經費尤為艱困，先生特籌經費五萬元濟之，長沙紡紗廠常寧水口山鉛鑛為湘省最大利源，敬堯以籌軍餉貿之鄰省商人，約成矣，先生率湘人力爭於北京政府，卒罷約並爭回米鹽公股七八百萬元，他類此者不可勝舉，六年秋冀省大水，浸及百餘縣，先生督辦順直水災振務所，全活災民逾百萬，復成立順直水利委員會，求水患之源而弭之，後無大災，創辦香山慈幼院，收容災後無家可歸之兒童數百人，績收至數千人，且養且教，眾稚群嬉，忘其孤寒，長養肥碩，無有夭札，歌舞進退，秩然有容，慈幼宏規，海內莫二，仁聲義聞，中外一辭，旋南遊魯豫江浙湘鄂，考察教育良窳，中華教育改進社推為董事長，當是時，各省天災人禍相繼，救死扶傷不給，先生首創湖南義振會、臨時婦孺救濟會，與西人合辦華洋義振會，拯卹不遺餘力，西伯利亞大饑，國際振災隊救濟俄人，先生贊助最力，為惠尤遠，用此被推為世界紅卍字會中華總會會長，國民政府成立，亦推先生為振務委員，中華慈幼協會發起全國慈幼領袖會議於滬，以先生先進，奉為圭臬，繼又主持大會於青島，方先生服官日，不治家人生產，歘歷中外，廉俸所入一委朱夫人，夫人為居積得資產三十萬元，夫人歿，悉舉以充兒童幸福社基金，毀家興學，人尤以為難云，先生天性淡泊，旁無姬侍，既喪偶以內助乏人，慕毛彥文女士之賢，遂續娶焉，二十六年春偕毛夫人赴爪哇出席國際禁販婦孺會議，復往青島籌辦嬰兒園，已而盧溝橋變起，滬戰繼作，則來滬與紅卍字會同人盡瘁於救護諸役，設傷兵醫院四，難民收容所八，受治傷兵六千餘名收容，難民二萬餘名，上海慈善團體聯合救災會推為副委員長，又發起街童教育社，仍為香山慈幼院謀遷校費，京滬淪陷後，先生將往西南各省推廣紅卍字會救護事宜，十二月偕毛夫人先赴香港為難民傷兵募貲，甫數日暴得疾，以是月二十五日卒旅次，享年六十有八，嗚呼先生志量宏遠，氣度豁達，具先覺之知，懷不世之業，少掇高第中操魁柄，不可謂不遇，而纖人貪夫撓而敗之，末由發抒其志意，僅僅以教育慈善事自詭，綜其生平手所募集毋慮數千萬，更罄其產以濟之，不以毫氂自私，而天禍中國，搶攘未已，呼號匍匐，卒隕其生，福善無徵，天道冥冥，蓋難知哉，先生屏絕嗜好，惟以作畫填詞自娛，晚年自奉尤薄，蕭然若儒素時，復研討哲理，雖百務叢脞，終不累其神明，至其施政本旨，宏綱細目，語具任總理時宣言中不具著，著其教育慈善事較詳者，哀先生之得以自盡其力者，於是乎在也。

熊秉三先生追悼會籌備處

中華民國二十七年四月三日

手邊無先夫秉三公平生翔實事略資料，姑錄此文留作紀念。

彥文　誌

【附錄七】

抗戰勝利祭告先夫熊三公秉三文

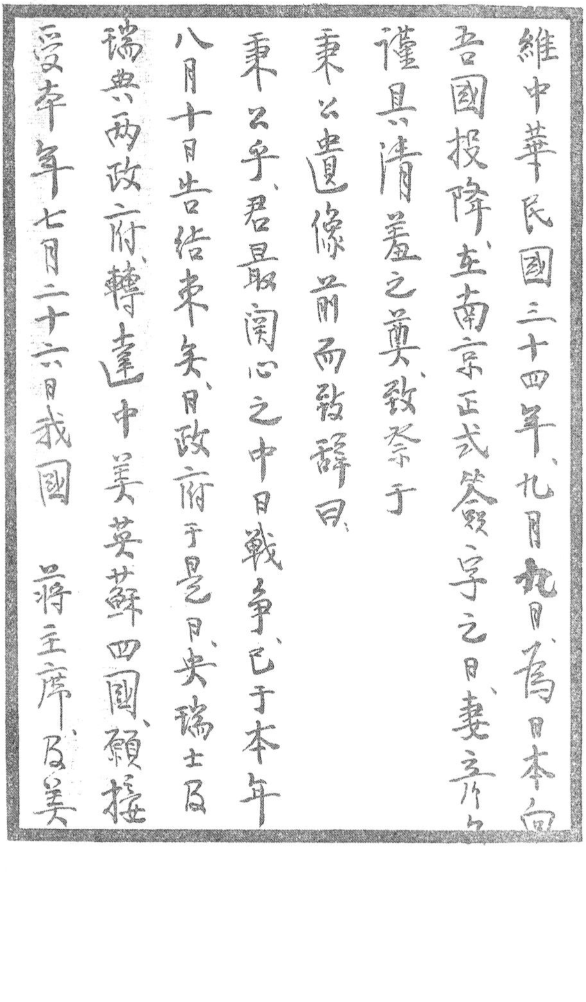

維中華民國三十四年九月九日為日本向
吾國投降在南京正式簽字之日妻彥
謹具清羞之奠致祭于
秉公遺像前而致辭曰
秉公乎君最關心之中日戰爭已于本年
八月十日告結束矣日政府于是日央瑞士及
瑞典兩政府轉達中美英蘇四國願接
受本年七月二十六日我國 蔣主席及美

總統杜魯門、英首相邱吉爾、于波次坦所
發之共同宣言、換言之、即步德國後塵、承
認無條件投降也。此消息傳出、舉國歡騰。
我國苦戰八年、卒獲勝利、向者被視為次
殖民地之祖國、因堅毅抗戰、艱苦建國、已
躋于世界一等強國之列、事之可慶可賀
寧有過于此者乎、吾于樂而忘形之際、不
覺潸然淚下、蓋痛君未及目睹、強敵

屆際、已先捐軀、苟君此时尚健在、吾知君之歡樂、当無窮也、

溯敵人侵寇吾國、自明而清、由来已久、君在青年、亦感受吾國喪師割地賠償之奇恥、追東國政方謀振奮圖強、奈因國家積弱、處處受日本壓迫与欺凌、至不能展其懷抱、鬱憤之情、見于歌詠

許君一生、受日本侵略之刺激至多、其痛

恨日本之深、實較志士仁人為尤甚、今則不僅東北等處收復、台灣亦重歸版圖、君之故鄉芷江、復為何應欽總司令處理全國接收日軍投降事務之處、冬聞國際奇恥已雪、國運日隆、英靈有知、含當含笑于九泉矣、

一月以還、失地次第收復、國旗到處飄揚、陰霾消逝、日月重光、收復之區、為妻為母者、胸均

欣欣然相告曰：吾之夫、吾之子女行將歸矣。
吾聞之，黯然心傷。在抗戰期內，交通梗阻，吾
嘗假設君之客他鄉，一俟交通恢復，或能
歸來。今勝利已臨，輪軌漸通，而吾之假
想竟已毀滅。君果有歸來之一日歟？噫乎！君
早因初期抗戰失利，過度刺激，已不幸
為憂憤而殞其生，將永無歸來之一日，吾以
毀滅之假想，惟有託之夢寐，期與君之

靈魂相接冥漠之中，一伸其昔情矣。無是則今日見親友中之妻若母、夫若子，家庭團聚，共樂天倫，吾祇有含淚私呈詠、強顏為歡耳。嗟乎，秉公，君亦知吾內心之悲痛乎，甚矣，死別之慘酷也。

秉公乎，君手創之北平香山慈幼院，經此悠久戰亂，已破碎，支離，面目全非，最近院舍又為敵軍全部佔用，一切建設摧毀無餘、數百冊畫、流離失所、君半生之苦經營之慈業、蕩焉無存、言念及此、摧裂肺肝、吾在廣西主辦之分院、亦于去年桂林柳州相繼淪陷而解体、年來培分院耕耘所得之成績、悉付東流矣、今幸和平實現、社會秩序漸次恢復、吾當盡吾力之所及、重整慈院、藉繼君造福孤寒之遺志、亦以報相知于天上也、但吾輩有此志，吾之健康，能否負斯重任，未敢逆料。蓋在此八年抗戰中，吾經歷喪父、喪夫之悼痛，飽嘗敵人炮火之威脅，及備受四方奔走之辛勞，二年前又為協治慈幼院院務，途經香港，適逢日本與英美宣戰，香港淪陷，身處危境，流離半載，始輾轉返滬，經此驚亂，吾之痛病加深，健康受損，兼尤以置身淪陷區，備嘗精神之苦痛，与生活之壓迫，身非鉄石，胡能堪此。是以吾未及衰，而視已茫茫，髮已蒼蒼，昔日壯志，銷沉殆盡，以吾之孱弱，恐不能久于人世，徒有復興遺業之心耳。

嘗讀陸游詩云：「死去原知萬事空，但悲不見九州同，王師北定中原日，家祭毋忘告乃翁」，今者九月二日，為日本向聯合國投降在東京灣「米蘇里」軍艦上，正式簽字之日，九月九日，為日本向吾國投降，在南京正式簽訂字之日，君乃愛國者，特予在中國日軍正式簽訂降書之今日，祭告英靈，亦不忘告翁之意也，魂兮歸來，共中慶祝，尚饗，

【附錄八】

十年流水帳

秉：今日何日，諒君不至健忘，君曾憶及十年前今日之情景乎，是日吾二人正忙於結婚典禮，婚禮於下午三時在上海西藏路慕爾堂舉行，牧師為朱葆元，吾二人皆非教友，所以用基督教儀式者，一則因予受教會教育有七年之久，對於基督教印象最深，而君之博愛好施，亦適符基督之旨；一則因此種儀式既簡單又莊嚴。

是日雖微雨濛濛而觀禮者甚多，慕爾堂禮堂竟無隙地，此半為君之盛望，半為好奇心所致。禮畢先至季佳[1]家休息，予換去結婚禮服，改御便衣，君急背人吻予，為之羞怩不已。

1 朱曦小名。

少傾，相偕赴外灘惠中旅館[2]，新房雖設在花旗公寓[3]為避免親友鬧新房起見，事先在惠中定一房間，至則君勸我進茶點，二人依偎而坐，直至夜九時左右君復[4]來迎赴北四川路新亞酒店，謂來賓入席已久，不能不一去應酬。到時全堂來賓拍掌歡迎，敬酒者接踵而來，褚輔成先生代表來賓發言，要求新人報告戀愛經過，君坦然起立，略謂：「新娘本叫我老伯的，這回我向她求婚，她還以輩分不同為推託，我們的結合完全為事業。」云云，於是掌聲雷動，來賓又請予發言，予被迫無奈起答曰：「剛才熊先生所說的，都是實情，我都承認。」香香[5]、季佳等見來賓鬧無止境，私請退席。回至惠中重行進餐室晚膳、入臥房已近十一時，是夕不知是否房間太熱，抑精神過度興奮，二人徹夜未入睡，翌晨回花旗公寓，連日忙於親友間之招宴。

越旬日歸寧[6]，為赴先母三七之期，父親忌諱，不願新人住在家中，特在王家布置住處，治喪帳房因君為新婿，且年事較高，故未為君製孝服，君固請之。君執子婿禮甚恭，鄉

---

2 Palace Hotel.

3 Black Stone Apartment.

4 朱霖字。

5 熊芷小名。

6 回江山原籍。

人稱道不置。留江山四日，匆匆返滬，仍寓花旗公寓。三月中旬遷至呂班路巴黎新村十九號，兼旬後回北平。五月初在石駙馬大街二十二號本宅招待親友及外賓，此為婚後來平初次大宴賓客。夏間往香山雙清別墅避暑，數月勞頓，此時方得休息。每當月夜，君輒偕予乘椅轎赴山上各名勝處賞月，君之興趣至濃，精神甚快。香山慈幼院為歡迎吾二人曾舉行盛大歡迎會。其熱鬧景象，大有全院若狂之概。君又定七月七日為回家節，令畢業生於是日回院團敘，全院師生又熱鬧一番。九月中旬，由平來滬，因君復伉儷將赴意大利，夏間舉家遷滬，住辣斐德路四七五號，與季佳為鄰。吾等抵滬數日，君復、香香相偕出國，吾二人與五孫同住，家庭之樂，融融如也，十月又赴江山為先母舉殯。

聖誕節及新年大為熱鬧，因有五孫暨季佳諸兒女助興也。憶聖誕節前一日，吾二人赴四大公司購禮物，旁午請君先回家，不允，強吾同返，雖勉與隨行，不愉之色，難以自掩，默坐汽車中，良久不語。飯後，君午睡，吾乘間外出，歸來，見君臥床流淚，為之訝然，詰其故，君曰：「你購物不願我在身邊，想係嫌我年老，怕為熟人見笑。」吾始知君誤會，迨告以係購一手錶贈君，作為聖誕禮物，故事先不願君得知，始破涕為笑。計結褵將一年，此為第一次鬧小脾氣，嗣後吾無論往何處，君欲與偕，從不拒絕，免君多心。

二十五年二月九日，為吾二人結婚週年紀念。是日傍晚，君偕吾住花旗公寓，重溫舊景，並在公寓宴季佳伉儷等親友，君又譜一詞作為紀念。

是年春香香先回國，彼抵滬不久，吾隨君返平處理慈幼院院務。未離滬前，將家遷至愛麥虞限路四十六號，香香則舉家遷贛。夏間中華慈幼協會在青島舉行年會，吾二人由平赴青出席，備受青島市長沈鴻烈氏之招待。因即在此消夏，君酷愛觀海及賞月，每逢月夜，二人步行至海濱，踞坐危石，依偎私語，水聲潺潺，月明如鏡，天地之大，一似僅吾二人為最有存在之價值，此情此景，歷歷在目，每一念及，神往心碎。

七月初返平，參與慈幼院第二屆回家節[7]，師生相敘一堂，備極歡欣，九月由平乘平漢路車至漢口，轉南昌，探視香香伉儷及五孫，彼時君復、香香皆服務於南昌也，寓香香家四、五日，吾先赴江山省親，臨行時與君約，三日後，君啟程過江時，吾在車站迎候，相偕返滬，乃吾抵江之翌晨，君即來電，謂於是日下午來江矣，此為吾二人結褵後第一次小別，僅一晝夜耳[8]。吾等過金華時，下車遊覽名勝，勾留數日，由金華轉蘭谿，由蘭谿乘帆船遊覽七里瀧及嚴子陵釣臺，君對七里瀧之美景，歎為觀止，遨遊於青山綠水之間，不啻神仙矣。初冬，吾因病入大華醫院凡七日，君上、下午及晚間，每日三次，來院探視，至則將當日所遇所作之事備述無遺，特別看護引以為美談，此為吾二人婚後第二次之小別。

---

7 七月七日。

8 君作有誌別詩，見附錄四。

二十六年一月初旬，君偕吾赴爪哇，出席國聯召集之遠東禁販婦孺會議，第二週年結婚紀念日適在爪哇萬隆，原擬是日赴某湖遊覽，惜吾患重傷風未果，君譜一詞贈予[9]，是日君未出席會議，於日在寓舍伴吾，倍覺纏綿。三月返滬，兼旬後又北上，仍為慈幼院院務也。

四月終，應沈鴻烈君之請，由平赴青島商籌青島市與香山慈幼院合辦嬰兒園事宜，同時租賃住宅。旬日後匆匆南下，清理什物，六月初將滬寓遷青島，住福山支路十二號，君忙於籌辦嬰兒園，吾則布置住宅，前者開學有期，後者部署方竣，乃盧溝橋戰事忽起，風聲鶴唳，大有不可終日之勢。沈鴻烈君再三勸吾等返滬，謂青島有旦夕發生戰事之可能，君不願離去，吾強之始行，抵滬數日，滬戰繼起。

滬戰三閱月，君竟日奔走於傷兵醫院及難民收容所之間，蓋此時君率世界紅卍字會同仁，致力救護工作，設傷兵醫院四、難民收容所八，醫治傷兵六千餘名，收容難民二萬餘名，暇復撰文向當局貢獻種種救亡意見與計畫。迨大場失守，南京淪陷，君大哭失聲，悲國運已瀕危，痛生靈之塗炭。十二月中匆匆携予赴香港，擬轉道入湘，主持慈幼院分院開辦事宜，及繼續救濟工作，不謂受戰事刺激過深，抵港甫一週，遽於民國二十六年十二月二十五

[9] 參見附錄四。

日晨六時患腦溢血症逝於旅次，青天霹靂，恍如夢境，計自結縭迄今，僅二年十閱月又十六日，痛哉！

秉：以吾二人平日之恩愛，結婚生活，如此短促，吾之悲痛豈筆墨所能形容於萬一耶！君逝世之日即吾一切幻滅之時，吾從此陷入悲苦之深淵，不能自拔，雖生猶死，當不能忍受苦痛時，曾想及自裁，藉脫苦海，終無勇氣嘗試，只有任澈骨之哀傷逐漸噬去吾之生命，此慢性之自殺也，夫復何言！

二十七年一月十日，吾葬君於香港仔華人永遠墳場。親戚執紼者，僅外甥田學曾、季佳、及吾堂弟毛仿梅三人由滬專程去港，德德[10]於舉殯前夜到達，如此而已，君之喪事，自甚簡寂，以視君生前，親友盈門，熱鬧景況，大相懸殊，斯即所謂人情歟。喪事辦畢，吾與季佳等返滬。嗟乎！吾等離滬，未及一月，去時二人相依為命，歸來吾已為畸零人！一進向日親愛之小家庭，一切改觀，客廳成為靈堂，一種澈骨悲痛，襲上心頭，非身歷其境者不能領會此中滋味。睹物思人，家中一草一木無不引起吾之熱淚，吾終日在涕泣中消磨矣。

---

10 熊鼎小名。

吾為繼續君之遺業，不能久羈滬寓，同年六月重行赴港，抵港迭接經農函電催促去長沙，因湖南省政府有公葬委員會之設立，邀吾前往勘地，乃由港乘機飛長沙。君在世時，屢擬偕予回湘觀光，卒未如願，今則吾隻身去矣！傷感何如！至則寓經農家。數日後香香由南昌來晤，兩人相持痛哭，其情殊慘。

經農伴吾赴衡山勘地，在半山購地一方，面積頗廣，為他日葬君之所，我亦痴想，死後得附葬君旁，以免孤魂無依，能否如願，未可逆料。

吾與香香由長沙赴漢口向政府請求恢復慈院補助費，承朱子橋、屈文六諸君之協助及孔庸之先生之念舊，當經最高國防會議通過，以七折發放，計每月七千元，並補發二十六年自八月份起至恢復時之款項，慈院經費，得以確定。香香先吾離漢，吾於二星期後回長沙。此次在湘，完成二事：一、葬地；二、君在故鄉芷江所辦之雙陵小學改為香山慈幼院芷江分院，改聘雷動為校長。事畢，逕赴桂林，承桂當局多方優待，尤以當時教育廳長邱毅吾伉儷特別關垂，桂分院賴以順利進行。

香山慈幼院桂林分院於二十七年春季始業，初辦二部，一為幼稚師範，一為幼稚園，前者為桂省訓練師資，每縣保送女生二名，學雜費均免，後者為幼師學生試教及實習而設。桂省供給校舍及校具，經費由我方籌措，主持者為張雪門君。

九月間接滬寓電，驚悉泉兒於七月十一日病逝津宅。此子抱病終身，未享人世幸福，溘然物化，痛惜莫已。十月初由桂林坐帆船至梧州，取道香港返滬，十一月赴津為泉兒舉殯於香山朱夫人之墓旁，母子相依，當不寂寞，同時進行津宅產權登記，十二月終回滬。

二十八年春應浙江省政府之請，赴永康出席浙江省臨時參議會會議，因吾忝居參議員一席。至永康，距開會期尚有十餘日，乘間回原籍省親，此時父親雖無大病，然已十分衰老，見之暗自流淚。居家一星期，匆匆叩別，父女依依之情，至今思之，又為黯然。不謂此次一別，即為永訣，傷已！五月終回滬，六月又赴港飛桂，桂分院因去年十一月桂林被敵機大舉轟炸時毀去，此時遷至一偏僻鄉陬古宜開辦，吾擬前往視察，邱毅吾伉儷多方勸阻，以途次不靖，恐遇意外，於是電招張雪門、張子招及雷動三君來省商議院務，商議結果：一、桂林分院遷至三江縣丹洲鄉開學；二、芷江分院添辦初中，彼時敵機猖獗，空襲頻乘，一日吾寄寓之樂群社被炸，所有行裝悉付一炬，不得已八月終狼狽飛港轉滬。是年十二月十五日父親棄養，彼時敵人已在寧波登陸，沿途轟炸，不能奔喪，有虧子職，抱憾終天！而今而後，吾不僅為畸零人，且為無父無母之孤哀者矣！

二十九年春，吾乘出席浙省參議會之便，先至永康赴會，旋回江山為父親安葬。葬事辦畢，四舅父[11]迭函邀去長臺鄉外家一行，吾初不允，老人有一函云：「如甥此次不來，恐後

[11] 朱筱村先生。

會無期，余年七十餘矣。」讀此書，深為感動，勉強成行。吾不回外家將二十年，幼時陳跡，依稀可尋，舊恨新悲，不能自已。舅父母對吾之慈愛與撫慰，無以復加，住外家一星期，四舅母每日親自入廚，凡吾幼時所愛之菜餚及點心，無不一一親為製備，令吾感激涕零。臨行曾特去祭掃先外祖父母之塋墓，在墓前不覺痛哭失聲，蓋追念昔日外祖母鍾愛之情及因此陷吾於無限痛苦，至今創痕，無法平復。

七月回滬，愛麥虞限路四十六號住宅之業主「王爾陶」逼吾遷居，經數月覓屋之苦，始於十月十一日遷至愛棠路愛棠新村一三四弄二號居住。愛麥虞限路住宅並不佳，然吾殊依戀不捨，因此宅曾為吾二人親愛之家庭，在此宅內，有君陳跡，吾住其間，彷彿與君較為接近。吾嘗假設君久客他鄉，或有歸來之日，一遷移，則一切陳跡毀滅，似與君相距更遠，幻相不易發生，故遷居亦為吾傷心之一事。十一月重上征途，赴港飛渝，向孔庸之先生請求增加慈院補助費，以往按月七千元，已不敷開支，幸見庸之先生時立允增加一倍，即每月一萬四千元。

三十年二月由渝飛桂。轉赴丹洲分院，本院經兩張[12]之努力，成績斐然，深得社會人士之贊許。惜該處交通不便，瘴氣極盛，師生時有患病者，適彼時敵人狂炸內地之氣焰已大

12 張雪門、張子招。

滅，故又計議將幼稚師範遷回桂林，小學設在柳州。吾先返省，將此計畫與桂當局磋商，請其協助，諸事籌妥，於四月間飛港轉滬。

北平香山慈幼院總院，歷年來仍由予負責維持，當地政府絕未干與，是年六月某方派一名吉田者為顧問，要求月薪聯銀券五百元，至是吾無法且不願維持矣，當電囑胡觀生代理院長即予停辦，未蒙同意。吾於七月間赴津，請胡君前來，告其無法再居院長名義之苦衷，以後亦不能代為籌款，如欲繼續，一切由彼負責，胡君欣然承諾。吾將院務作一交代，悵惘返滬，屏擋一切擬去桂長住，專致力於分院，已往數年所以兩地奔馳者為維持平院也，此時平院已不須兼顧，吾可以安居一處，故於十一月終又赴港，仍寓許地山夫人家，已定就十二月十日飛渝機票，八日香港戰事驟然爆發，身陷危境，港戰十八日，隨時有死之機會，卒得倖免，或君在冥冥之中維護之力耳。香港淪陷後，吾成為難民，每日二餐隨許家老幼往香港大學排班領食，如是者凡一月方輾轉赴廣州候船回滬，在廣州住愛群酒家四十日之久。費盡九牛二虎之力。始購得三等艙票一張，航行十二日於三十一年四月抵滬。在港既受極度恐慌，復又流離五閱月，吾之健康大受損害，往日視為不要緊之左頸上小瘤，此時驟然長大，左手時感麻痺，攬鏡更自驚兩鬢微霜，居然衰老矣！三十二年九月九日，德德忽來吵鬧經月，強逼出售津宅，吾因不忍以此引起家庭糾紛，有玷君之令名，忍痛允之，津宅即於三十三年一月犧牲了，此事亦令吾痛心不已，詳情誌在〈天津售屋記〉文內，惜該文遺失。

計吾自粵返滬，行將三載，在此三載中，一事無成，屢擬進內地工作，終未成行，半為吾之健康不濟，半為吾無決心解散此家，致使君之遺業支離破碎，吾罪實甚。去秋桂林、柳州相繼淪陷，芷江久無消息，數年來為分院奔波成績，悉付東流，誰實為之，言之切齒。

拉雜書來，一似流水帳，然皆十年來之事蹟，與君共者三分一，君所不知者三分二。前三年隨君東西南北席不暇暖，雖有時亦感風塵之勞，而唱隨之樂，堪稱幸福，況與君同遊，興趣橫生，其樂無央乎。後七年吾獨行踽踽，唯一伴侶，破碎之心耳。

秉：所謂生死見交情，年來最關心吾等家事者，在親戚只有君策、君恪兩姊妹，及外甥學曾伉儷。事無鉅細，莫不參與，在朋友唯君之老友陳仲恕、陳叔通兩先生而已，吾有困難，輒向陳氏昆仲磋商，得以解決，兩氏予吾道義上之協助至多，甚可感也。昔日受君提携而飛黃騰達者早已不通音問，視同路人。

去冬經叔通先生提議，請葉揆初先生為君撰家傳，葉氏為君三十多年之老友，深知君之身世及為人，傳內所述，無一非實事，文亦斐然可觀，內有二語云：「平生似遇而實未遇，欲有為而終不可為。」不愧為知己之言。葉君又著手為君選編文集，是則君對社會、國家之豐功偉績，將賴此永垂後世於不朽。

月來美機大事轟炸香港，每次在報端閱讀是項消息，日則繞室徬徨，夜則輾轉不寐，懼君之墓地波及，願君在天之靈，自加維護，減吾之罪，免吾杞憂。君在世時，對世界大勢、國家安危，至為關切，今則歐戰行將結束，黷武德義自食敗北之果，中日戰事亦有急轉直下之勢。吾國抗戰八載，在國際上地位日高，民氣益盛，敵人已成強弩之末，國家前途，殊堪樂觀，與戰事初起時，不可同日而語，此為君初料所不及，雖未及目睹，英靈有知，當含笑於地下也。

香香在重慶從事婦女工作，成績斐然，君復在美為國效勞，五孫均長大，最小者軾吳亦已十齡，惟年來音訊沈寂，去書未見答覆，令人懸念不置。此間環繞吾左右者，學曾一家、吾之三妹及其女、菊妹、欽翎等數人。菊妹來吾家十載，家務瑣屑，賴其助理，吾依之如左右手，她之婚姻為吾一重大心事，坐視其青春將逝，而無從為其物色佳婿，焦慮內疚，與日俱積。欽翎已長大，稍解事理，此兒對吾親如己出，倘稍假之詞色，輒纏擾不清，吾因心境太劣，冷淡遇之，童稚之心，或亦惘然。

自吾來歸，每月生活費為八百元，十載以還，仍沿舊例，僅於三十一年五月滬上禁用中央紙幣、改中儲券時，由平董事會逕寄北京聯銀券八百元，年來滬上物價直線狂漲，區區之數，何濟於事，無已君之汽車、君之皮衣、以及較有價值之物均陸續痛心出售，以供家用，但什物終有售罄之一日，以後生活大成問題。以上瑣瑣，知君關懷，故不憚煩絮，並以奉告。

秉：吾精神上空虛之苦痛，遠勝於物質上之缺乏，七載於茲，猶如無舵之船，飄泊大海，莫知所之。昔日壯志，銷沈無遺，即憧憬有一快樂家庭，伉儷偕老，子女各一之最低希望，亦歸毀滅，一生奮鬥向上，未嘗作惡，而果報如此，天道冥冥，福善果無徵耶！但吾愛家之心，初未因此稍變，至今廝守此一複雜家庭，維持高漲生活，坐困虎口，尚不願輕易放棄，斯乃變態心理，無以自解。

秉：以君千錘百練之身，尚於數小時內物化，以吾之憂患餘生，且瘤病日深一日，其能久於人世乎，前數年最易感傷，動輒涕泗交流，近來日就麻木，憂樂無動於衷，更不輕易流淚，斯感情枯竭，生命就衰之象徵，然則隨追君於地下之期，當不遠矣！今日為吾二人結婚十週年紀念日，使君尚健在，不知如何歡樂，今則只有對結婚照片，對嫁時什物作一沉痛追憶，並備數色君平日心愛菜餚致祭於遺像之前，英靈如在，魂兮歸來，俾今夕能於夢中團敘，共話當年。嗟乎！言有盡而哀思無窮！和淚書此，聊作紀念。

彥文

書於上海愛棠路愛棠新村本宅

中華民國三十四年二月九日

【附錄九】

母親百齡冥誕紀念

母親於民國二十四年一月二十三日逝世，享壽六十三歲，離開人間已經三十七年了。在此悠長的歲月中，我腦際間常響起她的聲音，清晰而哀怨，這是她的叮囑，也是她的願望。母親說：「月仙[1]，你要把我在你們毛家所受的痛苦折磨，詳詳細細的寫出來，讓人們知道。我過的是什麼日子。我的一身病全是氣出來的。我嫁到毛家沒享過福，只有苦痛與折磨，我識字不多不會寫，只有靠你了。你務必把它寫出來，替我出出怨氣，千萬不要忘記，只有這一件事是我要求你做的。」她說時聲淚俱下，我也飲泣不已，點頭默允。可是到現在我的生命也快結束了，還沒寫成，今天是母親百齡誕辰，我不能再拖延下去，否則不僅有違母命，且內心不安，將來在地下與母親相見，更無交代。

[1] 我的小名。

母親於民前四十年陰曆六月二十三日出世在浙江省江山縣長臺鄉朱家，作述公是她的父親，她名瓊佩，是外祖父母的幼女。作述公元配夫人有一男一女，繼配夫人有三男一女，母親是家中最小的一個。朱氏家道小康，在長臺鄉為鄉紳階級。朱姓在此鄉則為大族，好像尚出了幾位游宦人物。故母親自幼受了良好家教，雖未正式入學，對於三從四德，深信不疑，偶從兄長口頭上也學會背誦幾首千家詩及唐詩等。

母親儀表大方，容貌娟秀，性情溫柔，智慧過人，年輕時有江山美人之稱，以善於刺繡及剪各色紙花，揚名鄉里。外祖父母視如掌上珠，乃是一位嬌嫡閨女，凡事家人無不讓她幾分。

母親二十歲來歸我家，父親[2]長她三歲，郎才女貌，伉儷情深。她孝順公婆，和睦妯娌，勤於家務，確守婦道，為一好媳婦及賢妻。

我家在江山縣城內，亦為小康之家，祖父母有三男二女，父親居長，他於二十歲左右入鄉試，中秀才。原擬從科舉途中，創造前程，乃不幸祖父逝世較早，他身為長子須繼承父業。祖父遺有一裕昌布店由父親繼承營業。他從未當過學徒，對於做生意是門外漢，同時仍念念不忘科舉，為環境所迫，犧牲抱負，負起家累，內心痛苦，無法解除，故父親終其一生牢騷滿腹，不滿現實。

[2] 名華東，字樂山。

母親二十二歲生一男孩，取名乾，二十五歲生我，在此期間為她婚後黃金時代。不幸乾於五歲時夭折，遂令母親陷入悲痛深淵。此時她又懷妊，唯一希望，腹中為男孩。乾於是年十一月夭折，二妹宗文於十二月出世。母親喪子之痛未戢，生下竟為女兒，失望與憤恨交並，因之對新生嬰兒有了反感，且無奶水餵哺，舊式家庭，重男輕女，僱用奶媽為不可能的事，於是忍痛將嬰兒給一鄉下楊家領養，作為童養媳。二妹一生命運便這樣決定，其實二妹智慧甚高，如予以受教育機會，其成就當遠勝於我，不幸被無謂犧牲，其命也夫？

過幾年母親又要生產，臨盆前，父親表示如果生下仍為女兒，他將納妾，祖母知道了，甚為焦急，不是衛護母親，乃是此時父親當家，怕添一人，增加開支。於是祖母出了主意，倘生下仍是女兒，便瞞著父親及部分家人掉回一男孩，不幸生下的又是女兒，乃告訴父親是男的。祖母將三妹輔文[3]偷偷抱至一鄉下何姓人家，此家剛死了一男嬰，何婦有奶水，但不願做奶媽，說妥倘她下胎生的是男孩，三妹將為何家媳婦始肯收養，祖母接收條件。[4]

---

3 小名壽仙。

4 二嬸結婚九年未有生育，抱領三妹輔文後一年忽懷孕，產下一男孩，取名鎮權。三妹奶媽何家婦於同年亦產一女嬰，名雙亭。何家要求二叔、二嬸俟彼此兒女長大時結為夫妻，此事遂成定局。鎮權為獨養子，被父母溺愛，以至一無所長，雙亭來歸，二叔家產幾變賣殆盡，二嬸不久去世。中日戰爭末期，日軍佔領江山縣城時，二叔、鎮權均被日兵所殺，慘矣！雙亭及其子祿禧為同文收留，先帶往重慶，勝利後同回南京，同文令祿禧與

二叔華芳與二嬸結婚九年，未有生育，祖母揚言，他們抱領一女兒寄養鄉間，實則便是三妹輔文，[5]父親竟為其瞞過。母親在此夾縫中，精神上的痛苦，向誰訴說？祖母抱來的男嬰有遺傳性梅毒，週歲後死亡。於是母親更陷入不可言喻的痛苦，父親隨時有納妾的企圖，夫妻感情破裂，祖母肆意謾罵，視母親為不會生子的廢物。幾年後母親又再度懷妊，可是生下的又是女嬰，未週歲而夭折，她痛哭時，只有我在旁陪哭，無一家人前來慰勸。再過幾年，母親生下第六胎，又是女的，這是五妹同文，江山人迷信，說產五個女兒，將會產七個，所謂七姐妹是也，為了避免再生兩個女兒，五妹滿月時，邀了六個女孩和她拜七姐妹，行七，故叫她七妹，「七妹」也變成她的小名了。

她的兒子欽羽兄弟一起上學，雙亭做些家事。大陸變色時雙亭又隨同文一家來臺，祿禧已長大，自願留大陸，因之母子分離，恐後會無期矣！雙亭已垂垂老去，我看了她，便想起祖母是支配她命運的人，如果輔文不被掉換，何來鎮權與雙亭的結合？倘雙亭嫁一鄉間農人，她此時也許子孫滿堂，過的是幸福生活，不至像現在的孤伶無依。

5 輔文斷奶後，被接回二叔家，二嬸未生子時，夫妻對她鍾愛異常。迨鎮權出世後，輔文便被冷落，同時這掉包的祕密已為父親所知，故於輔文五歲時被領回自己家中養育。可是這種一再的變換環境令小孩心理上有了不安全的感覺，因之影響小孩的一生。輔文性情怪僻，或由於此。她一生坎坷，處境淒涼，復身陷大陸，受盡壓迫，我們斷絕音訊近二十年，生死未卜，她唯一的女兒眉春，自幼在我家長大，視如己出，也隨其母同陷大陸，淪落何處？所作何事？亦無由得知（眉春今年已三十八歲了），每念及這母女二人，便心痛不已，愴然欲涕！

此時父親已與祖母、二叔華芳、三叔華春分家，我們遷出老家另住，母親較為自由，但仍不願留養五妹，已託人物色到願領養的人家。嬰兒十分可愛，我堅持要留下，偷偷的去到那人家，說是父母命我去索回嬰兒八字，不給他們領養了。母親知道此事，表面上雖責罵我幾句，其實她內心也捨不得讓人領去，故立即僱用奶媽，全家歡悅。

母親的第七胎仍為女孩，幾個月大便夭折了。總之母親一生有一子六女，一子兩女夭折，剩下四女，我居長，宗文次之，輔文行三，同文行五。

母親產過六女後，自知沒有生男的把握，自動為父親物色側室，終於選到一鄉下姑娘名金鳳者，娶來家中，她便是弟弟長夷的生母。父親並不滿意金鳳，在外另行租屋藏嬌。在這一段時間父母時時爭鬧，父親借酒醉為名，一言不合，便毆打母親，搗毀什物，母親忍無可忍，提議分居[6]，分居條件係由父親給母親若干田畝，每年可收租穀約四十擔。從此父親完全不管家中一切，母親負起撫養六口之家[7]的責任。記得當父親把家中什物分去一半運走時，母親痛哭失聲，我們姐妹等也涕泗交流，這種悽慘景象，猶歷歷在目，如昨日事。

母親生平非常節儉，尤善理財，她手中有些微積蓄，均由過新年時我們小孩的壓歲錢儲

6 實際上父親早已不在家過宿，僅有時日間回家逗留一下，聊以敷衍而已。

7 母親、金鳳母子、輔文、同文及我，共六人。

積而來，與父親感情好時，也有點零用錢，她用這些錢託人收買租穀[8]，俟價高時出售，以博微利，年年如此，積久有筆整數，請四舅父[9]在長臺鄉買進一批田畝，每年可收四十擔左右租穀。我們家的生活便靠這些額外收入維持下去。

父親搬出去三、四年，有一天與她同居的女子乘父親外出，竟收拾細軟捲逃無踪。至此父親覺悟，究竟髮妻可靠，幾經要求，仍遷回同住。但二人感情破裂，無法恢復，雖同住一屋簷下，猶如賓客。

母親既受夫妻失和的苦痛。復備受婆婆的虐待。祖母是典型宗法社會的婆婆，她視兒媳如奴婢。任意指使謾罵，如對兒子有不滿處，所有兒子的過失，都要媳婦承擔，她待母親極盡侮辱之能事，每次破口大罵時，總以母親無兒子為不可恕的罪過。常說二房、三房都有子嗣，只有長房絕後[10]，所有母親生的女兒都不能成器。有一次母親哀求祖母，不要罵她時連帶咒罵我們姐妹，母親說：「我的女兒還年幼，您怎麼料得到她們長大時不成器？做長輩的不可以這樣咒罵小輩。」同時母親指著我的臉說：「月仙，你們姐妹長大了要為我爭氣，好好的做有用的人！」

---

8 朱如興表兄常是她的經紀人。
9 朱筱村公，朱君毅的父親。
10 那時長夷尚未出世。

祖母對母親之橫蠻及兇狠，從以下數例亦可見一斑：

三叔華春係祖父母的么兒，自小被寵壞。長大不務正業，且染上不良嗜好，在他窮極無賴時，與當地流氓商議，某一夜間來家中倉庫偷穀，消息走漏，有人向父親告密，彼時係他當家，他急急與祖母商量對策，當時祖母同意是夜加僱工人看守倉庫，當父親外出找工人時，三嬸向祖母挑撥說：「大伯說我的丈夫要偷穀，有什麼證據？如果他是賊，我是賊婆，您是賊媽，您甘心受此侮辱嗎？我看多半是大伯嫉妬弟弟，有意誣造的。」這幾句話，使祖母大為震怒，立即破口大罵父親，三嬸又哭又鬧，全家陷入哭罵聲。其時父親尚未回來，祖母乃轉移目標，指罵母親，那時我大約六、七歲，母親抱了我躲在臥房內，把門鎖上。祖母拿菜刀守在門外，揚言要把我母女宰掉，此時約夜間九、十點鐘，如此僵持到第二天下午五、六時，才由父親陪同族長前來，把我們母女由房中放出來，於是父母親及我三人跪在祖母面前認罪，任她痛罵一番，同時還要向三嬸賠不是，總算滿天烏雲吹散了。我和母親整整一天沒有飲食，我在饑渴交迫時，幾乎昏厥。這個印象烙我太深，至今記憶猶新。

又三叔因行為不檢患上重症，二十九歲即病逝，遺下二子一女，均在稚齡，其幼子週歲左右夭折，那時我們已分家，但為近鄰。有一冬天深夜我在睡夢中忽被大喊大哭聲驚醒，父親很機警，匆匆由後門溜走，母親披上衣服，外出應門，一聽係祖母及三嬸的聲音，不敢開門，原來她們抱了死孩子來我們家搗亂，說是母親命不好，自己沒有兒子，卻時時咒詛侄兒，三嬸的幼子是母親暗地裡咒詛死的，所以要把死孩放在我們家神位前，讓我們全家大小一齊陪他死去，這樣哭鬧直到天亮，父親又把族長請來講情才平息，當然我們又一次的跪在祖母前認罪。這真是欲加之罪，何患無詞，祖母這種近似瘋狂的無理取鬧，不知給母親精神上多少痛苦與虐待。

祖母有些喜怒無常，欺善怕惡，母親溫順有禮，常逆來順受，祖母認為可欺，時加壓迫。同樣一件事，祖母對母親可以謾罵，對三嬸便不敢，因為三嬸會針鋒相對的頂嘴，並不以為她是婆婆而容忍，祖母對她反而退讓幾分。

還有一事至今我仍耿耿在心，那是每年陰曆年底，母親娘家總著工人挑兩籮筐年貨來，其中有一份最好的是送給祖母，另有兩只小紅燈籠，上面有「恭賀新禧」四個金字，這是送給我的，可是祖母把所有禮物放在她臥房裡，由她隨便分點給母親，那兩個小燈籠也高高的掛在牆壁上不肯給我，我又不敢向她要，只有借機會到她房門口偷看幾眼。這兩個個燈籠要到正月十五才給我一個，到那時我已全無興趣了，這在我幼小的心靈上劃下不可磨滅的憤恨！

以上所舉例證都是我垂老仍記憶清晰的祖母的荒謬舉動，此外因細故而大鬧的事情簡直不可勝數。母親一生受盡婆婆虐待，丈夫冷落，其唯一的罪名是沒有兒子，如果乾不夭折，或我們姐妹中有一個男兒，她的處境也許不至於如此的慘！

我與母親見最後一面係在民國二十四年冬，那時我在上海復旦大學及暨南大學教書，因熊氏向我提婚，我不知如何決定，特請假回家與父母商量，母親此時病已很沉重，惟神志甚清楚，她認為人選不錯，只是年齡大了。我臨別時交她六張十元嶄新鈔票，請她隨便花用。二個多月以後，母親逝世，我奔喪回家，發現六張鈔票仍放在抽屜內，當時心酸不已，深深的體會到「子欲養而親不待」的悲哀。

茲逢母親百齡冥誕之日，憑記憶所及寫下她不幸的遭遇，此僅她生平所受的折磨十分之一而已，雖屬陳跡，記憶猶新，走筆至此，又有餘痛！

彥文

書於母親百齡冥誕紀念日

民國六十年八月十三日

【附錄十】

與弟媳姜培英書

培英弟妹、慧敏、仲明吾姪：

我們分別三十餘年，倘與兩姪見面，也許彼此都不認識。在這悠長變亂的歲月中，不知道你們母女怎樣度過的？傳聞兩姪都已成家立業，這一定是弟妹歷盡艱苦，撫育兩女成人。你真是一位偉大的母親！

自弟妹來歸我家，我們姊妹四人已各奔前程，長庚弟在家之時也不多，所有家事及對父母的侍奉、送終之責都由弟妹一人承擔，言念及此，既感且愧！原望終有一天補償你的辛勞，令你有一個安適而愉快的晚年，不料昊天不吊，事出意外，庚弟忽於本年三月二十八日清晨五時病逝臺北！我為了他的逝世，備極傷心，屢次執筆，擬寫此信，乃字未寫成，已淚如雨下，今日強迫自己，和淚寫此。

弟妹，你是為我家犧牲的人，你的來歸，年方十六，那時母親病重，從俗例把你迎娶沖喜，庚弟與你同年。兩個未成年的人成婚，當然不知如何組織家庭，因此你倆均在父母庇護下，一切由父母供給，庚弟從未養過家，也沒有養家的責任感。他是獨生子，父母溺愛，不忍嚴加管束，加之結婚太早。以致喪失上進雄心，不肯努力求學。

民二十四年夏，我與姊丈[1]回江山為母親安葬，葬事結束後偕庚弟去北平，意欲令其考一標準較高的高中，當時曾為他特請教師補習，可是他無意求學，悄悄回了江山，從此學會賭博，彼時父親年邁，無法督責，致入岐途，終因賭博喪生，其命也夫！茲將他來臺後情形及此次出事原因，約略告之。

民國三十八年三月底，因中共作亂，舉國騷動，那時我在上海家中，庚弟在招商局工作，湊巧那天他住在我家，當我倉皇要携欽翎[2]離家時，他堅決要隨我們同去臺灣。來臺後不久，我便赴美，他由五姊介紹在中央黨部謀得一職，二十餘年來均在同一機關工作。我旅美十餘年，其間因選舉總統，前後回國兩次，一、二月後又返美，雖與庚弟晤面幾次，但未深知他的私生活，十餘年前我回國定居，他有時來我家嘻嘻哈哈吃一頓，[3]絕不提及他的工作及日常生活情形，也沒有告訴我他每月有多少薪金，僅風聞近萬元。我屢次勸他應儲蓄些

---

1 熊公秉三。
2 五姊同文第二女，從小在我身邊長大，親如己出。
3 他愛吃南瓜及蘿蔔飯，每次來都為他預備這兩樣。

錢，作為退休養老之需，他常支吾其詞，不肯正面答覆，我亦因庚弟是已近六十歲的人，不是小孩，為姊者不應干涉太多，一切任其自由。

本年三月一日清晨忽接中央黨部大陸工作會陳君來電話，告訴我庚弟於昨夜十一時在辦公室服下安眠藥五十片，且和金門高粱酒吞下，已昏迷不醒，現送三軍總醫院急救，當時我全身發抖，不知所措，急急趕至醫院，他已不省人事，看了痛哭失聲，但仍不知他為何尋短見？經他的主管盧懷鈞先生把他近年來的私生活告我，才明白一切。

盧君說：「長庚已於六十四年七月自請退休，[4]得退休金新臺幣三十萬元，他將此款大半還了賭債，餘下的任意花掉。」盧君念其多年同事，他退休後給予一年臨時工作，到服毒那天滿期。以上情形，事前我一無所知，聽完後又氣又悲，庚弟竟如此糊塗！當他無法應付債務時，倘坦誠告訴我，定然設法代其解決困難，何至走此絕路？

庚弟住三軍總醫院九天已脫險，接回我家休養，初來三天，看上去很正常，不料第四天他說大便出血，到晚間已很嚴重。第五天早晨急送進雨聲醫院，送去時已入昏迷狀態，因胃內餘毒未清，逐漸散布內臟，以致出血不止，迭次輸血及急救無效，延至三月二十八日清晨五時，竟溘然長逝！

---

[4] 退休年齡為六十歲，那年他才五十七歲，尚未到退休年齡。

他的喪事由甥婿陳振中、甥女何欽翎治理，這夫妻兩人代替了兩姪女的職責，他日你們見面時，應向之重重申謝。其遺體為之火化，靈骨寄存臺北市南昌街十四號十普寺，俟大陸光復後，兩姪女可將其迎奉回故鄉安葬。頭七及七七都在十普寺誦經超度，所有醫藥喪事費用均由我負擔，對亡弟似已盡了微薄之力。

臨老復遭雁行折翼之痛！近二、三月來，我都在悽悲的情緒中，又常回憶以往瑣事，譬如庚弟出世時，我正在浙江吳興湖郡女校求學，接父親來信，得知生了一弟，當時高興，無法形容，只記得逢人便告我有了弟弟，同學竊竊取笑。

庚弟誕生，乃我家的大事，母親第一胎是男孩，五歲夭折，自我以下共生六女[5]。當時宗法社會，沒有兒子繼續香火是家庭的絕大問題，所謂：「不孝有三，無後為大。」母親受盡婆婆、丈夫及妯娌的揶揄，在委曲求全下，自動為父親物色側室，因之有了庚弟。所以母親對庚弟不僅視同己出，疼愛逾常，也是她的命根。今庚弟竟不自愛惜寶貴生命，無故犧牲，母親地下有知，當不知如何悲傷。

慧敏、仲明，你們讀了上面所寫的，也許會對你們的父親有所誤解。其實你們父親心地忠厚善良，對人謙和，他的智力並不較一般人差，只是年輕時不肯認真求學。幸在八年對日

[5] 四、六兩女，兒時即夭折。

戰爭的後期，他自動投考電訊科[6]在廣西某縣[7]受了二年訓練，學會一技之長，來臺後竟能在中央黨部大陸工作會服務二十餘年，殊非易事。據其同事說，他對工作認真而負責，係一很好的公務人員。他的忠厚可以從他臨服毒前留下一份債權人的名單[8]證明，他將該單留交同鄉兼同事的胡鴻鈞先生[9]，如果他是狡詐者，自己將尋短見，那還顧及債務？

他的賭博也情有可原，單身在外飄泊，沒有家庭溫暖，在寂寞無聊時，以賭博為消遣，似未可苛責。惟因其心地厚道，易受小人誘惑與欺騙，故每賭必輸。倘你們母女在他身邊，想不至有此悲慘下場。言之心痛不已！更內疚未盡長姊督導之責！

我已風燭殘年，此生也許沒有機會和你們團敘，這封信交翎兒保存，俟你們見面時交閱，那時我或已物化。

弟妹，我在此代庚弟向你衷心致謝，你苦撐我家門第及養大兩女，這分功勞，永不磨滅。慧敏、仲明，希望你們孝順母親，締造幸福家庭，教導兒女做堂堂正正有為的國民。

6 記不起正確的名稱。
7 忘其名。
8 無遺書。
9 他親筆書寫名單附後。

走筆至此，忽有一理智的感想：當此世亂日急，全世界瀕於毀滅的邊緣，庚弟能在此時平靜解脫，未始非福。我們後死者的命運也許較他更慘，盼你們勿太傷心，應為國為家珍重。

大姊 大姑母 彥文

揮淚書於臺北市內湖區麗山街寓次

中華民國六十六年五月四日

【附錄十二】

哭五妹同文

中華民國七十一年六月二十七日[1]下午三時左右，接何芝園[2]電話說：「七妹[3]又發病了，而且牙關咬緊！」[4]我放下電話，即奔你家。到時你已由女婿振中、女兒欽翊護送至中心診所。我趕去醫院，你已被安放在急診室，我在你耳邊連叫：「七妹，七妹——」毫無反應，你已昏迷不省人事！你這回的病是腦溢血[5]，中心診所拍腦斷層片的機器損壞，無法拍

1 星期日。

2 同文夫婿。

3 同文小名。

4 五月五日及六月十九日前後發病二次，係手足麻痺。請醫師來家診治，服藥後，一、二日便恢復正常，以為病好了。這是疏忽，也是極大的錯誤。如果那時送進醫院醫治，也許不會有今天的悲局。每一念及，追悔與心痛不已！

5 近年來你自己及家人只知道你有心臟病，從不知道有腦病。

照，囑轉醫院。於是我們把你送至石牌榮民總醫院急救。在急診室經醫師診斷後，認為病情嚴重，應送入加護病房。這個病房探視病人者不得隨時進入。約晚上八時，醫師、護士把你連床由病房推出，去照腦斷層的機器間，約一小時之久才拍完，又把你送回加護病房。不久醫師出示十餘張你腦部照片，大小不一，但每張幾乎全有血塊。醫師說：「你們家屬應有心理準備，這病沒有希望治好了！很難說今夜能不能拖過，你們回家吧，等醫院電話。」臨走時，我又進入病房看你一次，又在你耳邊叫：「七妹，七妹，大姐叫你！」仍無反應，我們三人含淚回家已深夜十一時，我一夜不能入睡。

二十八日你的病情沒有變化。二十九日下午五時你長子欽羽、長媳李薇由新加坡飛抵家，當即由振中、欽翎及我陪同欽羽去榮總看你，你依然昏迷沒有感覺，臉部似乎浮腫，護士說情況不如昨天。三十日那天，據說病情稍微穩定。七月一日姜必寧醫師去看你，他說最多能拖十天！在這幾天內，我悽悽惶惶，坐立不安，痴盼有奇蹟出現，你的病會有轉機。不料你終於七月三日凌晨一時十一分撒手塵寰，拋下丈夫、兒女、孫輩及我這老姐姐而不顧了！七妹！你去了！去得那麼突然，那麼迅速，在你本身也許沒有太多痛苦，因你一發病便昏迷不醒，但太令我悲痛了！你是我在臺灣唯一胞妹、唯一親人呀！原望你能送我終年，奈何適得其反，雁行折翼，其何以堪！我的傷痛，似勝過你所有親人。

追念往事，在我心深處一幕又一幕的上演，你很年輕時候做了母親，那時芝園收入有限，你過的是艱困歲月，你每年懷孕，六年內生了二勇三女，辛勞可知。同時你要教養兒女，管理家務，又逢八年抗戰，還得携帶兒女由南京去漢口，由漢口去重慶，日機轟炸頻繁，復須舉家東遷西躲，芝園忙於公務，無暇照顧家庭，所以對內對外由你一人承擔。你很能幹與堅強，尚能應付裕如，兒女照常上學，全家平安。

七妹，你是我們父母最小、最寵愛的女兒。你聰敏、美麗、活潑、能幹，父母和我都對你寄予無限厚望，盼你成鳳，故我曾偕你去金陵女子大學附設中學上學，盼你畢業後考入大學。如果不早為人母，定能有所成就，不至於把你的青春、你的前途消磨於養育兒女、操勞家務中。你自認這一生是失敗者，從另一角度看，你沒有失敗，你是勝利者，你五個兒女，每個都有成就，前途如錦，而且都很孝順。我常以有這五個姨甥為自豪，為安慰。你第二個女兒欽翎從小在我家長大，於三年前經由法律途徑正式為我嗣女。我應感謝有你的女兒為我精神上支柱，不至感到孤伶。七妹，論年齡你已高壽，論福氣你子女成名，兒孫滿堂。惟一遺憾者，你沒有多享幾年清福。

七妹，在此遍地烽火，中共謀臺日急之時，你能平安解脫，未始非福，你安息吧。近四年來我遭喪弟失妹、骨肉永訣之痛，心中悲苦，何可言宣！今復以垂暮之年，揮淚書下無盡哀思之文，復何言哉！

彥文

和淚書此

中華民國七十一年七月中旬

【附錄十二】

哭三妹輔文兼略述其生平

中華民國七十三年一月十日上午在紐約的甥女何欽翼打來越洋電話說，接江山姜炎龍[1]的電報，謂你病危，這是意外噩耗，我立刻電告欽翼，囑速電炎龍及有關親戚，設法搶救，所有醫藥費用，當立即匯去。十二日正午欽翼又來電話，謂接江山電報，你已於十日夜九時五十分去世！嗚呼壽仙[2]！你為何走得那樣匆促？真無法相信，我不僅老淚縱橫，且慟徹心腑，我們姊妹四人，至今只留下我孤伶的一個，復何言哉！但這是事實！越旬日欽翼轉來炎龍及姪女慧敏[3]信，始略悉你的病情。你是二日發病，據醫生診斷是心臟性高血壓而引起的腦溢血。想江山很少良醫，他們的診斷，是否可靠，難言之矣。如果你在臺病倒，也許可

1 姜異生君的兒子。
2 我喜歡叫你小名較為親切。
3 長庚的女兒。

救。幸你只病八天，大約苦痛不多，這是你的福氣。論年齡你已八十有三，可稱高壽，但痛心的是你這一生幾乎都在苦海中浮沈，沒有得到家庭溫暖，沒有得到女兒孝思，悄悄誕生，抱恨逝去！

壽仙，你一墮地便做了犧牲品！我們父母生有一男六女，男的名乾，是我們的長兄，五歲夭折，我行二[4]，自我以下有五個妹妹[5]，你行第三[6]。母親懷你時，父親表示，倘這一胎又是女的，將納妾。祖母怕父親納妾家庭不和，所以預先安排，如果母親產下是女的，將買一男嬰祕密調包，揚言嬰兒是男的。不幸產下竟是女的，壽仙，那就是你！祖母把你抱去江山城附近的蔡家山一家何姓農家寄養，同時宣布二叔華方領養一女嬰，因二嬸結婚九年未生育。這個男嬰多病，週歲夭折。你在何姓家斷奶後由二叔接回家中。事有湊巧，此時二嬸懷孕了。你常來我們家玩耍[7]，母親特別愛護你，而且你外貌有些與我相似，引起父親懷疑，不久祕密拆穿，父親堅要把你領回。那時你大約五、六歲，對二叔二嬸、對自己父母都不親熱，只有何家奶媽是親人。因之造成你長大後落落寡歡，對家人沒有熱情表示。

---

4 女的是老大。
5 其中四、六二妹均於嬰兒時夭折。
6 女的排行。
7 那時父親兄弟三人已分炊。

我於十六歲離開故鄉去杭州女子師範求學，二年後，轉學吳興湖郡女校[8]四年，畢業後考取北京女子高等師範學校，僅讀二年即轉學南京金陵女子大學。在此期間對你求學情形，不很清楚，只記得曾介紹你去湖郡女校。迨我於十四年夏在金女大畢業時，你考取南京東南大學，我於秋季開始任教江蘇第一中學[9]，七妹同文在金女大附中，你們二人的一切費用都由我負擔。二年後適逢十六年北伐，南京發生戰事，學校停課，我們姊妹三人倉皇由南京去杭州，本擬回江山家中。到了杭州始知回家路斷！三人擠在城站旅館的一間房間內，正在一籌莫展時，幸遇從前杭州女子師範教過我教育課的張葆靈先生[10]安排我在省政府司法科當科員，你和七妹在省政府圖書館工作，如此一個月。共產黨肅清，省政府改組之後，我們依然留下。七妹年幼，不願做圖書館的事，回江山家中。你此時與徐葆炎[11]往來頗密，慢慢談及婚嫁。十七年春你們在杭州結婚。我則於十八年秋赴美留學。二十年夏母親病重，父親迭函催促回國，我於是年夏由美回來，先去江山老家探視母病，母親大約是肺病，時輕時重，不是短時內能醫好，那時徐葆炎在衢州第八中學任教，你們住在衢州。

---

8 中學。

9 在南京。

10 時為省政府委員兼司法科主管。

11 朱君毅的表弟。

我因已接上海復旦大學及國立暨南大學的聘書，於八月間赴滬任教。翌年徐葆炎在上海找到工作，你們遷居上海華龍路。我兼任復旦大學女生指導，住在女生宿舍。週末偶去你們家敘談。二十二年春有一天晚上，忽接徐葆炎電話，說有要事相商，請我立刻去你們家，見面始知你們協議離婚，理由是徐葆炎另有女人，要我在協議書上簽字做證人。我當即拒絕，憤然回復旦大學。第二天你提了一個手提箱來復旦，說要去南京七妹家住些時，為了你去散心，我當然同意。再隔一星期徐葆炎也來復旦找我，他說在別處另有工作，暫離上海，[12]華龍路的家及一女傭請我暫代照應。從此你們的家一切費用都由我負擔。

你去南京一個月後回上海，有一個週末我去看你並留宿，夜間你哭著告訴我已懷孕了！驟聽之下，驚惶失措，這個未來小孩由誰撫養長大呢？你在醫院待產二天尚未產下，醫生將動手術，要你的丈夫來簽字，我謊稱他在外地工作，由我負責簽字，手續尚未辦妥，小孩已出生了，這是我平生第一次看見胎兒與母體分離。是個女孩，取名毛眉春，小名小安，你沒有奶水，僱用奶媽，家中支出又多一筆，換言之，我的經濟負擔又加重了。

二十三年秋秉三向我提親，我率直告他，我須負擔三妹一家的費用，一旦不教書，沒有收入，這一家就成問題。他說：「此事不成問題，讓三妹和她的小孩住在我們家，跟我們一

12 後來知道他並沒有離開上海，只是與另一女人租屋同居而已。

起生活。」所以我於二十四年二月九日在上海結婚，四月間回北平老家時，你、小孩、蔣媽便一起同行。這其間秉三在天津市政府曾給你找到一份工作，讓你帶小孩、女傭去我們天津的家小孟莊居住[13]，他的意思是你還年輕，出去工作能接觸些人，應擇一適當對象再婚。不料你在天津幾個月即帶小孩、女傭回上海我們的家中。從此你就沒有離開過上海，直到上海淪共，被迫離去。聽說你和小安是掃地出門的！你被中共遣送去東北[14]，小安送去安徽鄉下一個農場，二人都做苦工度日。

三十八年初國共曾試圖和談，有人建議以長江為界，長江以北為中共統治，長江以南仍為中華民國。我認識不清，妄想能成為事實，仍能保留上海的家，不料局勢愈來愈惡化，中共隨時可能渡江，國民政府已遷臺灣。是年三月底，在表姨甥徐縉璜的安排之下，我只攜帶一些替換衣服及手中小數的現款，即偕欽翎、長庚倉皇來臺。

臨行時，小安抱了我大哭，你我也哭，大家哭成一團，一似生離死別，也許這是不祥預兆。我把上海的家交給你，連保管箱的鑰匙也一併交給你，總妄想不久仍能團敘，不料這一別三十餘載，竟成永訣！痛哉！

13 秉三的兒子熊泉居此。

14 確實地址不詳。

我於三十九年春孑身赴美謀生，五十年九月回國定居。大陸變成地獄，你母女是否尚在世界無從得知。六十三年四月接表姪女朱韶雲由新加坡來信告以她父親[15]與她信說你已被遣送回江山，窮困不堪，形同乞丐，必須接濟援救。讀了信泣不成聲，但同時得知你尚活著，又覺欣慰。立即去信韶雲請照她每月寄衢州奉養其父的款項數目代寄給你，那時是每月美鈔二十元，第二個月你來信說小安在安徽鄉下也窮苦不堪，要求接濟，從此便每月寄四十美元，你與小安各二十。每逢過節、生日、及醫病等則另行加寄。不久每月加至每人二十五元。毛澤東死後大陸情形有些變化，說多寄錢不至於出問題了，且一年的款可以一次寄去，於是每年初寄你和小安各三百元。你逝世後慧敏來信，說你存款摺上尚有一千六百餘元人民幣，看了淚如雨下，傷心萬分！我可憐的妹妹，以我給你有限的生活費，居然還有餘款，足見你平日的節省刻苦，我追悔沒有多給你點錢，讓你過得舒服些。

壽仙，你生不逢辰，一生在坎坷中渡過，你的婚姻生活，只有五年，在這五年中是否得到幸福，不得而知。餘下的歲月有三分之二依我生活。三分之一被中共折磨，過的非人生活。可是你很堅強，尚能活著回鄉。近年來曾幾次想設法接你來臺定居，終為種種因素未果，引為莫大憾事。你為唯一的女兒犧牲放棄重覓歸宿的機會，你愛女兒，勝於自己生命，

[15] 斌甲表弟。

但沒有得到小安的諒解，這是你最痛心，最失望的事，你是抱恨而終的！

其實，壽仙，你宅心忠厚，個性耿直，待人真誠，天資敏慧，在東南大學的成績優異，實一可造之材。倘不因北伐而輟學，到畢業後也許有光明前途，美滿婚姻，不至浮沈一世，憂患終身，誰實為之？其天意乎？在最近十年內，你我通信由韶雲代轉，你身陷魔窟，動輒得咎，紙上所書，言不由衷。我為顧全你的安全，去信只能說多加保重而已。壽仙，三十餘年非人生活，而不敢向親人傾訴真情，你心靈上的痛苦遠勝於物質上的貧乏。言念及此，心痛不已！

韶雲於五月中旬回江山為其父安葬，我託她帶去美鈔一千元，請她也為你購地營葬，這是我此生能為你做的最後一件事。壽仙，你安息吧。在地下倘能與我們的父母團敘相依，或可彌補你在世時的孤零與飄泊。我已風燭殘年，復迭遭雁行折翼之痛，心情悲切，何可宣言！翹首雲天，招魂無從，和淚書此，權當撫棺慟哭！

彥文

寫於臺北內湖寓次

中華民國七十三年五月

Do人物20　PC0435

往事
──毛彥文回憶錄

原　　著／毛彥文
主　　編／蔡登山
責任編輯／陳佳怡
圖文排版／楊家齊
封面設計／蔡瑋筠

出版策劃／獨立作家
發 行 人／宋政坤
法律顧問／毛國樑　律師
製作發行／秀威資訊科技股份有限公司
地址：114 台北市內湖區瑞光路76巷65號1樓
電話：+886-2-2796-3638　傳真：+886-2-2796-1377
服務信箱：service@showwe.com.tw
展售門市／國家書店【松江門市】
地址：104 台北市中山區松江路209號1樓
電話：+886-2-2518-0207　傳真：+886-2-2518-0778
網路訂購／秀威網路書店：https://store.showwe.tw
國家網路書店：https://www.govbooks.com.tw

出版日期／2015年1月　BOD一版二刷　**定價**／480元

獨立作家
Independent Author
寫自己的故事，唱自己的歌

往事：毛彥文回憶錄 / 毛彥文原著；蔡登山主編. -- 一版. -- 臺北市：獨立作家, 2015.01
面； 公分
BOD版
ISBN 978-986-5729-51-6 (平裝)

1. 毛彥文 2. 臺灣傳記

783.3886 103023605

國家圖書館出版品預行編目

讀者回函卡

感謝您購買本書，為提升服務品質，請填妥以下資料，將讀者回函卡直接寄回或傳真本公司，收到您的寶貴意見後，我們會收藏記錄及檢討，謝謝！如您需要了解本公司最新出版書目、購書優惠或企劃活動，歡迎您上網查詢或下載相關資料：http:// www.showwe.com.tw

您購買的書名：________________________________

出生日期：________年________月________日

學歷：□高中（含）以下　□大專　□研究所（含）以上

職業：□製造業　□金融業　□資訊業　□軍警　□傳播業　□自由業
　　　□服務業　□公務員　□教職　□學生　□家管　□其它_____

購書地點：□網路書店　□實體書店　□書展　□郵購　□贈閱　□其他

您從何得知本書的消息？

□網路書店　□實體書店　□網路搜尋　□電子報　□書訊　□雜誌
□傳播媒體　□親友推薦　□網站推薦　□部落格　□其他__________

您對本書的評價：（請填代號　1.非常滿意　2.滿意　3.尚可　4.再改進）

封面設計____　版面編排____　內容____　文／譯筆____　價格____

讀完書後您覺得：

□很有收穫　□有收穫　□收穫不多　□沒收穫

對我們的建議：________________________________

____

____

____

請貼
郵票

11466
台北市內湖區瑞光路 76 巷 65 號 1 樓
獨立作家讀者服務部 收

（請沿線對折寄回，謝謝！）

姓　　名：＿＿＿＿＿＿＿　年齡：＿＿＿　性別：□女　□男

郵遞區號：□□□□□

地　　址：＿＿＿＿＿＿＿＿＿＿＿＿＿＿＿

聯絡電話：(日) ＿＿＿＿＿＿＿＿ (夜) ＿＿＿＿＿＿＿＿

E-mail：＿＿＿＿＿＿＿＿＿＿＿＿＿＿＿